도스토옙스키와 톨스토이

장편소설 속 만남과 헤어짐

Fyodor Mikhailovich Dostoevsky

도스토옙스키와 톨스토이

장편소설 속 만남과 헤어짐

윤새라 지음

Lev Nikolayevich Tolstoy

한양대학교 출판부

저자의 말

이 책은 2013년 여름부터 쓰기 시작했다. 여름 방학 동안 한 50장을 쓰고 2학기가 시작하자 중단했다. 그 이후로 방학 때마다 다시 잡고는 했지만, A&HCI 영어 논문 숫자를 늘려야 한다는 절박한 상황에 몰려 늘 뒷전이었다. 처음에 썼던 50장 중 여기 들어온 건 10장도 채 되지 않는다. 그렇게 몇십 장을 쓰고 버리기를 몇 해 반복했다. 능력이 부족해서지만, 그래도 시간을 들였기에 이나마 정리되지 않았나 싶다.

책을 쓰기 시작한 건 몇 년 전이지만 이 책은 멀리, 러시아 문학을 전공한 학부 시절로 거슬러 올라간다. 석영중 선생님의 도스토옙스키 강의, 고일 선생님의 톨스토이 수업이 내가 수강한 첫 도스토옙스키, 톨스토이 과목이었다. 인디애나대학의 니나 페를리나 선생님이 가르친 '톨스토이와 도스토옙스키' 세미나도 큰 영향을 주었다. 그리고 미국 유학 중 여름 방학을 이용해 페테르부르크의 도스토옙스키 박물관에서 연수한 적이 있다. 도스토옙스키가 마지막으로 살았던 집에서 관장님과 단둘이 마주앉아 했던 도스토옙스키 수업들, 잊히지 않는다. 야스나야 폴랴나의 눈부신 여름날도 기억난다. 산시로 연못이 보이는 동경대 도서관에서 보낸 낮들도 사랑한다.

* * *

이제까지 톨스토이 번역을 제외하고는 언제나 학술지 논문만 쓰고, 투고하고, 게재하다가 처음으로 책을 출판하며 시행착오가 많았다. 원고도 미처 완성되지 않고 출판사도 정해지지 않은 상태에서 당장 급한 해외 저널에 낼 논문에 매달리다가 시간이 또 훌쩍 흘렀다. 그러다가 최근에 생각을 고쳐먹었다. 아무리 노력해도 인문학을 하는 내가 공대 교수들은 물론 사회과학도들의 논문 생산량을 따라잡기는 역부족이다. 그러니 접근법을 달리해서 모국어로 쓴 책도 외국어로 쓴 논문 못지않음을 보여주자. 그래서 책 원고를 다시 꺼냈다. 그리고 본격적으로 대학 출판사 몇 곳을 알아봤다. 어느 곳은 출판 심사 일정이 너무 멀고, 어느 곳은 너무 가까웠다. 그러던 중 한양대학교 출판부가 감사하게도 원고에 관심을 보여서 출판 계약을 하게 됐다. 어떤 문의에도 친절하게 답해주고 조언해준 이상근 차장님에게 이 자리를 빌려 감사드린다. 그리고 한양대 교원이 아닌 외부인의 책을 추천해준 문수현 교수님에게도 감사함을 전한다.

그 외에도 이 책이 나오기까지 도와준 분들이 많다. 울산과학기술원(UNIST)은 이공계 특성화 학교라 인문학 쪽 자료가 부족할 수밖에 없는 환경에서, 요청하는 자료를 최대한 모두 구해준 학술정보관 박나미 선생님에게 감사하다. 그럼에도 불구하고 직접 자료를 조사할 필요가 있어서 유니스트 '창의인문 교육 및 연구센터'의 출장 지원으로 고려대학교 도서관에 몇 번 다녀왔다. 또한 동경대 도서관을 이용할 수 있도록 여러 차례 초청해

준 누마노 선생님에게 감사하다. 러시아어 자료를 찾는 데 큰 도움을 준 달라라에게도 고마움을 전한다. 책 일부를 읽고 논평해준 선화 언니에게도 고마운 마음이다. 또한 탈고한 원고를 꼼꼼하게 교정하고 정리해준 신영호 선생님에게도 무척이나 감사하다. 편집과 디자인에서 수고를 아끼지 않은 한양대학교 출판부의 안광일 선생님도 빼놓을 수 없다.

전체 원고를 읽고 응원해준 이 책의 첫 번째 독자 한슬도 고맙다. 더불어 처음 만났을 때부터 도스토옙스키에 관해 물어보며 늘 변함없이 내 공부와 글쓰기에 관심을 가지고 함께 문학 얘기를 나누는 토모에게 애정을 담아 고마움을 전한다.

2019년 1월

윤새라

일러두기

이 책에는 이제까지 필자가 발표한 도스토옙스키와 톨스토이 소설에 관한 글이 담겨 있다. 멀게는 2011년에 『러시아어문학연구논집』에 게재된 『안나 카레니나』 논문을 비롯해 국내외 학술지에 실린 논문들이 이 책을 떠받치고 있다. 그러나 그중 비중 있게 책의 일부로 포함된 글은 2017년 『중소연구』에 실린 논문과 2011년에 나온 『안나 카레니나』의 번역서에 붙인 해설문 정도다. 전자는 논문 전체가, 그리고 후자는 일부가 책에 포함됐다. 나머지 논문들은 책 내용에 부합하는 곳에서 언급했고, 모두 각주를 통해 밝혔다. 어쨌거나 비중에 관계없이 그간 써온 글이 이 책의 바탕이 되었음은 당연하다. 그래서 그동안 해온 도스토옙스키, 톨스토이 연구를 어느 정도 마무리 지은 느낌이 든다. 또 한편으로는 이 책의 큰 줄기에 맞지 않기 때문에 넣지 않았으나, 두 거장의 비교로 탐구할 만한 주제들이 더 있기도 하다.

실제로 이 책에서 논의된 작품들은 독립적으로도 중요하지만 본서의 목적이 두 작가의 첫 대작에서 마지막 주요 장편소설로 옮겨가면서 발견되는 작품 세계 비교라서, 이에 적합한 사항들 위주로 논하다 보니 빠진 것들이 적지 않다. 무엇보다도 『악령』을 다루지 못해서 아쉽다. 개인적으로도 『악령』은 읽을 때마다 몰입하게 되는 재미있는 소설이다. 그러나 주요 장편들을 쌍으로 짝짓다 보니 구성상 여의찮아 넣지 못했다. 소설은 『백치』와 『카라마조프 형제들』 사이에서 도스토옙스키의 흥미로운 진화 과정을 보여준다. 그래서 이 소설만 따로 중간에 논하거나 『백치』 혹은 『카라마조프 형제들』과 묶어보려고도 했으나 고민 끝에 뺐다.

그 때문에 책의 뒷부분에 실은 '연보'에서도 『악령』이 빠졌다. 두 작가의 생애와 작품 목록을 다 넣자면 연보가 매우 길어진다. 그리고 그런 연보는 기존에 출간된 다른 책이나 자료 등에서 찾아볼 수 있다. 이 책의 연보는 본서에서 논의된 내용을 중심으로 간단하게 정리해서 작성했음을 밝힌다.

마지막으로, 본서에서 비교 고찰하는 소설 여섯 편이 도스토옙스키와 톨스토이의 장편소설 전부는 아니다. 일례로, 도스토옙스키의 데뷔작 「가난한 사람들」은 19세기 소설의 평균 길이로 볼 때 중편소설에 가깝지만 장편소설로도 분류된다. 톨스토이의 데뷔작도 마찬가지다. 그래서 본서에서 논하는 소설들은 엄밀히 말해 '주요 장편'이나 '대작'이라고 불러야 정확하다. 그러나 문맥과 가독성을 고려해 큰 문제가 되지 않을 때는 용어를 섞어서 사용했다. 그 외에도,

1. 맞춤법 및 외래어 표기는 국립국어원 현행 지침을 원칙으로 했으나 몇몇 경우는 필자에게 친숙한 철자를 사용했다.
2. 러시아어는 라틴 문자로 전사해서 표기했다.
3. 본문 내주 및 각주에서는 약식으로 참고 자료를 밝혔다. 상세 정보는 책 뒤의 '참고문헌' 목록에서 확인할 수 있다.

차례

Ф Ё Д О Р

М И Х А Й Л О В И Ч

Д О С Т О Е В С К И Й

И

Л Е В

Н И К О Л А Е В И Ч

Т О Л С Т О Й

들어가며

유럽 문학사에서 19세기는 장편소설의 황금기다. 프랑스에서는 플로베르, 발자크, 스탕달, 졸라 등이 장편소설의 시대를 이끌었고 영국에서는 찰스 디킨스, 제인 오스틴, 조지 엘리엇 등이 걸출한 장편소설을 여럿 발표했다. 유럽 문학의 주류에서 벗어나 있던 변방인 러시아와 미국에서도 뛰어난 장편소설들이 19세기에 탄생했다. 미국에서는 멜빌의 『모비 딕』과 호손의 『주홍 글씨』가 대표적이다. 러시아에서는 두말할 필요도 없이 톨스토이와 도스토옙스키가 세계 문학사에 길이 남는 대작들을 썼다. 톨스토이의 『안나 카레니나』, 『전쟁과 평화』, 그리고 도스토옙스키의 『죄와 벌』, 『카라마조프 형제들』은 21세기에도 가장 훌륭한 소설 리스트 상위권에 빠지지 않고 이름을 올린다.

그런데 도스토옙스키와 톨스토이의 작품 세계는 뚜렷이 대비된다. 두 대가가 같은 나라, 같은 시대 출신이라는 사실이 놀라울 정도로 다르다. 당연하게도 두 거장 사이의 흥미로운 차이는 비평가들의 관심을 끌었다. 두 작가를 비교하는 크고 작은 저술이 많지만, 여기에서는 그중 널리 알려진 주요 저술 몇 편을 짚고 넘어가기로 한다.

가장 먼저 주목할 만한 저작은 러시아의 메레쥐콥스키(Merezhkovskii)가 1900년부터 1902년에 걸쳐 『예술세계』에 발표한 『L. 톨스토이와 도스토옙스키』(*L. Tolstoi i Dostoevskii*)다.[1] 스스로가 시인이자 작가이며 평론가에 종교 사상가였던 메레쥐콥스키의 글은 치밀한 문헌 조사를 바탕으로 하는 현대 연구와는 거리가 멀다. 그의 글은 무척이나 주관적이고 시적인 언어로 가득하다. 그러나 놀라운 통찰력을 보여준다.

메레쥐콥스키의 관점을 요약하자면, 톨스토이는 "육체의 비밀을 보는 자"(*tainovidets ploti*)이고, 도스토옙스키는 "정신의 비밀을 보는 자"(*tainovidets dukha*)다(187). 다시 말해 톨스토이는 육체를 가장 훌륭하게 표현한 작가이고, 도스토옙스키는 영혼의 심연을 들여다본 작가다. 톨스토이의 특성으로 자주 회자되는 몸의 작은 디테일, 예를 들어 『전쟁과 평화』에서 거듭 언급되는 리즈 공작 부인(안드레이의 부인)의 "솜털이 난 작은 윗입술"이라든지 마리아(안드레이의 동생)의 "무거운 발걸음"과 "홍조" 등은 해당 인물을 대표하는 환유이자 그들의 정신적 특질을 가리키는 힘을 발휘한다.

> 이런 특징들은 외면적이고 사소해 보일지라도 실은 등장인물들의 아주 심오하고도 중요한 내면 특징과 연결되어 있다. 그러니까, 명랑하게 위로 올라가기도 하고 시무룩하게 내려가기도 하는 윗입술은 자그마한 공작 부인의 어린아이 같은 태평함과 무력함을 나타낸다. 한편 마리아 공작 영애의 둔한

1 『예술세계』는 디아길레프가 1898년부터 1904년까지 펴낸 월간지로 당시 러시아 예술의 흐름을 선도했다. 『L. 톨스토이와 도스토옙스키』는 발표 당시에도 큰 반향을 불러일으켰고 이후 단행본으로 여러 번 출간되었다. 필자가 참고한 책은 2000년 나우카 출판사판이다.

행동거지는 겉으로는 여성적 매력이 없음을, 그러나 빛나는 눈과 발갛게 물드는 얼굴은 그녀 내면의 여성적 매력과 고상한 영혼의 순수함을 나타낸다. (Merezhkovskii 92)

메레쥐콥스키는 톨스토이가 즐겨 쓰는 이러한 묘사 기법을 통해 보이는 것에서 안 보이는 것으로, 외면에서 내면으로, 그리고 육체로부터 정신적인 것으로 이동한다고 지적한다(93). 메레쥐콥스키가 보기에 톨스토이의 육체성은 정신적인 것과 결부되어 정신적 육체(*dukhovnaia plot'*)에 이른다(137).

그에 비해 도스토옙스키는 외모 묘사가 상대적으로 최소한도에 머문다. 메레쥐콥스키는 외모 묘사가 필요하지 않기 때문이라고 도스토옙스키 시학의 핵심을 설명한다. 도스토옙스키는 등장인물을 외모가 아니라 대화로 특징 짓는다. 말만 들어도 누구인지 구별되기 때문에 대화에 집중한다는 것이다. 그러니까 역으로 톨스토이의 등장인물들은 말로는 차이가 나지 않기 때문에 외모 묘사가 필요하다는 말도 된다. 이로부터 소설의 두 양식인 보여주기(showing)와 말하기(telling), 다시 말해 '보는 소설'과 '듣는 소설'이 각각 톨스토이와 도스토옙스키에 적용된다(김진영 208).

그런데 메레쥐콥스키는 두 대가의 소설 창작 특징 외에 그들의 삶도 논하며[2] 일관되게 톨스토이를 깎아내린다. 그가 보기에, 재산을 악으로 간주하면서도 결국 포기하지 못한 톨스토이는 "영혼과 양심을 기만"하고 "악에 굴복"한 것이다(48). 또한 톨스토이는 자식은 물론 헌신적으로 내조한

2 '삶과 작품'이 하나로 묶이고 '종교'를 다른 주제로 삼아서 두 작가를 다룬다. 분량 면에서도 '삶과 작품'이 각각 100페이지 정도씩이고 '종교'가 200페이지를 넘긴다. 메레쥐콥스키가 얼마나 종교에 관심을 기울였는지 짐작이 간다. 그러나 여기서는 책의 주제와 맞는 '삶과 작품'에만 논의를 국한한다.

아내마저도 친구로 여기지 않은, 친구 하나 없는 냉정한 이기주의자라고 평가한다(85). 톨스토이의 삶이 모순적이었음은 부인할 수 없다. 대표적인 예로, 그는 육체의 쾌락을 너무나 잘 알면서도 육체의 욕망을 혐오했다.

메레쥐콥스키가 톨스토이에게 호의적이지 않은 이유는 당시 러시아 사회의 평가와 무관하지 않다. 19세기 말, 20세기 초에 러시아에서는 황제가 둘 있다는 말이 나돌았다. 법적으로는 니콜라이 2세가 황제의 자리에 있었지만, 톨스토이의 영향력도 그에 못지않았다. 신문 발행인 알렉산드르 수보린은 1901년 5월 어느 날 일기에 다음과 같이 썼다.

> 우리에게는 황제가 둘 있다. 니콜라이 2세와 레프 톨스토이다. 둘 중에 누가 더 힘이 센가? 니콜라이 2세는 톨스토이에게 아무것도 할 수 없다. 그의 왕관을 건드리지 못한다. 그러나 톨스토이는 니콜라이의 왕관과 왕조를 확실히 흔들고 있다. 사람들은 톨스토이를 저주하고 교회는 그를 파문시켰다. 톨스토이는 이에 답했다. 그의 대답은 원고로, 또 외국 언론을 통해 퍼지고 있다. 톨스토이를 건드리려고 해보라. 전 세계가 소리 지를 것이다. 그러면 우리 정부는 꼬리를 내리고 도망칠 것이다. (Volkov 6쪽에서 재인용)

톨스토이가 말년에 러시아는 물론 전 세계적으로 누린 명성이 어느 정도였는지 짐작할 수 있는 말이다. 사실 1880년대 이후 톨스토이는 소설가로서보다 사상가이자 철학자로서 큰 목소리를 냈고, 이를 따르는 사람들은 '톨스토이즘'의 기치 아래 그의 종교적, 윤리적 가르침을 실천하고자 노력했다. 그러나 메레쥐콥스키는 인류의 스승처럼 숭배된 톨스토이의 이미지를 한

꺼풀 벗겨내고자 한다.[3] 1882년 미하일롭스키가 발표한 도스토옙스키 평론의 제목은 "잔인한 재능"(*zhestokii talant*)으로, 당시 러시아 지식인 사회가 바라본 도스토옙스키를 규정한다. 메레쥐콥스키는 톨스토이의 경우, 그의 진면모에 비해 너무 높게 평가되고 도스토옙스키는 실제보다 위상이 낮다는 견해를 가지고 이를 바로잡고자 한 것이다.

그래서 톨스토이의 단점을 드러내고, 반대로 도스토옙스키가 생전 톨스토이에 비해 상대적으로 낮은 평가를 받은 데 일조한 요소들을 거론하며 반박을 펼쳐 도스토옙스키를 변호한다. 예를 들면, 살인마나 호색한과 같은 병적이고 비정상적인 주인공들이 등장하는 도스토옙스키의 소설들을 보고 톨스토이를 비롯해 러시아인들은 작가가 그러한 정신세계를 가졌기 때문이 아니겠느냐고 추측했다. 그러나 메레쥐콥스키는 미시킨과 키릴로프의 병이 선사하는 반대급부, 즉 간질 발작이 일어나기 전 찰나의 순간에 세계의 조화를 감지한다는 구절을 상기시키며 병이 꼭 부정적이지만은 않다고 강조한다(도리어 톨스토이는 위선이라는 자신의 병을 자각하지 못하는 더 큰 병을 앓고 있다고 공격하기까지 한다). 또 소녀를 강간한 것으로 암시된 부분 등을 근거로 도스토옙스키의 성생활 역시 어두운 구석이 있는 게 아니냐는 의혹의 시선에 대해서도 예술 작품과 작가를 분리해서 보아야 한다는 입장을 취한다. 그뿐만 아니라 전업 작가로 불철주야 글을 써서 돈을 벌어야 했기에 급하게 쓰다 보니 소설의 질이 들쭉날쭉하다는 견해에 대해서도 밥벌이의 숭고함을 역설하며 도스토옙스키를 높게 평가한다. 급기야는 가족조차 사랑하지 못한 톨스토이에 의붓아들조차 사랑으로 품은 도스토옙

3 톨스토이는 타락한 교회를 대신해 본인이 기독교의 원래 가르침을 따른다고 하지만, 메레쥐콥스키가 보기에 톨스토이는 완전한 기독교도도 아니고 이교도도 아닌, "반은 이교도고 반은 기독교도"다(104).

스키를 대비시키며 톨스토이는 냉정하고, 도스토옙스키는 따뜻하다고 규정한다(86). 이때 메레쥐콥스키는 도스토옙스키가 죽어가는 아내를 두고 젊은 여자에게 빠져서 유럽으로 떠나 도박을 일삼던 행적은 언급하지 않는다. 재혼한 어린 아내와 유럽에서 살 때, 곤궁한 경제 상황에 고통받으면서도 원정 도박을 끊지 못해 아내의 옷가지까지 저당 잡힌 일화도 역시 빼놓는다.

이상과 같이 인간으로서의 도스토옙스키와 톨스토이를 바라볼 때 메레쥐콥스키의 편향성이 두드러진다.[4] 지나치게 한쪽으로 기운 비교이자 메레쥐콥스키가 톨스토이에게 너무 박하다는 인상을 떨치기 어렵다. 그러나 작품 비교는 혜안이 넘치며, 상극처럼 대조되는 두 작가가 결국은 상보적이라고 역설한다. 메레쥐콥스키의 비교는 이후 두 작가를 대하는 평자들에게 지대한 영향을 끼쳤다. 특히 메레쥐콥스키가 서사시와 비극의 대비로 톨스토이와 도스토옙스키의 작품 세계를 비교한 2부 5장의 내용은 모출스키와 뱌체슬라프 이바노프 등이 이어받아 도스토옙스키와 비극의 테마를 발전

4 두 작가의 비교로 한국인에게 흥미로운 글은 김동인의 「자기의 창조한 세계-톨스토이와 도스토예프스키를 비교하여」가 있다. 김동인은 1920년 『창조』지에 발표한 글에서 메레쥐콥스키와 같은 견해를 더 과격한 언사를 사용해 피력한다. 톨스토이는 "귀족적 교만과 자기밖에는 세상에 사람이 없다는 자만심"(50)에 가득 찬 인물이다. 김동인은 톨스토이를 "'사랑'의 가면을 쓴 '위협자'"로, 그에 반해 도스토옙스키는 "온건한 '사랑'의 지도자"로 대립시키면서 톨스토이를 위선자로 이해한다. 그러나 예술가로서는 톨스토이를 도스토옙스키보다 훨씬 높게 평가한다. 유명한 '인형조종술'이 여기에 등장한다. 톨스토이가 창조한 인생은 "틀린 인생"이지만 "그 인생을 자유자재로, 인형 놀리는 사람"(52)처럼 조종했으며, 바로 이 점을 들어 예술가 톨스토이를 위대하다고 극찬한다. 그런데 도스토옙스키는 "자기가 창조한 인생을 지배치를 않고, 그만 자기 자신이 그 인생 속에 빠졌다"(52)는 이유로 열등하다고 본다. 김동인은 바흐친이 논한 도스토옙스키의 핵심, 즉 등장인물들의 독립성을 짚어냈지만 바흐친과는 반대되는 평가를 내린 셈이다. 사실 김동인의 톨스토이-도스토옙스키 비교 이면에는 라이벌 작가 이광수를 염두에 둔 논쟁적인 문학관이 자리 잡고 있다. 김진영은 톨스토이냐 도스토옙스키냐는 질문은 "사상가 톨스토이를 좇아 '조선의 톨스토이'가 된 이광수와 예술가 톨스토이를 좇아 '조선의 톨스토이'가 되고자 한 김동인 사이의 경쟁적 화두"라고 평한다(201).

시켰다.[5] 본질적으로 톨스토이의 장편은 서사시고 도스토옙스키의 소설은 연극적이라는 기본 입장에서 두 거장을 논한 조지 스타이너(Steiner)의 『톨스토이냐 도스토옙스키냐』에서도 메레쥐콥스키의 반향이 감지된다.

1959년에 출간된 스타이너의 『톨스토이냐 도스토옙스키냐』는 메레쥐콥스키가 짧게 언급한 톨스토이와 서사시, 그리고 도스토옙스키와 비극 간의 유사성을 발전시켜 논의한다. 스타이너가 두 대가를 대립시키는 기본 구도는 다음과 같다. 톨스토이는 서사시(epic)의 시인이며 이성주의자고 이교도인 데 반해, 도스토옙스키는 극작가(dramatist)고[6] 선지자이며 기독교 신자라는 것이다(12).

메레쥐콥스키가 두 대가와 같은 나라에서 태어난 후배 문인으로 러시아 예술의 관점에서 두 작가의 차이를 짚어내고 그로부터 둘의 융합을 바라는 결론을 내렸다면, 스타이너는 유럽 문화에 뿌리를 내린 평론가로서 톨스토이와 도스토옙스키를 읽는다. 유럽의 주류 문학에서 소설은 세속적인 부르주아 문화의 꽃으로, 유럽 문학의 근원인 서사시와 비극이 소멸한 자리에서 탄생했다. 그런데 그 변방에 있는 러시아는 톨스토이와 도스토옙스키가 대표하듯 서사시와 비극에 탯줄을 대고 영혼의 구원과 같은 진중한 종교 철학적 문제에 천착함으로써 주류 문학과는 다른 이질적인 작품 세계를 창조했고, 그럼으로써 소설 장르의 혁신을 견인해냈다는 것이다.

러시아-소련의 형식주의자들로부터 발원한 '신비평'(New Criticism)이

5 모출스키는 『죄와 벌』을 5막극이라고 일컫고, 이바노프(Ivanov)는 도스토옙스키의 소설을 '소설-비극'(novel-tragedy)이라고 규정하며 도스토옙스키가 연극 규범을 소설에 적용했다고 본다(14).

6 윤지관이 번역한 『톨스토이냐 도스토예프스키냐』의 한국어본은 역자가 러시아 문학 전공자가 아님에도 불구하고 훌륭하다. 필자도 번역본으로 스타이너의 저서를 처음 접한 후 여러 번 읽으며 참고했다. 그러나 인용 출처는 1959년에 출판된 원서 초판을 기준으로 명시하며, 번역도 직역에 가깝게 필자가 직접 했음을 밝힌다.

서구 학계를 휩쓸던 20세기 중반, 스타이너는 '구비평'(Old Criticism)의 기치 아래 두 거장을 폭넓은 문명사적 지평에서 접근한다. 신비평의 정밀함으로는 하나의 이미지나 언어, 시적 표현을 고찰하기 용이하지만 도스토옙스키와 톨스토이의 폭과 깊이를 설명하기는 어렵다는 이유에서다. 실제로 형식주의 및 신비평이 시 분석에서 빛을 발하고 장편소설을 논하는 데는 여러모로 부족했음은 비평의 역사가 증명한다.

관점의 차이는 같은 현상을 두고도 다른 해석을 낳는다. 앞서 인용한 마리아의 "무거운 발걸음"을 메레쥐콥스키는 중요한 내면의 특징을 환기시키는 외면의 특징으로 설명하면서 육체와 정신을 연결시켰지만 스타이너는 서사시의 특징으로 읽어낸다. 반복해서 사용되는 표현이 서사시의 최고봉 호머의 문체 특징이자 구전 문학인 서사시가 암송을 쉽게 하기 위해 의존한 전략이라는 점을 스타이너는 지적한다. 같은 맥락에서 그는 『전쟁과 평화』가 오랜 기간 연재된 사실을 상기시킨다. 그것도 연재분 간에 시간 간격이 꽤 벌어졌기 때문에, 반복되는 표현이 독자들의 기억을 되살리는 데 유용했다는 것이다(81-83).

이처럼 스타이너는 서양 문학사에서 "톨스토이보다 더 호머와 가까운 이는 없다"(76)라고 단언하며 서사시의 특징을 톨스토이의 소설에서 찾아낸다. 광대한 공간, 끝도 시작도 없는 '미완성'의 시간관, 죽음에 대해 취하는 무심한 태도, 육체와 자연 묘사의 특징 등이 서사시와 톨스토이의 소설을 이어준다. 그러나 에머슨(Emerson)이 지적한 것처럼 톨스토이가 서사시의 전통에서 벗어난 지점도 있다. 가장 주목할 점은 영웅에 대한 톨스토이의 입장이다. 서사시는 흔히 전쟁을 무대로 영웅을 주인공 삼아 공훈을 기린다. 그러나 뒤에 본격적으로 논하겠지만, 톨스토이의 『전쟁과 평화』는 영웅주의의 허상을 깨려는 작가의 결기로 가득 찬 소설이다. 다시 말해, 『전쟁과 평화』는 대하 서사시에 비견되지만 그 핵심에는 "호전적인 반(反)영웅주의"(Emerson 117)가 자리잡고 있다. 서사시의 외피를 두르고 있을지라도 서사시에 반하는 정신이 넘치는 작품이다.[7] 스타이너도 톨스토이의 반영웅주의를 언급하기는 하지만 자세하게 거론하지는 않고 지나간다. 톨스토이와 서사시 간의 친연성을 강조하느라 『전쟁과 평화』의 중요한 핵심 하나를 소홀하게 다룬 셈이다. 그러나 이 정도를 제외하고 스타이너의 톨스토이 해석은 매우 뛰어나다.

한편 도스토옙스키의 경우, 스타이너는 "도스토옙스키의 감수성, 상상의 양상, 언어 전략이 모두 대단히 연극적"(140)이라고 평한다. 또 "도스토옙스키가 소재를 택하는 데에도 연극적 경향"(142)이 나타난다고 지적한다. 도스토옙스키 소설의 등장인물들이 대화하는 장면은 마치 연극을 보는 것 같다면서 스타이너는 도스토옙스키가 무엇보다도 "행동"(action)을 중심으로 사건을 펼치고, 창작의 뿌리에 살인과 같은 "극적인 사건"이 있다고 짚어낸다.

더 나아가, 스타이너는 도스토옙스키의 대화에 주목한다. 스타이너는 다음과 같이 말한다.

> 도스토옙스키의 테크닉과 특징적인 매너리즘은 드라마 양식의 요구에서 비롯된다. 대화는 제스처가 된다. 인물들의 갈등을 적나라하고 전형적인 형태로 보여주기 위해 서술의 잉여분은 제거된다. 최소한의 시공간에서 최대한의 에너지를 발산하는 것이 구성 법칙이다. (146-147)

7 톨스토이가 반전주의자임도 잘 알려져 있다. 그러나 『전쟁과 평화』에 그려진 1805년과 1812년의 전쟁은 결이 다르다는 점도 짚고 넘어갈 필요가 있다. 김성일이 지적한 것처럼 1805년 전쟁 장면에서는 반전주의 정신이 느껴지지만 1812년 전쟁 묘사에서는 애국심이 묻어난다(136).

연극, 즉 드라마는 그리스어에서 온 단어로 '행동'(action)을 뜻한다. 그리고 연극의 행동은 바로 대화(dialogue)다. 물론 연극을 보면 몸으로 움직이는 행동, 가령 춤이라든가 결투 등이 나오기도 한다. 그러나 연극의 근간은 등장인물 간의 대화다. 연극의 대본인 희곡을 보면 그 점은 뚜렷하다. 지문은 부차적 요소고 대화가 주를 이룬다. 이와 같은 드라마의 특성을 고려할 때 도스토옙스키의 대화가 곧 몸짓(제스처)이라고 본 스타이너의 말이 이해된다. 최소한의 시공간을 선호하는 도스토옙스키 소설의 특성이 곧 드라마의 기본 요소임도 도스토옙스키를 논할 때 상식이나 마찬가지다.[8]

그런데 스타이너의 도스토옙스키 비평은 근본적인 문제점을 드러낸다. 도스토옙스키의 소설이 연극과 닮았음에도 불구하고 연극이나 영화로 만들어져서 성공한 예가 없다(Emerson 110). 이때 성공이라 함은 주목을 받고 학계에서 논의되었다는 정도가 아니라 대중과 평론가로부터 모두 긍정적인 평가를 받은 것을 일컫는다.[9] 그런 기준으로 본다면 도스토옙스키의 소설은 실망스럽다. 대체 이유가 무엇일까? 에머슨은 이렇게 답한다. "도스토옙스키는 플롯을 짤 때는 극작가일지 몰라도 말(words)을 쓸 때는 소설가다"(111). 바로 말이 문제인 것이다. 다시 말해, 소설의 플롯과 상황은 극적이지만 도스토옙스키 소설의 '말'은 연극/영화의 대사와는 본질적으로 다르다. 스타이너는 이 점을 놓친 것이다.

8 주지하다시피 가깝게는 17세기 프랑스 신고전주의 비극, 또 멀리는 고대 그리스 비극이 금과옥조로 여기는 '삼일치의 법칙'에 따르면 비극의 시공간과 사건은 모두 단일해야 한다. 하나의 줄기를 가진 사건이 한 공간에서 하루(24시간) 안에 일어나야 한다는 것이다.

9 도스토옙스키의 대작 중 그나마 최근에 TV 영화화되어 대중적으로 러시아에서 큰 반향을 일으킨 작품이 보르트코 감독의 『백치』(2003)다. 그러나 이 역시 예술적으로는 실패한 작품이다. 배우들이 촬영하다가 쉬는 시간에 도스토옙스키의 소설을 대본인 양 들여다보는 데서 엿보이듯, 보르트코의 『백치』는 도스토옙스키의 소설을 최대한 그대로 스크린에 옮기는 데 그친다. 소설에서 영화로 매체를 바꾸면서 창의적인 변화가 수반되지 않은 것이다.

스타이너가 간과한 도스토옙스키의 '말'은 도스토옙스키 연구에 한 획을 그은 미하일 바흐친(Bakhtin)이 규명한다. 바흐친은 도스토옙스키 소설의 말이 '대화적'(dialogic)이라고 설명한다. 간단히 말하자면, 도스토옙스키 소설의 핵심은 극적인 대화(dramatic dialogue)가 아니라 대화적 말(dialogic discourse)이다. 좀 더 연극과 비교해보자면 이렇다. 연극에서 대화는 플롯을 진행시키는 역할을 한다. 대화는 수단이다. 그러나 도스토옙스키에게 대화는 "수단이 아니라 목적" 그 자체다(Bakhtin 2002, 280).[10] 연극에서는 등장인물에게 개별적으로 부여된 말들이 대화 형식으로 이어지면서 플롯이 발전한다. 다시 말해, 연극은 등장인물들의 독백적 발화가 모인 집합체다. 그러나 도스토옙스키 소설의 말은 한 인물의 발화 안에 타자의 말이 적어도 둘 이상 담겨 있고, 해당 인물은 끊임없이 타자의 말을 의식하며 자신의 말 안에서 그와 논쟁한다.

예를 들어, 라스콜리니코프의 혼잣말은 절대 독백이 아니다. 그 안에 여동생, 루쥔, 스비드리가일로프 등의 말이 굴절되어 담겨 있고(Bakhtin 2002, 265), 주인공은 그 타자들의 말을 "열심히 곁눈질"(Bakhtin 2002, 227) 하며 대답한다. 그와 같은 대화적 말을 통해 도스토옙스키의 주인공들은 치열하게 '나'와 '너'의 관계를 설정하고 내가 누구인지, 또 네가 누구인지를 탐구한다. 도스토옙스키 소설에서 "대화는 플롯에 의해 추동되기는 하지만 언제나 플롯 바깥에 존재한다"(Bakhtin 2002, 281). 도스토옙스키의 대화를 극적인 형식으로 본 또 다른 평론가 그로스만(Grossman)에 반대해서 바흐친은, 연극은 그 속성상 단일성을 지향하는데 다성악적인 다면성을 특

10 바흐친의 저작 『도스토옙스키 시학의 문제』(*Problemy poetiki Dostoevskogo*)는 1988년에 출판된 한국어 번역본이 있다. 그러나 윤지관 번역의 경우와 마찬가지로 인용은 2002년판 러시아어 전집에 의거하기로 한다. 번역도 김근식의 한국어본을 참고해서 필자가 직접 했음을 밝힌다.

징으로 하는 도스토옙스키의 말은 연극과 맞지 않는다는 점을 지적한다(Bakhtin 2002, 23). 그러니까 도스토옙스키의 소설은 연극적 요소를 많이 지니고 있지만 가장 중요한 본질인 '말'은 연극의 말과 전혀 다르다.

20세기에 도스토옙스키 시학을 가장 획기적으로 고찰한 학자가 바흐친이라는 데에는 이견이 없다. 그러나 바흐친은 톨스토이에게는 도스토옙스키에게 쏟은 만큼의 관심을 보이지 않았다.[11] 바흐친에게 톨스토이는 통상적인 문학 전통 안에 있는 작가다. 바흐친이 주장한바, 도스토옙스키의 소설은 인물들이 모두 각자 작가로부터 독립된 목소리이자 의식으로서 "다양한 의식 사이에 일어나는 상호 작용과 상호 의존"(Bakhtin 2002, 45)을 바탕으로 한 '다성악'(polyphony)이다. 이에 비추어 톨스토이 소설은 작가의 목소리가 인물들에게 투영된, 즉 작가의 말이 지배하는 세계다. 바흐친이 톨스토이를 높이 평가하지 않은 이유다.

그러나 바흐친이 사용한 개념 중 '크로노토프'(chronotope)는 도스토옙스키뿐만 아니라 톨스토이를 살펴볼 때도 유용한 틀이다. 크로노토프는 시간(chronos)과 공간(topos)이라는 그리스 단어 둘을 한 단어로 결합한 것으로, 그 자체로 시공간이 불가분의 관계를 맺고 있음을 나타낸다. 바흐친은 이미 수학 및 과학 분야에서 쓰던 단어를 문학 연구에 도입해 예술에서 표현된 시공간을 가리키는 개념으로 사용했다. 먼저 바흐친은 크로노토프

11 반대로 이사야 벌린(Berlin)은 1953년 발표한 유명한 「고슴도치와 여우」에서 도스토옙스키는 '고슴도치'라고 간단히 규정짓는 반면, 톨스토이는 고슴도치가 되고 싶어 한 여우라는 주장을 펼치면서 톨스토이의 『전쟁과 평화』에 나타난 역사관을 흥미롭게 파헤친다. 벌린에 따르면, 세상에는 두 가지 유형의 인간이 있다. 모든 것을 하나의 핵심 체계로 설명하는 고슴도치형 인간, 그리고 서로 상반되는 것까지 포함해 다양한 목표를 추구하며 많은 개별적 현상을 있는 그대로 받아들이는 여웃과 인간이 있다는 것이다(24). 벌린은 『전쟁과 평화』로 보건대, 톨스토이가 타고난 '여우'로 무수한 삶의 조각들을 꿰뚫어 보는 재능을 지녔지만, 머리로는 일원론적 원리를 추구하면서 그 둘 사이에 갈등이 발생했다고 진단한다.

를 다음과 같이 규정한다.

> 문학예술 속 크로노토프에서 시간 지표와 공간 지표는 세심하게 고안된 구체적 전체로 융합된다. 시간은 부피가 생기고 살이 붙어 예술적으로 가시화된다. 마찬가지로 공간도 충전되어 시간과 플롯, 역사의 움직임에 반응하게 된다. 이 두 축의 교차와 두 지표의 융합이 예술적 크로노토프의 특징이다. (Bakhtin 1981, 84)

바흐친은 일차적으로는 크로노토프를 장르 연구에 적용해서 고대 그리스 문학으로부터 근대 소설에 이르는 문학사를 일별했다. 또한 한 작가나 한 작품 안에서도 여러 크로노토프가 있을 수 있고, 심지어는 길이나 문턱과 같은 모티프들도 각자 고유한 크로노토프를 지니며 서로 섞이거나 충돌하면서 역동적이고 대화적인 상호 작용을 한다고 설명한다.

굳이 바흐친에 기대지 않더라도 문학 작품에서 시공간은 이루 말할 수 없이 중요하다. 특히 도스토옙스키와 톨스토이, 각자의 첫 장편소설은 시공간 활용에서 뚜렷한 차이를 드러낸다. 그뿐 아니라 이어지는 후속작들에서 더욱더 흥미로운 방향성이 발견된다. 따라서 필자의 논의도 시공간을 한 축으로 삼는다. 두 거장의 대작을 발표 순서에 따라 한 쌍씩 묶어서, 각각의 쌍이 시공간을 어떻게 형상화하는지 살펴본다. 더 나아가 두 문호의 전기를 비교할 때에도 시공간의 관점에서 분절해 볼 것이다.

이 책은 큰 틀에서 메레쥐콥스키와 스타이너가 시작한 비교 연구를 이어간다고 할 수 있다. 메레쥐콥스키의 이분법과 스타이너의 이분법을 비판적으로 수용하면서 그에 더해 그들이 다루지 않은 영역을 살펴본다. 스타이너는 톨스토이의 『부활』을 거의 거론하지 않았다. 그럴 만도 하다. 『부활』은 그의 논지에 맞지 않는, 서사시와는 거리가 먼 작품이기 때문이다. 같은 이유로 스타이너는 도스토옙스키를 논하며 『카라마조프 형제들』을 밀쳐둔다. 『카라마조프 형제들』이 도스토옙스키의 최고 걸작임에도 제대로 조명하지 않는 이유는 스타이너의 준거 틀인 연극성으로 『카라마조프 형제들』을 설명하기가 쉽지 않기 때문이다. 이 책은 스타이너가 외면한 장편소설들까지도 살펴보고, 그를 통해 스타이너의 논지가 두 대가의 마지막 장편소설에는 적용되지 않음을 밝힌다.

한편, 메레쥐콥스키와 스타이너는 각자의 책에서 두 작가를 따로 비교한다. 메레쥐콥스키는 삶과 작품으로 나누어 두 대가를 비교하면서 일관되게 앞부분에서는 톨스토이를, 그리고 뒷부분에서는 도스토옙스키를 네 장(章) 정도씩 할애해 논한다. 한편, 총 4장으로 쓰인 스타이너의 책은 1장에서는 문학사를, 그리고 2장에서 톨스토이, 3장에서 도스토옙스키를 논한 후 4장에서 두 작가의 종교관을 평한다. 이 책에서는 두 거장의 장편소설을 발표 순서에 따라 세 쌍으로 묶어 한 쌍씩 고찰하는 구성을 취한다. 그리고 장편소설 비교에 앞서 대작을 발표하기 전까지 두 작가의 생애가 어떤 궤적을 그리는지를 시공간에 초점을 맞추어 일별한다.

메레쥐콥스키가 두 거장을 육체와 정신이라는 대립 구도로 설명하고, 스타이너가 서사시와 연극이라는 핵심어로 고찰한 데 반해, 이 책에서는 두 가지 기준으로 도스토옙스키와 톨스토이를 논한다. 앞서 언급했듯이, 하나는 시공간이다. 그리고 특징적인 시공간을 배경으로 주인공이 어떤 형태를 띠는지 주의를 기울일 것이다. 또 다른 기준은 발표 순서에 따라 한 쌍씩 비교하는 소설들에서 공통적으로 발견되는 주제다. 구체적으로, 첫 번째 쌍인 『전쟁과 평화』와 『죄와 벌』에서 겹치는 주제인 나폴레옹, 즉 영웅주의를 두 거장이 어떻게 다루는지, 또 두 번째 쌍인 『백치』와 『안나 카레니나』에서 주홍 글씨의 낙인이 찍힌 여주인공들의 문제, 그리고 마지막 대작 쌍으로 『카라마조프 형제들』과 『부활』에서 공통적으로 나타나는 법과 정의의 테마를 비교 고찰한다. 이를 통해 같은 문제의식을 가졌으면서도 다른 방식으로 풀어나가는 두 대가의 만남과 헤어짐, 그리고 시공간 및 주인공을 다루는 방식의 진화가 반대 방향으로 진행되면서 만나고 헤어지는 양상을 살펴본다.

도스토옙스키와 톨스토이의 삶은 대작을 쓰기 전에도 차이가 확연하다. 두 작가가 첫 주요 장편인 『죄와 벌』과 『전쟁과 평화』를 쓰기까지 걸은 삶의 흔적을 먼저 따라가 보자.

ФЁДОР

МИХАЙЛОВИЧ

ДОСТОЕВСКИЙ

И

ЛЕВ

НИКОЛАЕВИЧ

ТОЛСТОЙ

제1부

§

작가를 찾아서:

첫 대작을 쓰기까지

대문호 도스토옙스키와 톨스토이는 같은 나라에서 동시대를 살았지만 단 한 번도 만난 적이 없다. 아무리 러시아가 세계에서 가장 넓은 나라라고 해도 정상급 작가들이 활동하는 문단은 좁다. 동료 작가들과 평론가들은 물론 출판업계의 편집장들, 또 사회 유명 인사들 등 두 작가 주위의 지인들은 대개 다 서로 친분이 있었다. 게다가 아내들끼리도 출판업으로 정보를 주고받느라 만난 적이 있다. 그런데 정작 도스토옙스키와 톨스토이가 대면한 적이 없음은 이채롭다.

도스토옙스키는 1821년에 태어나 1881년에 사망했고 톨스토이는 1828년에 출생해 82세를 일기로 1910년에 타계했다. 즉, 공존한 기간이 1828년부터 1881년까지로 무려 50년이 넘는다. 더구나 생전에 명성을 떨친 작가 두 사람이 서로의 존재를 안 기간이 30여 년인데 한 번도 만나지 않았다는 사실은 무엇을 의미하는가. 의식적으로 피했다고 볼 정황도 포착된다. 같은 모임에 참석했지만 슬쩍 어긋나기도 하고, 1880년 푸쉬킨 동상 제막식에도 둘 다 초대됐지만 톨스토이가 불참했다. 이때 모스크바에서 열린 동상 제막식에서 연설한 도스토옙스키가 톨스토이를 만나러 그의 영지인 야스나야 폴랴나를 방문할까도 했지만 결국 주변 문인들의 만류로 실현되지 않았다(Maude 23).

알려진 바로는 두 사람이 한 공간에 머물렀던 적이 단 한 번 있다. 이에 대해서 도스토옙스키의 아내 안나는 다음과 같이 회상한다. 1878년 봄 부활절을 앞둔 사순절 기간, 페테르부르크에서 종교철학자 블라디미르 솔로비요프가 철학 강연을 했고 그와 친분이 있던 도스토옙스키 부부가 참석했다. 그 자리에서 부부가 잘 알고 지내던 평론가 스트라호프를 마주쳤다. 그런데 여느 때와 달리 그가 부부에게 말도 건네지 않고 피하는 듯 보여서 신경이 쓰이던 차에 다음번에 스트라호프를 만난 안나 부인이 화가 났느냐고 물었다.

> "왜 그런 생각을 하셨죠, 안나 그리고리예브나?" 스트라호프가 물었다.
>
> "지난번 솔로비요프 강연 때 남편과 저를 피하시는 것 같길래요."
>
> "아, 그건 특별한 경우였습니다." 스트라호프가 웃음을 터뜨렸다. "저는 부인만이 아니라 지인들을 전부 피했습니다. 그날 레프 니콜라예비치 톨스토이 백작이 저와 함께 있었거든요. 백작이 아무에게도 자신을 소개하지 말라고 해서 모두에게 거리를 뒀던 겁니다."
>
> "뭐라고! 톨스토이와 함께 있었다고요!" 표도르 미하일로비치[도스토옙스키]가 놀라서 비통한 목소리로 외쳤다. "그를 만나지 못해 얼마나 안타까운지 모르겠소! 그 사람이 원하지 않는다면 당연히 인사를 하지 않았을 텐데. 왜 같이 있다고 내게 귀띔이라도 하지 않았소? 그를 한번 보기라도 했으면 좋았으련만!"

"초상화가 많은데 뭘 그러십니까." 스트라호프가 웃었다.

"초상화가 사람을 제대로 보여준다고 생각하시오? 직접 보는 게 중요하다오. 때로는 딱 한 번 보는 걸로 족하지. 그 한 번으로 평생 그 사람이 마음에 각인될 수 있거든. 그를 보여주지 않다니, 당신을 용서하지 않겠소!"(Dostoevskaia 343-344)

실제로 도스토옙스키는 톨스토이를 매우 특별하게 여겼다. 『안나 카레니나』를 훌륭한 작품이라고 극찬하며 그에 대한 장문의 평을 자신의 『작가 일기』에 게재했고, 『백치』의 주인공 미시킨의 이름은 레프 니콜라예비치, 즉 톨스토이의 이름이기도 하다.[1] 그에 반해 톨스토이는 도스토옙스키를 그다지 높이 평가하지 않았다. 도스토옙스키 작품의 중심에서 휘몰아치는 살인자들의 고통스러운 심리가 곧 작가의 내면을 반영한다고 생각하고 도스토옙스키 역시 병적인 인물이라고 느낀 것이다. 톨스토이가 그에 대한 각별한 마음을 내보인 것은 상대방이 죽고 나서였다. 톨스토이는 신문에서 도스토옙스키의 부고를 접하고는 한 번도 만난 적이 없지만 친한 사람을 잃은 듯한 아픔을 느꼈다고 토로했다. 도스토옙스키가 죽고 한참 뒤에 발표된 『부활』에서는 남자 주인공이 여주인공에게 자신이 방금 읽은 도스토

1 러시아의 이름 체계는 이름, 부칭, 성으로 이루어진다. 톨스토이의 이름을 다 쓰면 레프 니콜라예비치 톨스토이다. 러시아에서는 친하지 않은 이상 기본적으로 사람을 부를 때 이름과 부칭을 함께 사용한다. 그래서 도스토옙스키의 주인공 이름이 '레프 니콜라예비치' 미시킨이라는 점은 예사롭지 않다. 당시 러시아에서 유명인사였던 톨스토이의 이름과 부칭을 교양인이라면 누구나 알고 있었으리라는 사실을 고려하면, 작가가 톨스토이를 염두에 두고 지었을 개연성이 크다. 더구나 성을 미시킨, 즉 쥐를 뜻하는 '미시'(*mysb'*)를 바탕으로 지었다는 점도 흥미롭다. '레프'(lev)는 영어로는 '레오'(leo)로 사자를 뜻하기 때문이다. '레프 니콜라예비치 미시킨'이란 이름에는 사자와 쥐가 공존한다. 미시킨이 가진 양면성(위대함과 보잘것없음)을 가리키기도 하고, 톨스토이에 대한 양가적 감정(존경과 시샘)을 암시하기도 한다.

옙스키의 소설을 건네준다(그러나 이때 도스토옙스키만이 아니라 투르게네프의 책도 함께 주는데 카튜샤는 투르게네프의 책을 더 좋아한다).

이처럼 두 사람의 삶의 궤적은 묘하게 엇갈린다. 모스크바에서 태어나 상트페테르부르크(줄여서 페테르부르크)로 유학 간 도스토옙스키. 시골에서 태어나 카잔으로 대학을 진학한 톨스토이. 넓은 영토에도 불구하고 러시아는 매우 중앙집권적인 나라다. 문화의 중심도 역시 모스크바와 상트페테르부르크, 두 도시(전통적인 옛 수도와 제정 러시아의 수도)였다. 청년기에 톨스토이가 모스크바와 페테르부르크를 오가며 지낸 적이 있지만, 공교롭게도 그때는 도스토옙스키의 시베리아 유형기와 겹친다. 그 후는 어떤가. 시베리아 유형에서 귀환한 도스토옙스키가 페테르부르크를 거주지로 삼는 데 반해 톨스토이는 낙향해서 야스나야 폴랴나의 지주가 된다.[2] 톨스토이는 천성적으로 도시를 싫어했는데 두 수도 중 페테르부르크를 훨씬 더 싫어했다.[3] 톨스토이가 페테르부르크를 가는 일은 드물었다. 나중에 아들들이 커서 대학교에 가게 될 때 선택한 도시도 페테르부르크가 아니라 모스크바였다.

또한 둘 다 러시아의 유명한 수도원인 옵티나 푸스틴을 찾지만 그들의

2　연보를 보면 두 거장의 동선은 마치 작정이라도 한 게 아닌가 싶을 정도로 교묘하게 어긋난다. 톨스토이가 1858년 페테르부르크를 방문한 후, 이듬해인 1859년에 도스토옙스키가 10년의 시베리아 유형 생활을 끝내고 드디어 페테르부르크로 귀환해 정착했다. 톨스토이는 1860년 두 번째이자 마지막으로 유럽 여행을 떠나서 9개월 후인 1861년에 야스나야 폴랴나에 돌아왔다. 그리고 1862년 가을에 모스크바에서 결혼식을 올리자마자 신부와 함께 고향으로 돌아가 이후 20년을 야스나야 폴랴나에서 살았다. 이 20년간 도스토옙스키는 유럽에 장기 체류하기도 하지만 기본적으로 페테르부르크에 거주했다. 도스토옙스키는 1881년 세상을 떴다. 그리고 그 이듬해인 1882년 톨스토이는 자식들 교육을 위해 모스크바로 이사해서 1901년까지 19년간 모스크바에 살았다(여름은 야스나야 폴랴나에서 났다).

3　나보코프(Nabokov)는 톨스토이가 『안나 카레니나』에서 묘사한 모스크바와 페테르부르크의 특징을 다음과 같이 규정한다. “모스크바는 다정하고 편안하며 푹 퍼진, 가부장적인 오래된 도시고 페테르부르크는 세련되고 차가우며 격식을 따지고 맵시 있는, 상대적으로 젊은 수도다”(146).

방문은 엇갈린다. 도스토옙스키는 1878년 아들 알료샤를 여의고 슬픔을 주체하지 못하다가 아내의 권유로 옵티나 푸스틴을 찾는다. 그 단 한 번의 옵티나 푸스틴 수도원 방문에서 작가는 마음의 평안을 얻었다. 그리고 수도원에서 만난 암브로시 장로에게서 『카라마조프 형제들』의 조시마 장로가 탄생한다. 한편 톨스토이는 1877년, 1881년 등 네 차례에 걸쳐 옵티나 푸스틴 수도원을 방문했다. 그들은 만날 듯 만날 듯, 그러나 결코 마주치지 않았다. 마치 일부러 피하기라도 하는 양.

이와 관련해 무라카미 하루키는 흥미로운 관점을 제시한다. 무라카미는 소설가를 자존심이 강한 이기적 인종으로 규정하며 경쟁심 때문에 작가들 사이에 우정이 존재할 수 없다고 주장한다. 겉으로는 모를까 진정한 우정은 어렵다고 본다.[4] 한 예로 무라카미는 1922년 파리에서 있었던 마르셀 프루스트와 제임스 조이스의 만남을 든다. 두 천재 작가가 이고르 스트라빈스키와 피카소 등이 초대된 소규모 모임에 참석했다. 당연히 주변의 시선이 집중됐다. 그들이 무슨 말을 나눌 것인가. 그러나 두 사람은 대화는커녕 서로에게 한마디도 건네지 않았다. 그 일화를 소개하며 무라카미는 자존심이 강한 작가들이 재능은 뛰어날지 몰라도 괴팍한 성격에 사교성이 떨어지는 경우가 적지 않음을 암시한다(9-11).

무라카미 하루키의 견해는 러시아의 두 문호에게도 적용되는 듯하다. 도스토옙스키와 톨스토이, 둘 다 매우 자존심이 강했음은 주지의 사실이

4 톨스토이는 그 점을 인정한다. 1881년 2월 도스토옙스키의 죽음을 슬퍼하는 심정을 스트라호프에게 토로하며 톨스토이는 이렇게 말한다. "난 그를 한 번도 만난 적이 없고 그와 직접 교류한 적도 없소. 하지만 그가 죽자 문득 깨달았소. 그는 내게 무척이나 가깝고 소중하며 필요한 사람이란 걸. 난 작가고 작가들은 죄다 허영심이 많고 질투가 강하오. 적어도 난 그런 작가였소"(*PSS* 63: 43). *PSS*는 러시아어로 전집의 약자다. 톨스토이 전집의 경우 작가의 탄생 백 주년을 기념해서 1928년부터 1958년까지 출판한 90권짜리 기념전집을 가리킨다.

다. 두 사람은 직접 교제하지 않았지만 그들이 각자 알고 지내던 투르게네프와의 관계를 살펴보면 그들의 교우 관계를 어느 정도 미루어 짐작할 수 있다. 당대 러시아 문단의 트로이카는 도스토옙스키와 톨스토이, 그리고 투르게네프였다. 사실 그들 생전에 작가로서 가장 먼저 큰 명예를 누린 이는 투르게네프(1818-1883)였다. 지금은 도스토옙스키와 톨스토이에게 한참 밀리지만 투르게네프는 셋 중 가장 세련된 스타일로 소설을 썼고 그의 소설은 유럽에서 큰 인기를 끌었다. 러시아 소설이 유럽에서 제대로 된 대우를 받게 된 시작이 투르게네프라고 해도 과언이 아니다. 19세기 유럽인들이 보기에 톨스토이와 도스토옙스키의 소설은 매우 이질적이었다. 좋게 말해 독창적이었고 나쁘게 말하면 이상했다. 그에 비해 투르게네프의 작품은 유럽인들이 익숙한 소설의 범주에서 크게 벗어나지 않으면서도 높은 완성도를 갖췄기에 『아버지와 아들』을 비롯한 그의 소설은 곧 유럽에서 러시아 소설의 간판이기도 했다.

도스토옙스키와 톨스토이는 생전 한 번도 만나지 않았지만 각자 투르게네프와 알고 지냈고, 더 나아가 주목할 만한 애증 관계를 맺었다. 톨스토이는 투르게네프와 처음에는 꽤 사이가 좋았다. 그렇지만 투르게네프가 사생아 딸을 양육하는 방식을 두고 톨스토이가 면전에서 빈정거리자 투르게네프가 격분하고 그로 인해 두 사람은 결투를 불사할 정도로 관계가 틀어졌다(다행히도 결투는 막판에 취소됐다). 게다가 톨스토이의 하나밖에 없는 여동생이 불행한 결혼 생활을 이혼으로 끝낸 후 연정을 품은 상대가 공교롭게도 투르게네프였다. 여성 편력이 화려했던 투르게네프는 처음에는 톨스토이의 여동생에게 마음을 주는 듯했지만 곧 유럽에 있는 연인에게로 떠났다. 톨스토이의 여동생은 미련을 버리지 못하고 투르게네프의 뒤를 따라 유럽 여행길에 올랐다. 이런 이유만으로도 톨스토이가 투르게네프에게 감정이 좋을 수가 없었다. 톨스토이와 투르게네프가 화해한 것은 무려 17년 후였다.

한편 도스토옙스키와 투르게네프 간의 관계는 매우 도스토옙스키적이다. 도스토옙스키가 독일에서 도박에 빠져 돈을 날리고 곤궁하게 지낼 때 주변에 도움을 청하고는 했는데, 그에게 금전적인 도움을 준 사람 중 하나가 투르게네프였다. 도스토옙스키는 그에게 100탈러를 빌려달라고 했고 투르게네프는 50탈러를 주었다. 도스토옙스키는 꾼 돈을 제때 갚지 못했다(사실은 나중에 사정이 나아진 후에도 돌려주지 않았다). 자존심이 매우 강한 도스토옙스키는 그렇기 때문에 맹렬하게 투르게네프를 증오했다. 투르게네프를 떠올리면 자신의 지질함을 부정할 수 없기 때문이다. 투르게네프가 재촉하지 않아도 도스토옙스키의 양심이 편치 않기 때문에 괴롭고, 그런 고통을 주는 대상이라서 투르게네프를 미워하는 것이다. 투르게네프는 도스토옙스키의 그런 성격을 알기 때문에 그냥 당해주었다.[5] 도스토옙스키는 투르게네프의 부와 인기도 질투했다. 전업 작가인 자신은 마감일에 쫓기며 미친 듯 글을 써 겨우겨우 파산 위기를 면해 나가는데, 지주 출신이라 돈 걱정이 없는 투르게네프는 (이건 톨스토이도 마찬가지다) 여유롭게 글을 쓰면서도 최고 고료를 받는다는 사실 때문이었다. 도스토옙스키의 『악령』에는 카르마지노프라는 허세에 가득 찬 한물간 작가가 등장하는데 이 인물이 투르게네프를 희화화했음은 주지의 사실이다.

이처럼 도스토옙스키와 톨스토이가 투르게네프와 어떻게 갈등하고 미워했는지를 살펴보면 두 문호가 서로 만나지 않았다는 사실이 도리어 다행으로 여겨질 정도다. 두 작가의 성격과 세계관, 종교관 등으로 미루어 볼

5 두 작가 사이의 관계는 프랭크(204-222)를 참고하시오.

때 둘 사이에 불꽃 튀는 신경전이 벌어졌으면 벌어졌지 결코 친교 관계를 맺지는 못했을 것이다. 아마 두 사람은 그 사실을 의식적으로든 무의식적으로든 직감하고 만날 기회가 생겨도 피했을는지도 모른다. 그러나 두 대가가 얼굴을 맞대고 악수를 한 적이 없다고 해서 문학적으로도 서로를 무시했는가 하면 그건 절대 그렇지 않다. 선수는 선수를 알아보는 법이다. 겉으로는 피하고 주시하지 않는 듯해도 그들의 작품을 살펴보면 두 작가가 얼마나 서로에게 영향을 주었는지 알 수 있다. 물론 일차적으로는 같은 시대, 같은 사회에서 살았기 때문이다. 출중한 예술가답게 그들은 자신이 속한 시대 및 사회와 깊이 공명했다. 흥미로운 점은 그들의 문학세계가 서로 반대의 궤도를 따라 진화한다는 사실이다. 이 책은 동시대를 살았으나 평생 한 번도 대면하지 않았던 대문호 도스토옙스키와 톨스토이가 문학, 더 구체적으로 장편소설들을 통해 어떻게 조우하는지를 살펴보려는 시도다. 두 작가의 첫 장편소설인 『전쟁과 평화』와 『죄와 벌』은 각각 1865년과 1866년에 같은 잡지에서 연재를 시작했다. 작품들을 비교하기에 앞서 먼저 첫 장편소설을 쓰기 전까지 두 거장의 삶이 어떤 궤적을 그리는지 간략하게 훑어보기로 한다.

도스토옙스키를 찾아서

제1장

§

모스크바 유년기

1821~1837

도스토옙스키의 첫 시공간 좌표는 1821년 모스크바다. 1821년 11월 11일(구력으로는 10월 30일)[6] 표도르 미하일로비치 도스토옙스키(Fedor Mikhailovich Dostoevsky)는 모스크바의 마린스키 자선 병원에서 출생했다. 그는 의사인 아버지와 신심이 깊은 어머니 사이에서 태어났다. 요즘 한국 사회에서야 의사가 돈을 많이 번다는 이유로 선호되는 직업이지만 19세기 러시아는, 더 나아가 소련 시대에도, 그렇지 않았다. 제정 러시아 시대에 의사는 기술직으로 3D 직업군에 속했다. 존경받는 직업이 아니다 보니 의사는 주로 외국에서 수입했다. 19세기 러시아 소설을 읽다 보면 독일식 억양으로 노어를 하는 독일 출신 의사를 자주 마주치게 된다. 도스토옙스키의

6 19세기 러시아의 달력 체계는 우리가 현재 쓰는 그레고리력이 아니라 율리우스력이었다. 19세기에 유럽은 이미 그레고리 달력을 채택해 쓰고 있었지만 러시아는 1918년까지 율리우스 달력을 사용했기 때문에 19세기 자료를 볼 때 구력(율리우스 달력)이냐 신력(그레고리 달력)이냐에 따라 날짜 차이가 난다. 19세기에 두 달력 간의 차이는 12일이었고 1세기마다 하루씩 더 벌어진다.

가정사를 고려할 때 중요한 것은 지금 우리 사회에서 통용되는 잣대로 접근해서는 안 된다는 점이다. 아버지가 의사였다고 해서 부잣집이 아니었다는 사실이다. 사실 도스토옙스키의 집안은 보잘것없는 쪽에 가까웠다.

작가의 부친인 미하일 도스토옙스키는 원래 사제 집안 출신이었다. 집안에서는 그가 당연히 신부가 되리라 믿었다. 그러나 성직이 내키지 않았던 작가의 아버지는 집안의 기대를 저버리고 신학교에 들어가지 않았다. 그 결정은 곧 부모와의 절연을 뜻하는 것이었고 도스토옙스키의 아버지는 실제로 그렇게 했다. 신학교를 들어가지 않은 정도가 아니라 집을 떠났고 고향을 등졌다. 그가 성직 대신 택한 직업은 의술이었다. 부모와 인연을 끊은 만큼 도스토옙스키의 부친은 스스로 일어서야 했다. 그는 의지가 강한 사람이었다. 성실하게 일하고 엄격하게 자기 관리를 한 덕택에 도스토옙스키의 아버지는 군의관을 거쳐 병원에서 근무하게 되고 8등관으로 진급해 세습 귀족의 신분을 얻게 된다.[7] 그렇게 자수성가하는 와중에 1819년 결혼해서 슬하에 4남 4녀를 두었다. 도스토옙스키는 그중 차남이었다.

도스토옙스키의 어머니는 모스크바 출신으로 유복한 상인 집안에서 자란 독실한 기독교 신자였다. 장장 5권에 달하는 작가의 전기를 쓴 프랭크(Frank)에 따르면 도스토옙스키의 부모는 매우 상반된 성격을 가진 남녀 조합이었다. 우리식으로 하자면 엄부자모(嚴父慈母), 즉 아버지는 엄하고 어머니는 자애로운 경우다. 그런데 도스토옙스키의 부친은 그 정도가 심했다. 자신의 엄격한 생활 양식과 근검절약을 가족에게도 요구했고, 기본적으로

7 제정 러시아에서는 표트르 대제 이래로 14등급으로 나뉜 관등 체계가 도입되었는데 그에 따르면 8등관 이상인 경우에만 귀족 신분이 세습되었다. 따라서 19세기 러시아 소설에 단골처럼 등장하는 '작은 인물' 즉 소시민이 만년 9등관인 이유는 자명하다. 8등관과 9등관 차이는 단순한 한 등급 차이가 아닌 것이다.

의무감이 강했지만 감정 기복이 심했다. 특히 기분이 저조할 때 주변 사람들에게 가혹했다. 그의 사망 원인으로 비인간적인 처사를 견디다 못한 농노들이 살해했다는 이야기가 나돌 정도다. 기본적으로 가정에 대한 의무감이 강했지만 그 반대급부로 폭군 같은 면모도 가진 사람이었다. 슬로님은 도스토옙스키 아버지의 특징으로 이중적인 성격을 든다. 자식들에게 전혀 체벌을 가하지 않는(당시로써는 파격적이었다) '진보적'인 면모도 가졌지만, 그와 함께 침울하고 난폭하며 의심이 많고 분노를 자제하지 못했다. 이를 바탕으로 슬로님은 부친이 가진 이중적 성격이 아들에게 이어졌다고 본다 (25).[8]

아버지는 아들에게 적성보다는 현실을 강요했다. 도스토옙스키는 어려서부터 책을 좋아하는 문학 소년이었으나 진로를 두고 아버지와는 타협점을 찾을 길이 없었다. 부친은 일을 더 맡아 하고 빚을 내기까지 해서 아들을 사립 기숙 학교에 보냈고, 그다음에는 학비가 무료인 수도의 공병학교로 유학을 보냈다(지금식으로 말하자면 국립 이공계 대학이다).

당시 제정 러시아의 수도 상트페테르부르크에 있는 니콜라옙스키 공병학교에 진학하기 전까지 도스토옙스키는 모스크바에서 살았다. 1838년 수도로 유학을 가기 전까지 모스크바에서 16년, 그것도 생의 시작인 유년기를 보낸 것이다. 모스크바는 도스토옙스키가 부모 슬하에서 성장한 어린 시절과 결부된다. 그곳에는 부모가 있었다. 엄한 아버지의 훈육은 그에게 두려움의 대상이었지만, 집안의 공포는 인자하고 명랑한 어머니로 어느 정도 상쇄되었다. 어린 도스토옙스키에게 마음의 안식을 주는 어머니였다. 어

8 한편 작가의 아버지가 자식들은 물론 농부들에게도 사랑과 존경을 받은 인물이라고 재평가를 시도한 전기도 있다(Marullo 23). 하지만 이 해석은 적어도 아직은 소수 의견에 불과하다.

머니는 그에게 머리가 아닌 마음에 스며든 신앙심을 불어넣어준 장본인이기도 하다. 성상화 앞에서 신에게 기도하는 어머니의 모습, 성경 이야기를 들려주는 어머니의 모습, 그렇게 일상생활 속에 뿌리내린 신앙심은 도스토옙스키의 마음에 지워지지 않는 흔적을 남겼다.

그리고 모스크바에는 집이 있었다.[9] 도스토옙스키의 가족은 아버지가 의사로 일하는 병원 바로 옆에 있는 관사에서 살았다.[10] 처음에는 관사의 방 두 개로 시작했는데 가족이 불어나면서 방을 더 사용하게 됐다. 그러나 대가족에게는 늘 비좁았다. 차남인 도스토옙스키는 형과 문간방에서 살았다. 말이 문간방이지 엄밀히 말해 현관과 거실 사이를 잇는 복도를 반으로 나누어 한쪽을 두 아들에게 쓰게 한 것이다.

집과 관련해 보다 더 중요한 점은 도스토옙스키 부친이 일한 병원이 일반 병원이 아니라 자선 병원이었다는 사실이다. 다시 말해, 빈민을 위해 세워진 빈민 구제 병원이었다. 당연히 병들고 가난한 사람들이 드나들었고, 병원은 빈민가에 위치했다. 마린스키 자선 병원은 모스크바의 북쪽 외곽에 있다. 도스토옙스키는 어려서부터 빈민에 둘러싸여 살았다. 그의 데뷔작이 「가난한 사람들」인 것은 우연이 아니다. 톨스토이가 시골에서 태어난 귀족으로 도시 빈민의 삶을 가까이서 보게 된 것이 그가 이미 50대에 접어든 1880년대였던 데 반해, 도스토옙스키는 이미 어려서부터, 그러니까 1830년대부터 도시 빈민에 둘러싸여 자랐던 것이다.

9 러시아어에서 집(*dom*)은 한국어 단어처럼 건물만이 아니라 가정도 뜻한다.

10 현재 도스토옙스키 박물관으로 보존되어 있다.

도스토옙스키를 찾아서

제2장

§

페테르부르크 청년기

1838~1849

1838년 1월 도스토옙스키는 페테르부르크의 공병학교에 입학한다. 이미 언급했듯이 본인의 선택이 아니었지만 무서운 아버지의 뜻을 거역할 수는 없었다. 그렇게 이팔청춘 16세 도스토옙스키는 모스크바 집을 떠나 페테르부르크와 인연을 맺었다.

두 번째 좌표, 페테르부르크의 청년기다. 도스토옙스키의 문학적 고향인 페테르부르크. 시작은 결코 즐겁지 않았다. 페테르부르크로 옮겨가기 전해인 1837년은 도스토옙스키에게 힘든 한 해였다. 1837년 2월 러시아 문학의 총아 푸쉬킨이 결투로 숨졌다. 37세였다. 푸쉬킨을 우상처럼 여겼던 문학 소년 도스토옙스키에게는 충격적인 사건이었다. 그뿐만이 아니었다. 그를 늘 따뜻하게 감쌌던 어머니가 폐결핵으로 1837년 9월 유명을 달리했다. 도스토옙스키는 한동안 목소리를 내지 못할 정도로 깊은 슬픔에 잠겼다. 더구나 페테르부르크 공병학교에는 형도 같이 지원했으나, 형은 신체검사에 불합격해서 에스토니아에 있는 학교로 갔다. 어머니를 잃은 지 얼마

안 되어 본인의 의사와는 무관한 학교에 혼자 진학해 새로운 도시에서 외톨이로 살게 된 것이다.

모스크바에서 페테르부르크로의 이동이 도스토옙스키에게 어떤 의미였는지를 슬로님은 다음과 같은 문장으로 요약한다. "화목한 가정의 수도원 같은 은둔 생활에서 폐쇄된 공병학교의 관료주의적 분위기 속으로 떨어졌다"(29). 슬로님에 따르면 모스크바에 살 때 도스토옙스키는 혼자 외출해 본 적이 없으며 용돈도 따로 받아 본 적이 없었다(그로부터 경제관념이 없는 작가의 성향이 비롯됐다고 본다). 당연히 이성 교제도 없었다. 견고한 가족의 울타리 안에서 살던 10대 소년에게 페테르부르크는 얼마나 낯설었을까.

더구나 공병학교에서 좋아하지 않는 수학이며 공과 계열 공부를 하려니 고역이었을 것이다. 도스토옙스키는 학교에서, 그리고 낯선 도시에서 외톨이였다. 그는 수업보다는 독서에 열중했고 혼자 프랑스 소설을 번역하기도 했다. 그가 본격적으로 작가의 길을 걷게 된 것은 아버지가 1839년 갑자기 사망한 후였다. 그리고 성공적으로 문단에 데뷔한 다음에는 전업 작가가 되어 창작에 매진하고자 직장을 때려치웠다.

도스토옙스키는 혜성처럼 러시아 문학계에 데뷔했다. 우연히 그의 「가난한 사람들」 원고를 친구가 보고는 알고 지내던 문인에게 건넸고, 원고는 다시 당대 최고 비평가 벨린스키에게 전해졌다. 벨린스키는 도스토옙스키의 소설을 읽자마자 "새로운 고골이 나타났다!"라고 극찬했다. 고골은 푸쉬킨의 뒤를 잇는 러시아 문학계의 걸출한 작가다. 그리고 『외투』와 『죽은 혼』 등에서 러시아 사회의 부조리를 훌륭하게 풍자했다. 그래서 문학이 사회의식을 고취하는 데 기여해야 한다는 견해를 가진 비평가들에게 추앙받았다. 벨린스키는 도스토옙스키의 데뷔작 「가난한 사람들」(1846)에서 무엇보다도 사회성에 주목했다. 빈민도 인간임을 부르짖는 휴머니즘이 기저에 흐르는, 사회적으로 의미 있는 소설이라 본 것이다.

실제로 「가난한 사람들」에서는 이후 대가가 될 도스토옙스키의 싹이 엿보인다. 페테르부르크를 무대로 가난한 사람들의 심리를 탁월한 필치로 담아낸 이 서간체 소설은 페테르부르크의 작가, 또 심오한 인간 심리를 탐구한 작가로 이름을 날리게 될 도스토옙스키의 미래를 예견하는 작품이다. 또한 고골의 '작은 사람들', 다시 말해 대도시에 사는 소시민의 테마를 계승하면서도 고골의 한계를 넘어서기도 한 소설이다. 간단히 말해, 고골의 인물들은 인형 같다. 전형성은 뛰어나되 심리는 빈약하다. 그래서 단면적이다. 그런데 도스토옙스키는 작중 인물들을 통해 우주와도 같은 인간 심리를 열어젖힌다. 복잡하고 섬세하며 모순적이기도 한 인간의 마음. 열 길 물속은 알아도 한 길 사람 속은 알 수 없다는 속담이 가리키는 인간의 다면성 말이다. 「가난한 사람들」의 남녀 주인공은 입체적이다. 가난하지만 자존심이 있고 저열한 욕망과 고결함 사이를 오간다.

「가난한 사람들」의 성공에 고무된 도스토옙스키는 (무서운 아버지도 없겠다) 호기롭게 전업 작가의 길을 택한다. 공병학교 졸업 후 임관했지만 전역하고 전업 작가가 된 것이다. 지금도 그렇지만 전업 작가의 길은 결코 쉽지 않다. 원고료와 인세만으로 살아간다는 것은, 게다가 가족까지 부양한다는 것은 실로 한 개인의 삶에 엄청난 무게를 지닌다. 물론 도스토옙스키가 직장을 그만두고 소설로 승부를 보겠다고 결심했을 때 전업 작가의 미래가 실제로 어떨지 제대로 예상하지 못했겠지만 말이다. 「가난한 사람들」로 화려하게 데뷔했을 때 그의 나이 25세. 미래가 창창하고 밝게만 보였음 직하다. 그러나 냉정한 현실을 맞닥뜨리기까지는 오랜 시간이 걸리지 않았다.

데뷔작에 이어 야심차게 내놓은 「분신」(1846)이 평단의 혹평을 받고,

이후 몇 년간 단편소설 11편과 중편소설 「여주인」을 발표했지만 반응은 역시 신통치 않았다. 작가의 성격도 문제였다. 「가난한 사람들」의 대대적인 성공과 함께 샛별처럼 러시아 문단에 등장했지만 도스토옙스키는 한마디로 사교술이 없었다. 사람들은 그가 거만하고 뻣뻣하다고 여겼다. 반대로 작가는 사람들이 자신을 알아주지 않는다고 울분을 토했다. 그러다가 도스토옙스키의 삶을 송두리째 뒤바꾸어 놓는 일생일대의 사건이 터진다.

바로 '페트라솁스키 사건'이다. 1849년 러시아, 니콜라이 1세의 압제가 막바지를 향해 치닫던 시기였다. 원래도 철권 정치를 펼치던 황제였지만 프랑스에서 1848년 혁명으로 왕이 축출되고 제2공화국이 들어서자 폭압은 한층 더 심해졌다. 지식인들에게는 사상과 집회의 자유는 고사하고 지적으로 숨 쉴 공간도 허락되지 않았다. 니콜라이 1세 치하 러시아는 전제 정치의 포악함이 위세를 떨치는 국가였다. 체제에 불만을 가진 이들은 자연스레 지하로 숨어들었다. 그렇게 지식인들이 모여 사회 문제를 논하는 모임이 많이 있었는데 그중 하나가 '페트라솁스키 서클'이었다. 페트라솁스키라는 사람 집에서 모임을 가졌기 때문에 그렇게 불린다. 니콜라이 1세 치하의 악명 높은 비밀경찰은 모임의 성격이나 규모, 죄질을 가리지 않고 잡아들였다. 도스토옙스키는 그 모임에서 벨린스키가 쓴 '고골에게 보내는 편지'를 읽었다는 죄목으로 체포되어 사형을 선고받았다.

도스토옙스키와 벨린스키, 고골. 우연치고는 공교롭기 짝이 없다. 주지하다시피 도스토옙스키의 문단 데뷔에는 벨린스키와 고골의 이름이 빠지지 않고 등장한다. 신예 작가에게 최고의 영예를 선사한 비평가가 다름 아닌 벨린스키다. 그는 '새로운 고골'이라는 찬사로 도스토옙스키의 등장을 반겼다. 그 이름들이 다시 마주친다. 이번에는 그 신예 작가의 인생 최대 고비에서.

벨린스키는 이미 죽고 없었다. 그러나 그가 죽기 전해에 고골에게 보낸 공개서한은 계속 인구에 회자되고 있었다. 벨린스키는 사회를 풍자하는 고골의 작품을 높이 평가했지만, 고골이 우경화하는 경향을 보이며 정권을 옹호하는 글을 모아 출판하자 그를 비판하는 사자후와도 같은 공개서한을 발표했다. 러시아 당국은 이 편지가 진보적인 지식인들을 자극하리라고 우려해 불온서적 목록에 올렸다. 출판도 독서도 금지된 편지였던 것이다. 사실 그 편지는 고골을 수신자로 하지만 본질적으로는 농노제, 즉 "흰 피부의 노예"(white negro)를 부리는 비도덕적이고 파렴치한 러시아 정부와 그에 동조하는 러시아 정교회에 대한 신랄한 비판이었다.[11]

도스토옙스키는 1849년 4월 23일 체포된 후 수도의 페트로파블롭스키 요새에 위치한 감옥의 독방에서 7개월 이상 수감되어 지냈다. 그러면서 재판을 받고 사형 선고를 받았다. 처형일은 12월 22일이었다. 페트라솁스키 사건 연루자들이 처형장으로 끌려가 순서대로 줄을 섰다. 도스토옙스키는 두 번째 줄이었다. 첫 번째 줄에는 페트라솁스키를 비롯해 세 명이 섰다. 처형 방식은 총살이었다. 사형수들은 기둥에 묶이고 얼굴에는 두건이 씌워졌다. 병사들이 조준을 마친 뒤 신호에 따라 총을 발사할 것이었다. 첫 번째 줄에 섰던 사형수들이 준비를 마쳤을 때 '기적'이 일어났다. 황제가 칙사를 보내 사형을 시베리아 유형으로 감면한다는 '은총'을 베푼 것이다. 그런데 실제로는 사형 선고와 감형이 죄다 황제의 연극이었다! 저지른 죄보다 훨씬 무거운 벌을 내려 겁을 주었다가 마지막 순간에 목숨을 살려줌으로써 황제의 관대함을 만방에 과시하겠다는 의도였던 것이다. 한 마디로

11 도스토옙스키 자신이 나중에 진보적인 벨린스키가 아닌 극우 고골에 가까워진다는 점을 생각하면 벨린스키의 편지를 낭독했다는 이유로 죽을 뻔한 사연은 흥미롭다.

사람 목숨을 가지고 장난을 친 것이다.

도스토옙스키는 말 그대로 죽다가 살아났다. 처형장에서 죽음이 아닌 삶으로 돌아온 사건이 작가의 정신세계에, 또 미래의 작품에 깊은 흔적을 남겼음은 자명하다. 실제로 이 경험은 이후 작가의 대작(『백치』와 『카라마조프 형제들』)에서 다양하게 변주된다. 많은 도스토옙스키의 작품이 드라마틱한 것도 무리가 아니다. 그러나 드라마는 거기서 끝나지 않았다. 시베리아 유형이 그의 앞에 펼쳐진다.

도스토옙스키를 찾아서

제3장

§

시베리아에서 보낸 30대

1850~1859

도스토옙스키가 시베리아 유형을 떠날 때 나이 28세. 그로부터 10년에 육박하는 세월이 시베리아에서 흐른다. 60세를 일기로 타계한 작가의 삶에서 육체적으로 가장 왕성한 활동을 했을 시기인 30대에 시베리아에 유배되어 있었던 것이다. 귀족 신분도 박탈당했다. 당연히 단 한 권의 책도 내지 못했다. 그 10년 중 앞의 4년은 아예 감옥에서 죄수로 발에는 족쇄를 차고 살았다. 낮에는 노역을 했다. 그에게 허락된 책은 단 한 권, 성경뿐이었다. 만일 도스토옙스키가 시베리아에서의 고초를 견뎌내지 못하고 죽었거나, 또는 펜을 꺾었다면 그는 문학사에서 「가난한 사람들」로 재능을 보여줬던 작가 정도로만 기억됐을 것이다. 그러나 그는 죽지도 않았고 시들지도 않았다. 도스토옙스키는 불사조처럼 문단에 돌아왔다. 세계 문학사에 이런 복귀는 전무후무하다. 시베리아를 거친 도스토옙스키는 단순히 재능 있는 작가가 아닌 위대한 작가로 거듭났다.

도스토옙스키는 시베리아에 가기 전에도 인간의 심리 묘사에 탁월했지만 주로 대도시 빈민을 대상으로 인간의 심리를 파고들었다면 시베리아의 경험을 통해 진정한 러시아의 작가로, 또 그를 통해 세계 문학사에 길이 남는 작가로 발돋움했다. 시베리아에서의 10년간 그는 이전에 접하지 못한 종류의 사람들을 만났다. 어렸을 때 모스크바의 자선 병원 관사에 살며 가난하고 병든 도시 빈민을 많이 봤다면 이제 시베리아 교도소에서 그가 부대끼게 된 이들은 '불행한' 사람들이었다.[12] 각양각색의 이유로 죄를 짓고, 혹은 무고하게 잡혀 들어와 자유를 갈망하는 이들. 도스토옙스키와 같은 지식인들도 있었으나 대부분은 평민이거나 농민이었다. 작가는 그때까지 잘 알지 못했던 '러시아 민중'과 조우하게 된 것이다. 그것도 감옥에서!

4년에 걸친 수감 생활은 그에게 큰 시련이었다. 자유가 없다는 일차적 이유에 더해, 생면부지의 범죄자들과 강제로 하는 공동생활은 참을 수 없는 고통이었다. 주지하다시피 도스토옙스키는 정치범이었다. 그의 죄목은 공상적 사회주의를 신봉하던 지하 모임을 드나들고 거기서 금서를 읽은 것이다. 즉, 책을 읽어서 감옥에 간 것이다. 작가는 살인자에 절도범, 그러니까 우리가 흔히 생각하는 '나쁜 놈'들과 한 공간에서 지내게 되었다. 물론 놀랄 만큼 온순하고 선한 이들도 있었지만 교활하고 거칠며 거짓말을 밥 먹듯 하는 악한이 더 많았다. 더구나 '러시아 민중'은 지식인인 그를 노골적으로 조롱하고 따돌렸다. 그가 페트라솁스키 서클에서 사회 모순을 논하며 이상적인 사회를 꿈꿀 때 가정하던 러시아 민중과 실제로 같이 살게 된 러시아 민중은 전혀 달랐다. 신체의 구속만이 아니라 간수 및 수감자들로부터 비롯되는 정신적 고통이 극심했다. 그곳은 지옥이나 다름없었다. '죽음의 집'이었다. 그러나 도스토옙스키는 크나큰 고통과 불가해성 속에서 빛을 발

12 러시아에서 죄수는 흔히 '불행한 자'라고 불린다.

견했다. 그가 찾은 것은 러시아의 영혼이었다. 시베리아 이전에 머리로 러시아 민중을 이해했다면 시베리아 유형 생활을 통해 도스토옙스키는 마음으로 그들을 받아들이게 된 것이다.[13] 러시아 민중은 무지하고 악하지만 그들 마음속 깊은 곳에 연민이라는 고귀한 감정이 있음을 그는 알게 되었다. 부조리하고 불가해하나 성스러운 러시아의 영혼을 그는 깊이 믿게 되었다. 이로써 도스토옙스키는 질적으로 차원이 다른 작가가 되었다.

또한 시베리아에서 작가는 결혼이란 전기(轉機)를 맞이한다. 그때까지 도스토옙스키는 제대로 된 연애를 해본 적이 없었다. 모스크바에서는 부모의 통제하에 이성 교제 없이 '바른 생활' 소년이었고 페테르부르크의 20대에는 유부녀를 사랑했다. 상대는 파나예프라는 작가의 아내였다. 「가난한 사람들」과 함께 문단에 발을 들여놓은 작가는 동료 작가의 아름답고 매력적인 아내에게 마음을 빼앗겼다. 톨스토이의 경우도 그렇지만 당시 러시아 사회의 성도덕은 매우 관대했다. 유부녀의 연애는 러시아에서 안나 카레니나에 국한된 예외적인 현상이 아니었다. 그런데 도스토옙스키의 첫사랑은 짝사랑이었다. 작가는 사교술이 없었고 외모가 매력적이지도 않았다. 그는 웃음거리가 되었다. 그러는 사이 파나예프의 부인은 다른 작가(네크라소프)의 정부가 되었다. 물론 그렇다고 해서 도스토옙스키가 여자 경험이 전무했느냐 하면 그건 다른 문제다. 그의 작품들을 토대로 추측하건대 도스토옙스키는 소녀에 비상한 관심이 있었고(도스토옙스키가 어린 소녀를 강간했다는

13 그렇지 않았더라면 도스토옙스키는 제정신으로 살아갈 수 없었을지도 모른다. 한편 이와 관련해 톨스토이를 보자면, 톨스토이가 아무리 민중을 위하고 스스로도 러시아 농민이 되려고 했다 하더라도 그의 노력에는 한계가 있다. 톨스토이는 러시아 농부가 되고자 부단히 노력했으나 결코 그들과 동화되지 못했다. 그는 개념 있는 '나리'였을 뿐이다. 물론 그의 잘못은 아니다. 어찌 보면 그에게는 도스토옙스키와 같은 기회가 없었던 것이다.

소문도 있다) 홍등가도 잘 알았다. 그러나 분명한 사실은 그가 시베리아로 유배를 갈 때까지 정상적인 연애를 해보지 못했다는 사실이다.

그처럼 연애 숙맥인 도스토옙스키가 교도소에 갇혀 있다가 나와서 만난 미녀에게 반하는 것도 무리가 아니다. 상대는 이번에도 유부녀였다. 그런데 이번에 만난 유부녀는 페테르부르크의 유부녀와 좀 달랐다. 무능한 남편과의 불행한 결혼 생활에 지친 여자(마리아 이사예바)는 처음에는 도스토옙스키에게 별다른 호감을 느끼지 않았지만, 자신을 숭배하는 그에게 의지했다. 도스토옙스키는 그녀의 하소연을 들어주고 위로를 아끼지 않았다. 그뿐만이 아니다. 돈도 아끼지 않았다(주로 꾸어서 주었다). 그렇게 두 사람의 '막장 드라마'를 방불케 하는 연애가 시작되었다.

남편은 아랑곳없이 연애를 하다가 남편의 전근 때문에 타지로 이사를 하게 되면서 헤어지는가 했지만, 곧 남편이 사망하자 마리아 부인은 기댈 남자가 절실해졌다. 게다가 그녀에게는 딸린 아들도 있었다. 도스토옙스키는 부나방이 불을 향해 직진하듯 그녀에게 집착했다. 그러나 마리아 부인은 전직 작가가 탐탁지 않았다. 귀족 신분도 박탈당하고 옥살이까지 하고 나온 정치범의 미래가 못 미더운 것은 당연하다. 마리아 부인은 급기야 젊고 가난한 교사와 양다리를 걸치며 한 2년간 도스토옙스키의 애간장을 태우고 피를 말렸다. 도스토옙스키는 기꺼이 당했다. 그와 같은 고통이 그에게는 사랑의 기쁨이었다. 정확히는, 서로 상처를 주고 괴로워하다가 사랑을 확인하고 맛보는 기쁨에 중독됐다고 하는 편이 맞을 터이다. 마리아 부인의 건강이 좋지 않은 것도 도리어 그에게는 매력이었다. 고결한 희생정신을 일깨우기 때문이었다. 그리고 그처럼 안달하고 괴로워하면서 도스토옙스키는 더욱더 마리아 부인에게 빠져들었다.

마리아 부인이 도스토옙스키와 결혼하는 것은 작가의 처지가 나아졌을 때였다. 귀족 신분을 되찾고 시베리아를 떠나도 된다는 허가가 내려졌을 때였다. 그러나 실로 허무하게도 정작 결혼한 후에 두 사람의 관계는 돌이킬 수 없는 내리막길을 걷게 된다. 불안이 사라지고 안정이 찾아오자 두 사람은 드디어 서로를 제대로 바라보게 되었고 서로가 얼마나 맞지 않는지를 깨닫게 되는 것이다. '결혼은 연애의 무덤'이란 말은 작가의 첫 결혼에 딱 들어맞는 표현이다. 도스토옙스키가 페테르부르크로 돌아올 무렵, 그들은 무늬만 부부일 뿐 서로 다른 삶을 살게 된다.

도스토옙스키를 찾아서

제4장

§

다시 페테르부르크로, 바닥

1860~1865

10년에 가까운 시베리아 유형 생활을 끝내고 도스토옙스키는 1859년 드디어 수도로 돌아온다. 다시 페테르부르크에 정착한 작가는 그동안의 공백을 메우듯 왕성하게 창작 활동에 매진한다. 「아저씨의 꿈」(1860)과 「스테판치코보 마을 사람들」(1860)을 필두로 「상처받은 사람들」(1861)과 『죽음의 집의 기록』(1861/2)이 뒤따르고 「지하로부터의 수기」(1864)가 도스토옙스키의 전성기를 예고한다. 그는 다시 문단의 주목을 받는 작가가 되었다. 그중 『죽음의 집의 기록』은 작가가 시베리아 감옥에서 겪은 4년의 기억이 켜켜이 녹아든 자전적 소설이다.[14]

그러나 작가의 삶에는 다시 풍랑이 몰아친다. 1864년 그는 소중한 사람 둘을 잃는다. 먼저 4월에 아내가 죽었다. 시베리아에서 결혼한 마리아 부

14 공교롭게도 톨스토이가 도스토옙스키 작품 중 가장 높게 평가한 글이기도 하다. 톨스토이는 본능적으로 알았던 것이다. 그러한 지옥의 체험은 자신은 넘볼 수 없는 영역임을, 자신에게는 허락되지 않을 경험이라는 것을.

인은 폐결핵을 끝내 이겨내지 못했다. 위에서 이미 언급했듯이 도스토옙스키가 수도로 돌아왔을 때 이미 마리아 부인과는 돌이킬 수 없을 정도로 사이가 벌어져 있었다. 아내와는 거의 별거 상태로 지냈다. 그렇지만 도스토옙스키는 병색이 짙어가는 아내를 버리지도 않았다. 작가의 사생활은 이중적이었다. 병으로 죽어가는 아내를 두고 그는 사랑의 열병을 앓았다.

급기야 혼인 기간 중 도스토옙스키는 젊고 매력적인 처녀 폴리나(「노름꾼」의 폴리나의 실제 모델이다)에게 빠져서 유럽까지 따라가며 구애했다. 그러나 그런 상황에서도 도스토옙스키는 아내를 깊이 사랑했다고 말한다. "그녀의 이상야릇하면서도 멋진 성격 때문에 우리는 더불어 행복하지 못했지만 서로에 대한 사랑을 멈추지도 못했다. 우리는 불행하면 할수록 서로에게 더 밀착되었다"(*PSS* 28: 116).[15] 무척이나 도스토옙스키적인 역설이다.

도스토옙스키는 아내의 죽음을 진심으로 슬퍼했다. 죽은 아내를 보며 다시 그녀를 볼 수 있을까 애달파 하고, 더 나아가 그리스도를 떠올린다. 다음은 마리아 부인이 사망한 다음 날(구력 1864년 4월 16일) 작가가 쓴 글의 일부다.

> 마샤[마리아의 애칭]와 다시 만날 날이 올까? 그리스도가 하라고 한 것처럼 타인을 나 자신과 마찬가지로 사랑하는 건 불가능해. 이 지상에서는 인간의 법칙이 우리를 묶고 있거든. '나'라는 자아가 방해하는 거야. 그리스도는 할 수 있었지, 불멸이니까. [중략] 그리스도가 나타난 이래 인간이 닿을 수 있는 최고 상태는 바로 자신의 '나'를 버리는 거야. [중략] 이게 가장 큰 행복인 거

15 1865년 3월에 브랑겔 남작에게 보낸 편지에 나오는 구절이다. 브랑겔은 도스토옙스키가 시베리아에서 알게 된 외교관으로 이후 작가의 든든한 후원자 역할을 했다. 한편, 이 책에서 가리키는 도스토옙스키 전집은 나우카 출판사에서 펴낸 30권짜리 전집이다.

야… 이게 그리스도의 천국인 거고…. 그러니까 이 지상에서 인간은 자기 본성과는 반대되는 이상을 추구하는 거지. (*PSS* 20: 172)

타인을 자기 자신처럼 사랑하라고 그리스도는 가르쳤지만 이는 이기적인 인간 본성에 반한다는 것을 도스토옙스키는 잘 알고 있었다. 자아가 이타적인 사랑을 가로막는 것이다. 도스토옙스키는 그리스도가 보여준 인간에 대한 조건 없는 사랑을 본받아 인간도 이기적인 자아를 버리고 사랑을 통해 타인과 더불어 하나가 되어야 한다고, 그렇지 않으면 죄를 짓는 거라고 주장한다. 위 편지는 도스토옙스키의 기독교관의 핵심을 드러내는 동시에 인간 자아에 대한 그의 비판적인 시각을 잘 드러낸다. 도스토옙스키는 아내의 죽음 앞에서 인간의 본성과 그를 뛰어넘는 그리스도의 사랑, 즉 이상을 떠올리며 마음을 달랬다.

그런데 불행은 거기서 그치지 않았다. 그가 가장 믿고 의지했던 형마저 갑자기 같은 해 7월에 지병으로 세상을 등졌다. 미하일은 작가에게 형일 뿐만 아니라 사업 동지였다. 그 스스로도 문학에 재능이 있었던 형은 동생이 시베리아 유형에서 돌아오자 같이 힘을 합쳐 『시대』(*Vremia*)라는 잡지를 창간했다. 이 잡지는 꽤 인기를 끌었다. 그러나 1863년 폴란드 혁명에 관해 실은 글이 정부의 심기를 건드리는 바람에 강제 폐간되었다. 사실 잡지 자체는 보수적인 색채를 유지했는데 운이 나쁘게도 정부 시책에 반하는 글 하나를 실었다가 그만 잘 나가던 잡지가 문을 닫게 된 것이다. 형제는 이에 주저앉지 않고 이듬해 비슷한 논조의 잡지를 내놓았다. 제목도 『세기』(*Epokha*)로 비슷했다. 그런데 갑자기 동업자인 형이 사망하는 재난이 발생한다. 미하일의 죽음은 동생에게 재앙 그 자체였다. 아내가 죽은 지 몇 달이 채 지나지 않아 가장 가까웠던 형이 죽으면서 겪는 상심은 말할 것도 없고 경제적인 타격도 컸다. 잡지는 빚더미 위에 올라앉아 파산했다.

도스토옙스키는 형이 남긴 가족과 빚을 다 떠안았다. 형이 남긴 2만 5000루블(현재 시세로는 2억 5000만 원을 웃돈다)에 달하는 빚과 이미 출판한 잡지 발행비 1만 8000루블도 그의 몫이 되었다. 도스토옙스키는 여기저기서 돈을 융통하려고 애를 썼지만 3000루블을 빌리기도 힘들었다. 전업 작가로서 그나마 그가 가장 떳떳하게 돈을 마련하는 방법은 선원고료였다. 아직 쓰지 않은 작품을 선지급을 받고 미리 파는 것이다. 『죄와 벌』을 비롯해 많은 작품이 그런 식으로 도스토옙스키의 절박한 경제 상황을 타개하는 데 쓰였다. 그러나 때로 출판인들은 그를 외면했다. 1865년에도 그런 상황이 발생했다. 그리고 그때 악명 높은 스텔롭스키가 도스토옙스키에게 유혹의 손길을 뻗치며 접근했다. 스텔롭스키는 가불을 빌미로, 만약 정한 기한까지 중편소설 한 편을 넘기지 않는다면 향후 9년간 도스토옙스키가 쓰는 모든 작품의 판권을 자신이 취하겠다는 계약을 제시했다. 돈이 궁했던 작가는 그 계약의 치명성을 알면서도 받아들이고, 급한 돈을 변통해 위기를 넘겼다. 물론 작가의 급한 성격도 한몫했겠지만 그만큼 상황이 좋지 않았던 게다.

도스토옙스키의 첫 대작 『죄와 벌』은 이처럼 지난한 악조건 속에서 쓰였다. 비록 몸은 시베리아 유형에서 풀려나 자유로웠을지라도 빚 때문에 교도소는 늘 생생한 가능성으로 아른거렸다.[16] 더구나 경제적 곤경에 더해 가장 가까운 가족 두 사람을 잃고 그가 느꼈을 외로움과 상실감이 얼마나 컸을지는 감히 짐작조차 하기 어렵다. 그는 외롭고 막막했다. 안정된 결혼

16 당시 유럽에서는 빚을 갚지 못한 채무자들이 옥살이로 변제하는 법이 있었다. 그래서 도스토옙스키는 교도소행을 피하기 위해 유럽으로 도망치기도 했다.

생활을 갈망하며 신붓감을 물색했지만 연이어 실패했다.[17] 시베리아에 이어 인생의 또 다른 밑바닥에 처한 것이다. 그러나 도스토옙스키는 다시 한 번 화려하게 비상한다. 1866년,『죄와 벌』과 함께 걸작의 시대를 열며.

17 마리아 부인이 죽고 나서 그 이듬해에 도스토옙스키는 마르파 브라운, 안나 코르빈-코르순스카야 등과 연애 비슷한 관계를 맺는다. 특히 안나 코르빈-코르순스카야에게는 청혼했지만 결혼으로 이어지지 않았다. 또 여동생이 자신의 시누이(남편이 죽어가기는 하지만 아직 혼인 상태인!)를 결혼상대로 추천하자 연애 감정도 없으면서 그녀에게 청혼하고 거절당한다. 그 와중에 폴리나와의 관계도 완전히 끝난 것은 아니었다. 유럽에 머물던 폴리나는 계속해서 작가와 편지를 주고받으며 그와 인연의 끈을 놓지 않았다. 폴리나와 도스토옙스키가 완전히 결별한 것은 1866년 봄이 되어서였다.

톨스토이를 찾아서

제5장

§

프롤로그

혁명 사이의 삶

톨스토이는 도스토옙스키보다 일곱 살이 어리다. 그러나 러시아 역사에서 그들 사이를 떼어놓는 7년은 물리적인 7년 이상의 무게를 지닌다. 1825년 때문이다. 그 해에 '데카브리스트 난'(12월 봉기)이 일어났다. 러시아 제정 시대를 통틀어 최초이자 최후의 귀족 봉기다. 러시아에서 피지배 계급인 농민들이 학정을 견디다 못해 민란을 일으킨 적은 많지만 황제를 보필한다고 할 수 있는, 크게 보자면 같은 기득권 귀족 계급이 쿠데타도 아니고 '봉기'를 일으킨 예는 러시아 역사에서 전무후무하다.

봉기의 간단한 전말은 이렇다. 크림반도에서 휴양 중이던 알렉산드르 1세가 갑자기 죽자 후사 문제가 불거졌다.[18] 죽은 황제에게 아들이 없었기 때문이다. 그래서 콘스탄틴과 니콜라이, 두 아우 중 한 명이 왕위를 계승해

18 러시아 황실에서는 알렉산드르 1세가 권력에 염증을 느껴, 죽었다고 위장하고 몰래 시베리아로 가서 구도자로 여생을 보냈다는 풍문이 내려오기도 한다.

야 하는데 그중 나이가 위인 콘스탄틴은 자유주의자라는 소문이 파다했다. 당시 폴란드에서 살고 있었고 결혼도 제멋대로 했다. 러시아 왕위 계승 1순위자가 평민과 결혼을 해서 파란을 일으킨 것이다. 황태자임에도 관습을 중시하지 않는 콘스탄틴이 진정으로 자유주의자였느냐 아니냐는 중요하지 않다. 그에게 씌워진 이미지가 중요할 뿐. 게다가 콘스탄틴은 러시아의 황제 자리에 관심이 없다고 일찌감치 천명했다. 그래서 궁정에서는 콘스탄틴이 아닌 그다음 니콜라이로 왕위가 이어지게 되었다. 그런데 당시 러시아에서는 1812년 나폴레옹의 러시아 침략을 막아내고 그 기세를 몰아 프랑스로 진격해 파리, 즉 유럽의 심장을 경험하고 온 이후, 비교적 온건한 개혁주의자처럼 굴었던 알렉산드르 1세 치하에서 더 큰 개혁을 원하는 진보적 귀족들이 상당수 생겨난 상태였다. 그들이 원하는 것은 입헌 군주제였다. 당연히 그들은 자유주의자로 비친 콘스탄틴을 지지했다. 니콜라이가 즉위한 날 일군의 귀족 장교들이 황제의 공식 거주지인 겨울 궁전 근처에 모였다. 그리고 외쳤다. "콘스탄틴, 콘스티투찌야!"(Konstantin, *konstitutsiia*). 그들의 요구는 '헌법'(constitution)이라는 러시아어 단어 '콘스티투찌야'(*konstitutsiia*)에 집약되어 있다. 마침 그들이 원하는 콘스탄틴의 이름과 겹치기도 한다. 그래서 그들은 광장에서 대열을 지어 서서 외쳐댔다. 그리고 무력 투쟁도 불사할 것처럼 행동했다. 그러나 '반란군'이 자진 해산하기를 하루 종일 기다리던 새 황제 니콜라이가 결국 인내심을 잃고 무력을 사용하라고 명령을 내리자 그 호기롭던 귀족 장교들은 갑자기 오합지졸이 되었다. 반란은 간단히 진압되었다. 참여한 장교 중 군사 재판을 거쳐 스무 명 남짓이 처형되었고 나머지는 이런저런 형을 구형받았다. 교수형 아래 등급은 시베리아 유형이었다.

개혁에 대한 열망은 젊은 귀족들 사이에 유행처럼 떠돌았지만 실천력이나 응집력은 처참했다. 그 이유는 알렉산드르 1세의 서거가 너무나 갑작스러웠기에 철저한 준비나 계획 없이 급작스럽게 봉기가 일어났기 때문이기도 하고, 내부에서도 프랑스 모델을 선호하는 파와 영국 모델을 따르고자 하는 파로 나뉘는 등 여러 분파가 있었다. 또 사상과 현실 사이에서 귀족 청년들은 겉멋만 들었던 것처럼 보이기도 한다. 그 외에도 20세기에 황제 체제를 무너뜨리고 집권한 사회주의자들이 이 사건을 높이 평가했기 때문에 실제보다 부풀려진 면도 있다.

그러나 중요한 것은 그 귀족 봉기가 이후 러시아 역사에 미친 후폭풍이다. 니콜라이 1세는 집권 기간 내내 반동 정치로 러시아 사회를 옥죄었다. 즉위 첫날 당한 굴욕은 그에게 너무나 치욕적이었던 것이다. 러시아 귀족들도 이 사건의 여파로 다시는 개혁을 주도할 기회를 갖지 못한다. 니콜라이는 러시아에 경찰국가라는 잔인한 세월을 선사했다. 그의 시대는 반동으로 치닫다가 크림 전쟁(1853-1856)으로 끝났다. 나폴레옹에 맞서 유럽을 구했던 수호자, 군사 대국 러시아가 50년도 채 가기 전에 체제의 부실함을 만방에 드러내 보인 전쟁이 크림 전쟁이었다.

니콜라이의 뒤를 이은 알렉산드르 2세는 대대적인 개혁을 시도하지만 진보도 보수도 만족시키지 못했다. 진보는 더 빠르고 더 광범위한 개혁을 원했고, 보수는 개혁을 원치 않았기 때문이다. '개혁 군주'는 결국 1881년 3월 급진적 혁명가들에게 암살당하고(도스토옙스키가 타계한 때는 1881년 2월이다) 사회는 다시 반동 쪽으로 쏠린다. 그 끝은 제정 시대의 몰락이 된다. 그리고 1917년 사회주의 혁명이 새로운 시대를 연다.

톨스토이 전기를 쓴 윌슨(Wilson)의 지적대로 1828년에 태어나 1910년에 세상을 떠난 톨스토이의 삶은 바로 그 두 혁명, 그러니까 1825년 귀족 봉기와 1917년 사회주의 혁명 사이에 놓여 있다(15). 실제로 작가는

1825년에 지대한 관심을 보였다. 그의 최고 걸작 『전쟁과 평화』는 1812년 나폴레옹이 러시아를 침략한 사건을 시대 배경으로 하지만, 사실 1825년의 데카브리스트 난을 다루기 위한 사전 작업이었다. 작가의 외가 쪽 친척 중에는 12월 봉기에 가담했다가 시베리아로 유형간 세르게이 볼콘스키라는 사람이 있다. 또한 톨스토이의 마지막 장편소설 『부활』은 시베리아 유형에 처한 혁명가들을 긍정적으로 그린다. 그가 묘사하는 정치범들은 도스토옙스키와는 달리 미래에 대한 이상을 저버리지 않고 이상과 실생활 사이의 간격을 좁혀나감으로써 귀족 주인공의 호감을 산다. 『부활』의 출판 연도가 1899년, 그러니까 20세기로 넘어가기 직전임은 상징적이다. 대작가는 미래에 무엇이 다가오는지 예감한 것이다.[19] 『전쟁과 평화』라는 걸출한 역사 소설을 쓴 작가답게 톨스토이의 삶은 굵직한 역사적 사건 사이에서 진동한다.

19 톨스토이가 사회주의 혁명을 긍정적으로 예감했다면, 그 자신이 정치범이기도 했던 도스토옙스키는 『악령』을 통해 사회주의 혁명의 어두운 면을 예감했다. 둘은 여기서도 어긋난다.

톨스토이를 찾아서

제6장

§

야스나야 폴랴나에서의 유년기

상실의 시대

톨스토이의 삶이 시간 좌표상 굵직한 두 혁명, 즉 귀족 혁명과 프롤레타리아 혁명 사이를 가로지른다면, 공간 좌표는 뚜렷한 구심점이 있다. 그는 야스나야 폴랴나 사람이다. 그곳을 떠나서 보낸 시간도 적지 않지만 정신적으로 그는 야스나야 폴랴나에 깊고 단단한 뿌리를 내린 사람이다. 이곳에서 『전쟁과 평화』, 그리고 『안나 카레니나』를 썼다.[20] 야스나야 폴랴나는 톨스토이의 최고 걸작들이 탄생한 산실인 것이다.

야스나야 폴랴나는 집안 대대로 내려온 유서 깊은 시골 영지로 레프 니콜라예비치 톨스토이(Lev Nikolaevich Tolstoy)는 이곳에서 1828년 9월 9일(구력 8월 28일)에 넷째 아들로 태어났다. 야스나야 폴랴나는 모스크바에서 남동쪽으로 193km 떨어진 툴라라는 도시에서 다시 12km를 더 가

20 톨스토이가 쓴 대작 중 마지막 장편 『부활』만이 야스나야 폴랴나가 아니라 모스크바에서 집필됐다.

야 나온다. 넓고 푸른 숲과 들판, 그리고 러시아 귀족의 저택. 야스나야 폴랴나를 직역하자면 '밝은 터'라는 뜻이다. 러시아의 자연 속에서 톨스토이는 태어나고 자랐으며, 커서는 그 영지의 지주가 되었고, 죽어서는 거기 묻혔다. 그에게 야스나야 폴랴나는 고향일 뿐만 아니라 러시아의 본령이었다.

야스나야 폴랴나 외에 작가의 유년기에서 특기할 사항은 조실부모했다는 점이다. 어머니는 그의 나이 두 살 때, 그리고 아버지는 아홉 살 때 사망했다. 특히 어머니를 아주 어려서 여의었기에 작가는 어머니에 대한 기억 없이, 어머니를 그리워하며 살아가게 된다. 게다가 특이하게도 톨스토이 모친의 초상화는 한 점도 전해지지 않는다. 두 살 때 죽은 어머니이니 작가는 당연히 어머니 얼굴조차 기억하지 못했다. 톨스토이의 의식 속에서 어머니는 주위 사람들의 이야기와 작가의 상상으로 축조된 존재였다. 어머니와 갈등한 적이 없기에, 또 부모의 가정생활을 직접 보지 못했기에 그는 일찍 죽은 어머니를 그리워하고 어머니의 사랑을 이상화했다. 톨스토이는 평생 여자의 최고 덕목을 어머니 역할에서 찾았다. 그의 초기 작품에서 발견되는 굵직한 주제 중 하나가 '가정의 행복'임은 이런 맥락에서 이해할 수 있다(Gustafson 13-15). 초기 소설 중 하나는 아예 제목 자체가 '가정의 행복'이다. 경험해보지 못한 미지의 영역에 대한 동경인 셈이다.[21]

『전쟁과 평화』에는 작가의 부모가 아로새겨져 있다. 조연이라 할 수 있는 니콜라이와 마리아 부부가 바로 그들이다. 톨스토이가 일찍 타계한 부모를 얼마나 각별히 여겼는지, 또 자신의 뿌리를 얼마나 중요하게 여겼는지

21 가정의 행복에 대한 환상이 깨지는 것은 직접 가정생활을 하면서다. 환상이 컸던 만큼 환멸도 컸다. 소피아 부인은 인류 역사상 3대 악처 중 하나로 등극한다. 1889년 발표된 「크로이체르 소나타」는 아내를 살해한 남편의 1인칭 고백 소설이다. 문필 활동 초기에 '가정의 행복'을 꿈꾸던 작가가 노년에 다다른 가정의 모습이 존속 살해라는 사실은 비극적이다.

가 엿보이는 대목이다. 『전쟁과 평화』는 나타샤를 정점으로 안드레이와 피에르의 삼각편대를 주인공으로 하지만, 그 못지않게 돋보이는 보조 이야기에 작가 자신의 부모와 조부, 즉 집안 이야기를 짜 넣은 것이다. 이름부터 그 사실을 가리킨다. 작가 부모의 실제 이름이 니콜라이와 마리아다. 게다가 어머니의 경우는 아예 성까지 가져왔다. 소설 속 마리아의 성은 볼콘스카야(Bolkonskaia)다. 현실 속 톨스토이의 어머니는 볼콘스카야(Volkonskaia). 첫 철자만 V에서 B로 바꾼(한국어에서는 음가조차 구별되지 않는) 것이다. 실제로 니콜라이와 마리아의 결혼, 더 나아가 니콜라이의 첫사랑인 소냐까지 작가의 삶 속에 실제 모델이 있다. 소설에서 마리아 볼콘스카야의 혼수 격인 '민둥산'이란 이름의 영지는 작가의 전기에서 톨스토이의 어머니 마리아 볼콘스카야가 혼수로 톨스토이 집안에 가지고 온 야스나야 폴랴나와 조응한다.

니콜라이와 마리아의 관계도 기본적으로 소설 안팎이 상응한다. 작가의 아버지 니콜라이 톨스토이는 러시아의 뼈대 있는 귀족 집안에서 태어난 호남이었지만 부친의 헤픈 씀씀이로 가세가 기울어 빚더미에 앉자 집안을 일으키기 위한 방법으로 결혼을 택한다. 부유한 노처녀와의 결혼이 해결책이었다. 작가의 어머니 마리아 볼콘스카야도 유서 깊은 귀족 가문의 영애였으나 괴팍한 부친(소설에서처럼 유명한 장군이었다) 아래서 노처녀로 늙으며 결혼을 포기했다. 그러나 부친이 세상을 뜨면서 상황이 달라진다. 그녀는 아버지와 살던 시골 영지를 떠나 모스크바로 간다, 결혼을 꿈꾸며. 그러나 나이뿐만 아니라 외모도 평범 이하여서 그녀가 내세울 수 있는 거라고는 오직 부친이 남긴 막대한 유산밖에 없었다. 그 조건을 아는 사람들이 중매를 서서 가난한 니콜라이를 소개했다. 두 사람이 결혼했을 때 마리아의 나이 무려 32세였다! 여자가 10대에서 20대 초반에 결혼하는 것이 일반적이었던 19세기 러시아 풍습에 비추어볼 때 실로 파격적인 나이였다. 더 놀라운 사실은 남자가 연하라는 점이다. 작가의 아버지는 아내보다 네 살 어렸다. 게다가 초혼이었다(참고로 레프 톨스토이는 34세에 18세 소피아와 결혼했고, 도스토옙스키가 46세에 재혼한 상대는 21세 처자였다). 흔치 않은 혼사였다. 그러나 두 사람은 꽤 금슬이 좋았다. 마리아 부인이 1830년 막내를 낳고 몇 달 후에 사망할 때까지 이어진 결혼 생활 8년간 줄줄이 자식을 낳아 슬하에 4남 1녀를 두었고 사이도 좋았다고 한다. 맏이 니콜라이가 1823년에 태어났고, 이어서 차남 세르게이 1826년생, 삼남 드미트리 1827년생, 넷째 아들 레프 1828년생, 그리고 막내이자 유일한 딸인 마리아가 1830년생이다. 다섯 아이는 모두 장성했다. 영아 사망률이 높았던 당시 통계를 고려하면 놀랍다. 도스토옙스키만 해도 자식을 넷 낳았지만 둘이 다섯 살을 넘기지 못하고 죽었고, 톨스토이도 열셋을 낳아 다섯을 어린 나이에 잃었다.

『전쟁과 평화』의 니콜라이와 마리아는 실제 작가 부모의 전기에 기초해 창조한 인물이긴 하지만 차이도 엄연히 존재한다. 작가는 부모를 미화했다.[22] 두 사람의 연애 에피소드는 거의 다 순수한 창작이다. 또 소설에서는 니콜라이가 결혼 후 착실한 지주가 되어 영지 경영에 재능을 보이는 남자로 나오지만, 사실 작가의 아버지는 송사에 자주 휘말리는 등 영지 경영도 소설이 그리는 바와는 자못 달랐다. 부친이 42세의 나이에 갑작스럽게 사망한 것을 두고도 강도에게 살해당했다는 소문이 돌기도 했다(Wilson 23).[23] 어쨌거나 부모의 이른 죽음이 미래의 작가에게 결핍을 낳았고, 톨스토이는

22 『전쟁과 평화』의 니콜라이가 작가의 친아버지를 기린 예술적 형상화라는 점에 대해서는 쿡(Cooke)을 참조하시오.

23 톨스토이의 부친도 도스토옙스키의 아버지처럼 사망 원인을 두고 사고사라는 말과 살인이라는 말이 엇갈린다.

그 구멍을 이상적인 가정을 그리는 것으로 채웠다. 『전쟁과 평화』의 니콜라이와 마리아가 그 결과 중 하나다.

1837년 아버지가 사망한 후 엎친 데 덮친 격으로 이듬해에는 할머니도 세상을 떠났다. 톨스토이가 채 열 살이 되기도 전에 직계 부모와 조부모를 모두 잃은 것이다. 할머니까지 사망하자 올망졸망한 톨스토이 형제들은 친척에게 맡겨졌다. 먼저 아버지의 누이인 알렉산드라 오스텐-사켄 부인이 법정 후견인이 되었다. 그녀는 불행한 결혼 생활에 대한 탈출구로 신앙에 매달렸다. 매우 독실한 기독교 신자였고, 특히 '유로디비'(성스러운 바보)라 불리는 러시아 특유의 순례자들에게 관대했다. 알렉산드라 고모의 후견 아래 톨스토이 형제들은 예전과 다름없이 살았다. 그러나 1841년, 알렉산드라 고모가 죽었다. 그리고 그 죽음은 톨스토이에게 큰 변화를 몰고 온다. 야스나야 폴랴나를 떠나게 된 것이다.

알렉산드라 고모가 죽었을 때 톨스토이 형제는 아직도 모두 미성년이었다. 후견인이 필요한 나이였다. 사실 어머니가 죽은 후 아이들을 실질적으로 보살핀 사람은 아버지의 옛 애인이자 먼 친척인 타티아나 예르골스카야였다. 『전쟁과 평화』에 나오는 소냐의 실제 모델이다. 부연하자면, 어려서 고아가 된 타티아나를 톨스토이 집안에서 거두어 길렀고 니콜라이와 타티아나는 함께 자라며 사랑에 빠졌다. 하지만 망한 집안을 일으키기 위한 방법이 부잣집 상속녀와의 결혼이라는 냉정한 현실 앞에 타티아나는 니콜라이를 놓아준다. 마음씨가 고운 니콜라이의 아내는 결혼 후에도 남편의 전 애인을 한집에서 살게 했고(여자의 사회 진출이 막혀 있던 당시 러시아 사회에서 결혼 안 한 여자가 독립적으로 살아갈 방법은 없었다) 두 여자는 사이좋게 지냈다. 특히 마리아 부인의 죽음 후 타티아나는 니콜라이의 자식들을 친자식처럼 보살폈고 아이들도 그녀를 어머니처럼 따랐다. 유년기에 부모와 조모, 후견인인 고모까지 잇달아 잃은 톨스토이에게 타티아나 고모는 아낌없이 주는 나무 같은 존재였다. 그러나 타티아나는 친척이기는 했지만 법정 후견인이 될 만큼 가까운 친족은 아니었다. 그래서 큰고모가 죽은 후 작은고모가 새 후견인이 되었다. 작은고모는 아이들을 자신이 사는 카잔으로 불렀다. 톨스토이에게 새로운 시기가 도래한 것이다. 1841년, 톨스토이의 나이 열세 살이었다.

톨스토이를 찾아서

제7장

§

야스나야 폴랴나 밖으로

카잔과 캅카스, 유럽

카잔은 야스나야 폴랴나와 달랐다. 야스나야 폴랴나는 그야말로 시골이다. 한편 카잔은 러시아 수도의 화려함과는 거리가 멀지만 그래도 도시였다. 게다가 톨스토이의 새 후견인 펠라게야 고모 부부는 도시의 사교 생활을 즐겼다. 광신자에 가까웠던 알렉산드라 고모와는 딴판이었다. 윌슨은 다음과 같이 서술한다.

> 아이들은 큰고모가 가까이하던, 이가 들끓는 순례자들과 광신자들을 뒤로 하고 다른 고모의 세계를 접하게 되었다. 분을 바른 아첨꾼과 사교계 인사들로 이루어진 세계였다. 그들은 아무것도 아닌 치들이었지만 카잔에 있다는 이유로 지역 유지 행세를 했다. '순례자의 길'(*The Way of the Pilgrim*)은 가고 '허영의 시장'(*Vanity Fair*)이 그 자리에 들어섰다. (29)

그에 더해 무엇보다도 주목할 점은 사춘기와 청년기에 접어든 톨스토이 형제에게 도시가 나쁜 영향을 미쳤다는 사실이다. 톨스토이 형제는 도시의 환락과 방탕에 쉽게 물들었다. 톨스토이가 평생 시골과 도시를 대립항으로 놓고 도시를 부정적으로 본 데는 어린 시절 경험한 야스나야 폴랴나와 카잔의 대비가 깔려있다고 볼 수 있다. 펠라게야 고모는 조카들 교육에 별 신경을 쓰지 않았다. 유곽을 드나드는 형들을 따라 톨스토이도 곧 여자 경험을 하게 된다. 그는 14세에 동정을 잃었다.

카잔에서 살게 된 톨스토이는 1844년 카잔대학 동양어학부에 입학했다.[24] 19세기 러시아에서 동양은 아랍을 중심으로 하는 근동(Near East) 지역을 일컬었다. 당시 러시아를 비롯한 유럽이 주로 접촉하는 동양은 오토만 제국과 아랍 지역이었기 때문이다. 톨스토이가 카잔대학의 동양어학부에 입학할 때는 외교관이 될 생각이었지만 성적은 신통치 않았다. 공부에 흥미를 느끼지도 못했다. 그보다는 여자들에 더 열중해서 곧잘 성병에 걸려 병원 신세를 지고는 했다. 학교에서는 동양어학부보다 학업 강도가 덜한 법학부로 옮기기도 했지만 퇴학 위기에 처할 정도로 성적이 저조했다. 결국 톨스토이는 퇴학 대신 자퇴를 택했다.

때마침 유산 상속을 받을 수 있는 나이도 되었다. 우애가 남달랐던 톨스토이 형제는 다툼 없이 유산을 나눴고, 그에 따라 톨스토이가 갖게 된 것은 야스나야 폴랴나였다. 대대로 막내아들에게 야스나야 폴랴나 영지가 상속되던 집안 전통을 따른 배분이었다. 대학을 중퇴한 톨스토이는 훌륭한 지주가 되겠다는 포부를 안고 집으로 돌아갔다. 그때의 결심과 꿈은 자

24 카잔대학을 다닌 다른 유명 인사로는 레닌도 있다. 레닌은 1887년 입학해 법을 공부하다가 반정부 시위를 해서 퇴학당했다.

전적 소설 「지주의 아침」에 잘 표현되어 있다. 작가 자신의 모습을 투영한 주인공 네흘류도프가 대학을 그만두고 고향으로 돌아가며 고모(현실에서는 타티아나 고모)에게 쓴 편지의 일부를 인용해본다.

> 저는 제 삶 전체의 운명이 걸린 결정을 내렸습니다. 대학을 그만두고 시골에서의 삶에 저를 바칠 겁니다. 왜냐면 그러기 위해 태어났다고 느끼니까요. 사랑하는 고모, 제발 저를 비웃지 마세요. 고모는 말하겠지요. 제가 어리다고요. 그럴지도 몰라요. 사실 저는 아직 어린애지요. 하지만 그렇다고 해서 제 소명, 선(善)을 행하기를 바라고 그걸 사랑하는 걸 막을 수는 없어요.
>
> [중략]
>
> 제가 이미 쓴 대로, 일이 형용할 수 없는 무질서에 빠져 있는 걸 알게 됐어요. 질서를 잡고 싶은 제가 발견한 점은 농부들의 비참하고 가난한 상황이 크나큰 악(惡)이라는 겁니다. 그리고 그 악은 오로지 노력과 인내로써만 시정될 수 있고요. [중략] 여기 이 700명의 사람이 행복하도록 챙겨주는 것이 저의 고귀하고도 일차적인 의무가 아닐는지요. 그 사람들을 제가 신 앞에 책임져야 하니까요. (*PSS* 4: 123)[25]

그러나 '어린 지주'의 야심 찬 시도는 잘 풀리지 않았다. 고모도 그를 이해하지 못했고 농부들도 마찬가지였다. 그들이 보기에 애송이 지주의 모험은 치기에 불과했다. 톨스토이 자신도 진득하게 영지에 붙어 있기보다는 틈만 나면 툴라에 나가 시간을 보냈다. 스무 살밖에 안 된 지주는 이상과 현실 사이의 괴리를 좁히지 못하고 물러났다.

25 따로 밝히지 않는 이상 번역은 필자가 직접 했음을 밝힌다.

톨스토이는 실망해서 야스나야 폴랴나를 떠나 페테르부르크로 갔다. 1849년의 일이다. 페테르부르크, 바로 도스토옙스키의 도시다! 그러나 1849년이면 도스토옙스키가 페트라솁스키 사건으로 4월에 체포되어 반년 넘게 감옥에 있던 시기다. 톨스토이는 아직 문단에 데뷔하기 전이다. 두 사람은 같은 도시에 있었지만 그렇게 어긋났다. 1850년, 도스토옙스키는 시베리아 감옥에서 수감 생활을 시작하고 톨스토이는 모스크바로 거처를 옮겼다.

페테르부르크와 모스크바, 그리고 툴라 등을 옮겨 다닌 당시 톨스토이의 행적은 젊은 날의 방황을 대변한다. 좋은 지주가 되고자 했으나 좌절한 그는 무엇을 해야 할지 몰랐다. 그에게는 전기가 필요했다. 페테르부르크에서는 다시 공부를 해볼까 하는 생각에 법학 시험을 치기도 했지만 시험에 통과만 하고 계속하지는 않았다. 그렇게 한 2년 떠도는 생활을 하던 그에게 니콜라이 형이 함께 캅카스로 가자는 제안을 한다. 니콜라이는 맏형이자 톨스토이가 가장 따르던 형으로, 이미 캅카스에서 군인으로 복무하고 있었다. 캅카스는 지금도 그렇지만 19세기에도 러시아 정부의 골칫거리였다. 러시아가 무력으로 정복했지만 끊임없이 저항했고 게릴라전으로 러시아군을 괴롭혔다. 캅카스는 늘 전시였다. 그러나 다른 면도 있다. 캅카스는 러시아 문학에 풍요로운 영감을 주었다. 숲과 들이 대부분인 평평한 러시아의 지세와 달리 캅카스는 험준한 산이 사방에 솟아 있고, 사람들 생김새도 달랐으며, 종교도 기독교가 아니라 이슬람을 믿었다. 물론 말도 달랐다. 낭만주의 시대를 맞아 러시아 문인들에게 캅카스는 이국적인 상상력을 한껏 자극했다. 캅카스는 모험의 땅이었다. 푸쉬킨과 레르몬토프 등 러시아 최고 시인들은 캅카스를 무대로 한 멋진 작품들을 남겼다.

캅카스로 떠난 톨스토이는 그 계보를 잇게 된다. 「코삭인들」을 위시해

「습격」, 「벌채」 등에서 캅카스의 경험을 그만의 필치로 그려냈다. 톨스토이는 캅카스에서 군 생활을 직접 체험했다. 크게는 국가가 공인한 폭력, 그리고 작게는 개인의 허세와 명예욕 등이 난무하는 가운데 드러나는 위선을 간파하면서 톨스토이는 초기 작품 세계의 한 축인 '전쟁'에 대한 관심을 키워 갔다. 또한 캅카스에 있는 동안 본격적으로 소설을 써서 문단에 데뷔했다는 점에서도 캅카스는 톨스토이가 필요로 하던 전기를 마련해 준 곳이다.

톨스토이의 데뷔작은 1852년 발표된 「유년 시절」이다. 도스토옙스키처럼 톨스토이도 20대 중반에 첫 소설을 선보이고 평단과 독자 모두에게 호평을 받았다. 「유년 시절」을 읽은 평론가들은 러시아 문학계에 신성이 출현했음을 직감했다. 톨스토이는 군 생활 틈틈이 「유년 시절」을 잇는 「소년 시절」, 그리고 캅카스에서의 경험을 바탕으로 해서 「습격」과 「벌채」 등 단편소설을 썼다. 세바스토폴에서 크림 전쟁에 참전한 뒤 1855년 12월에 페테르부르크를 방문했을 때 톨스토이는 이미 유명 작가로 가는 곳마다 환대받았다.

데뷔는 이미 몇 년 전에 했지만, 캅카스와 세바스토폴 등지에 있었기 때문에 문인들과 교류하게 된 것은 이때가 처음이었다. 톨스토이는 당시 최고의 위상을 자랑하던 잡지 『동시대인』의 편집장 네크라소프를 비롯해 투르게네프, 곤차로프 등과 안면을 트게 되었다. 또한 평생의 친구가 된 시인 페트와도 이때 처음 알게 되었다. 그러나 러시아 수도에서의 사교 생활은 그에게 잘 맞지 않았다. 그는 선천적으로 도시 생활을 좋아하지 않았고 호불호가 분명했으며 본인 의견을 분명히 드러내는 데 거리낌이 없었다. 충돌을 피하려고 에둘러 말하거나 빈말을 하는 번드르르한 사교 생활은 그의 성정과 맞지 않았다.

1857년 그는 다시 여행길에 올랐다. 이번에는 아예 러시아 밖으로 나갔다. 톨스토이의 첫 유럽 여행이었다. 그는 파리를 시작으로 스위스 등을 방문하고 반년 후에 러시아로 돌아왔다. 파리에서 그는 기요틴 처형을 목격했다. 그 처참한 광경에 충격을 받은 톨스토이는 진저리를 쳤고 그 여파로 파리에 염증을 느껴 같이 간 투르게네프와 네크라소프를 두고 혼자 스위스로 이동했다. 야만적인 문명의 상징이라 하기에 부족함이 없는 기요틴 처형을 목도한 후 찾은 스위스는 파리의 반대라고 할 만큼 달랐다. 톨스토이에게 스위스는 루소의 고장이었다. 작가는 카잔에서 수학할 때부터 루소를 탐독했고 평생 좋아했다. 스위스 루체른에서 일필휘지로 탈고한 단편소설 「루체른」에는 루소를 연상시키는 문명 비판 의식이 배어 있다.

반년 동안 유럽을 여행한 톨스토이는 집으로 돌아갔다. 20대 중반에 접어든 톨스토이는 점점 더 결혼을 원했다. 이미 앞에서 언급했다시피, 어려서 부모를 여의고 친척들 손에 자란 톨스토이에게 가정은 이상향에 버금가는 무엇이었다. 14세의 나이에 첫 경험을 한 이후 수많은 여자를 거치며 육체의 욕망에 충실한 삶을 살았지만 아내는 완전히 별개의 존재였다. 아름답고 정숙하게 가정을 건사하고, 남편을 이해하며, 그가 인격적으로 성장하는 길을 함께 걷는 동반자일 뿐만 아니라, 아이들을 낳고 반듯하게 기르는 여자. 그가 그리는 현모양처의 모습이었다. 톨스토이는 주변을 둘러보며 아내감을 물색했지만 딱히 '이 여자다' 싶은 느낌을 주는 여자는 없었다. 여러모로 괜찮다 싶은 양갓집 규수가 있어서 결혼을 염두에 두고 교제를 하기도 했으나 선뜻 몸이 끌리지 않아 그만두었다.

그의 몸을 사로잡은 여자는 농부의 아내였다.[26] 당시 러시아에서는 지

26 그녀의 이름은 악시냐 바지키나. 남편은 도시로 일을 하러 나가서 몇 달이고 집을 비우기 일쑤였다. 19세기 중반을 지나며 러시아에도 자본주의의 영향력이 급속히 커지고 도시화가 진행되면서 농부들이 벌이가 좋은 도시로 일하러 가는 사례가 늘었다.

주가 하녀나 농민 여자와 성관계를 갖는 일이 흔했다. 지금과는 확연히 다른 성 문화가 통용되는 시대였다. 심지어 톨스토이가 농부의 아내 악시냐와 만나게 된 것도 혈기 왕성한 젊은 지주의 (성) 고충을 짐작한 영지 아낙들이 나서서 소개해 준 경우였다.

악시냐와의 관계는 오래갔다. 그러나 현실은 현실이었다. 마음으로는 어떨지 몰라도 농부 출신 여자를 아내로 맞아들일 수는 없었다. 톨스토이의 머리는 그 사실을 분명히 알고 있었다. 머리로는 악시냐와의 관계를 정리하려 했지만 몸은 말을 듣지 않았다. 톨스토이는 몸을 떼어 놓는 것으로 해결책을 찾았다. 1860년 톨스토이는 다시 유럽 여행길에 올랐다. 물론 이 여행에는 다른 목적도 있었다. 톨스토이는 영지 경영 및 아동 교육 문제에 관심을 갖고 유럽은 어떻게 하는지 직접 둘러보고자 했다. 그 외에도 지중해에서 요양하며 병마와 싸우던 니콜라이 형을 찾아갔고(니콜라이는 머지않아 사망했다), 런던을 방문했을 때는 찰스 디킨스의 강연을 듣고 게르첸을 만났다. 그러나 악시냐도 한 이유였음은 부인할 수 없다.

톨스토이를 찾아서

제8장

§

다시 야스나야 폴랴나로

결혼과 가정의 행복

1861년, 8개월간의 유럽 외유를 마치고 돌아온 톨스토이는, 그러나 악시냐와의 인연을 끊지 못했다. 1년 후 그들 사이에서 아들도 태어났다. 톨스토이의 첫 아이였다(아이는 톨스토이 집안에서 자라 마부가 되었다). 악시냐를 두고 "생애 처음으로 사랑에 빠졌다"라고 1858년 6월 15일 일기에 썼던 톨스토이의 감정은 2년 후에는 그녀를 '아내'라고 느낄 정도로 깊어졌다.[27] 결단을 내려야 했다. 이번에 찾은 해결책은 확실했다. 결혼이었다. 그렇게나 결혼을 꿈꾸던 톨스토이가 드디어 1862년 결혼을 한 것이다.

결혼은 속전속결이었다.[28] 1862년 8월 톨스토이는 모스크바에 사는

27 구력 1860년 5월 26일 일기를 보라.

28 동시에 다른 한 편으로는 엉망진창이기도 했다. 톨스토이보다 고작 두 살밖에 많지 않은 장모는 작가의 어린 시절 소꿉친구였고 장인은 투르게네프 모친의 내연남이었다. 톨스토이의 하나밖에 없는 여동생은 이혼 후 투르게네프에게 매료됐지만 버림받았다. 복잡한 가정사는 거기서 끝나지 않았다. 톨스토이의 결혼 후, 처제 타티아나는 작가의 형 세르게이와 결혼하려다가 세르게이가 자식까지 낳고 살던 집시 내연녀를 버리지 못하겠다는 결정을 하면서 파혼했다.

소꿉친구 류보프의 집을 찾았다. 류보프 이슬라비나는 톨스토이보다 두 살 연상으로, 어렸을 때 함께 뛰놀던 친구였는데 커서 자기보다 스무 살 많은 의사 안드레이 베르스와 결혼해 살면서 1남 3녀를 낳아 길렀다. 그중 위의 두 딸인 엘리자베타와 소피아는 10대 후반으로 결혼 적령기였다. 톨스토이가 유명 작가가 되어 1862년 베르스 집을 방문했을 때 그가 결혼 상대를 찾는다는 사실은 모두에게 명백했다. 부모는 큰딸을 밀었다. 엘리자베타도 내심 기대했다. 그러나 한 달쯤 지나서 톨스토이가 청혼한 상대는 둘째 소피아였다. 톨스토이는 9월 16일 청혼하고 일주일 후에 결혼식을 올렸다. 그리고 신혼여행을 생략하고 바로 야스나야 폴랴나로 직행했다. 그야말로 번갯불에 콩 구워 먹는 식의 결혼이었다.

톨스토이와 소피아는 한 달 남짓한 짧은 연애 기간을 거쳐 톨스토이가 죽을 때까지 45년이 넘는 세월을 함께하게 된다. 톨스토이는 결혼과 함께 악시냐와 완전히 결별하고 더 이상 다른 여자와 관계하지 않았다(적어도 그가 외도했다는 기록은 발견되지 않는다). 그가 소피아에게서 무엇을 보았기에 결혼 상대로 낙점했는지는 정확히 알 수 없다. 그러나 두 사람이 육체적으로 더할 나위 없이 잘 맞는 상대였음은 분명하다. 사랑이 격렬한 애증 관계로 변한 후에도 그들은 계속해서 자식을 낳았다.

사실 베르스 집안의 세 딸 중 톨스토이에게 가장 큰 문학적 영감을 준 이는 막내딸 타티아나였다. 생기발랄한 소녀 타티아나가 나타샤(『전쟁과 평화』)의 모델임은 널리 알려진 사실이다. 물론 소피아도 톨스토이 소설에서 찾아볼 수 있다. 『안나 카레니나』의 키티와 레빈의 결혼을 둘러싼 이야기는 상당 부분 소피아와 톨스토이가 실제로 겪었던 일화에 기초한다.[29] 톨스

29 그런가 하면 음악가에게 마음을 빼앗긴 유부녀가 등장하는 「크로이체르 소나타」는 소피아 부

토이가 문장의 첫 글자를 써서 청혼했다든지, 신랑이 구겨진 셔츠를 대신할 옷을 구하느라 결혼식에 늦게 도착했다든지, 또 과거의 방탕한 여성 편력을 기록한 일기장을 결혼을 앞두고 신부에게 보여준 사건이나 신혼 생활 등은 모두 톨스토이의 실제 경험을 소설에 옮긴 것이다.

『전쟁과 평화』에서 톨스토이가 니콜라이와 마리아를 통해 자기 부모의 이야기를 펼쳤다면 그다음 작품인 『안나 카레니나』에는 본인 부부의 이야기를 집어넣은 셈이다. 톨스토이의 작품 세계에서 작가 자신(또 가족)의 이야기가 어떤 위상을 차지하는지 가늠이 되는 대목이다.

결혼 후 톨스토이는 무척 행복한 나날을 보냈다. 물론 한 달 만에 초고속으로 결혼에 이른 여자를 잘 알 턱이 없다. 당연히 성격이나 취향이 맞지 않는 부분도 있었지만, 신혼이란 그런 충돌조차 금세 무마하는 마력을 가진 시기다. 『안나 카레니나』에 그려진 것처럼 신혼부부는 때로 말다툼도 하고 질투에 사로잡혀 싸우기도 했지만 곧 화해하며 사랑을 키워갔다. 톨스토이가 평생 씨름했던 삶과 죽음의 문제, 진리를 향한 치열한 사유와 실천도 이때는 넘실대는 행복의 물결 아래로 가라앉았다. 톨스토이 인생에서 가장 행복한 때였다. 그리고 바로 이 시기에 톨스토이의 최고 걸작 『전쟁과 평화』가 탄생한다. 도스토옙스키가 시베리아 유형에서 돌아와 아내와 형을 잃고 경제난에 시달리며 바닥을 치던 때였다. 톨스토이는 인생의 정점에서, 그리고 도스토옙스키는 인생의 바닥에서 각자의 첫 대작을 쓴다.

인의 미래를 앞질러 예견한 소설이다.

Ф Ё Д О Р

М И Х А Й Л О В И Ч

Д О С Т О Е В С К И Й

И

Л Е В

Н И К О Л А Е В И Ч

Т О Л С Т О Й

제2부

§

『전쟁과 평화』 vs 『죄와 벌』:

나폴레옹과 영웅주의

제1장

§

1866년『러시아 통보』

동시에 연재된 두 걸작

나이로는 도스토옙스키가 일곱 살 위지만 대작을 먼저 선보인 이는 톨스토이다. 그리고 그것도 톨스토이의 문필 경력에서만이 아니라 세계 문학사에 찬란한 금자탑이 된 최고 걸작『전쟁과 평화』가 그의 주요 장편소설 세 편 중 처음을 장식한다.『전쟁과 평화』는 1865년부터『러시아 통보』(*Russkii vestnik*)에 연재되었다. 그리고『죄와 벌』은 그 이듬해에 같은 잡지에 실렸다.『러시아 통보』는 카트코프가 1863년부터 1887년 사망할 때까지 편집장을 역임한 저명한 문예지다.

러시아의 19세기는 문예지의 전성기로, 특히 300쪽에서 500쪽에 이르는 길이를 자랑하는 일명 '두꺼운 잡지'가 러시아 문화의 독특한 전통을 형성했다. 다달이, 혹은 격주로 발간된 두꺼운 잡지는 문학을 비롯해 철학, 과학, 경제, 정치 등 다양한 분야를 망라해서 다루었는데, 문학이 중심이었다(Klioutchkine 2015, 222). 문예지이자 시사지였던 셈이다. 두꺼운 잡지의 두꺼움은 비단 물리적 두께에만 머물지 않는다. 19세기 러시아의 지식인 문화를 이끌어간 문학의 위력이 두꺼운 잡지에 응집되어 있다.

19세기에 예술을 대표하는 분야를 꼽자면 크게 음악, 미술, 문학으로 나뉠 것이다. 이 중 1860년 초반의 대개혁을 변곡점으로 들끓으며 20세기에 혁명으로 폭발하기까지 러시아 사회의 맥박을 가장 잘 짚어낸 것은 단연 문학이다. 음악은 속성상 사상을 표현하는 데 제약이 있고, 음악에 구체적인 표현을 입힌 오페라나 발레 등도 귀족 계급의 전유물일 뿐만 아니라 주로 도시와 귀족 계급에 국한된 문화생활이었다. 한편, 시각 예술인 미술은 전달력이 뛰어나지만, 사회적인 메시지를 담고 민중 곁으로 다가간 사실주의 회화는 1870년대 이후에야 '이동파'(*peredvizhniki*) 운동으로 본격화되었고 그마저도 전시회를 통해서였다. 즉, 사본이 널리 퍼진 것은 아니었다.

이런 상황에서 활자 매체가 여론과 유행을 주도한 것은 자연스러운 문화의 진화 과정이다. 인쇄되고 제본된 책의 파급력은 음악이나 그림에 비할 바가 아니었다. 라디오나 텔레비전이 없던 시대에 문학은 인쇄술 덕분에 다른 예술보다 뛰어난 전파력을 발휘했다. 19세기를 놓고 볼 때 음악, 미술, 문학 중 발이 달린 예술은 문학뿐이라고 해도 과언이 아니다. 특히 러시아처럼 광활한 영토에 펼쳐진 나라는 다른 나라보다 도시와 지방 간 문화 격차가 클 수밖에 없다. 문화적으로 낙후된 지방에서 (그것도 도시와 거의 시간 격차 없이) 문화를 향유할 수 있는 몇 안 되는 방법 중 하나가 신간을 주문 배송받아 읽거나 정기적으로 발간되는 잡지를 구독하는 것이었다.[1] 다시 말해, 잡지 구독은 곧 시대 흐름에 뒤지지 않는다는 지표이기도 했다. 잡지

1 19세기 러시아 독자층은 1844년 도스토옙스키가 데뷔했을 때 만 명 단위였던 것이 『카라마조프 형제들』이 연재되던 1879년에는 열 배로 증가했다(Klioutchkine 2015, 222).

의 이와 같은 중요한 문화적 의미는 일찍이 1840년대에 발표된 고골의 『죽은 혼』에서도 발견된다. 지방에 사는 무식쟁이 지주의 책상에 읽지도 않는 잡지가 펼쳐져 있는 장면은 작가가 구태여 설명을 곁들이지 않아도 지주의 성격, 즉 교양도 없고 무식하지만 유행에는 뒤처지지 않으려 애쓰는 시골 지주의 허영기를 전달하는 역할을 한다.[2] 이처럼 19세기 러시아 문화사에서 중요한 위상을 차지하는 문예지의 시대에서도 특별한 잡지가 『러시아 통보』고 그 배경에는 다름 아닌 톨스토이와 도스토옙스키, 두 천재 작가의 소설 연재가 자리 잡고 있다. 게다가 두 거장의 첫 대작인 『전쟁과 평화』와 『죄와 벌』이 같은 시기에, 또 같은 잡지에 연재되었다는 사실은 우연의 일치인 듯, 의미심장하다.

톨스토이가 『전쟁과 평화』의 집필에 착수한 때는 1863년이다. 역사에 관심이 깊었던 톨스토이가 처음 구상한 작품은 러시아의 귀족 혁명이라 일컬어지는 데카브리스트, 즉 12월당원들에 관한 소설이었다. 처음 톨스토이가 계획한 역사 소설의 출발점은 시베리아 유형에 처해졌던 데카브리스트가 귀환한 1855년을 배경으로 했다.[3] 그러나 그 이야기를 하기 위해서는 사건의 발단인 12월당원의 혁명이 일어난 1825년을 다뤄야 했다. 그래서 1825년을 배경으로 한 소설을 쓰는 것으로 수정되었다. 그런데 소설을 쓰기 위해 자료 조사를 하면 할수록 작가는 1825년의 혁명이 1812년 나

2 '두꺼운 잡지'와 함께 19세기 후반기에는 신문 매체가 부상해서 대중에게 큰 영향을 미쳤다. 전업 작가였던 도스토옙스키는 활자 매체의 변화와 유행에 민감했고 그의 소설, 특히 『죄와 벌』은 작가가 신문 기사며 양식 등을 어떻게 수용했는지 살펴볼 수 있는 흥미로운 텍스트다. 이에 대해서는 클류치킨(Klioutchkine, 2002)과 석영중(2004)을 참조하시오.

3 데카브리스트로 시베리아 유형의 벌을 받은 귀족 중에는 톨스토이의 외가 쪽 친척 세르게이 볼콘스키도 있었다. 톨스토이는 시베리아에서 귀환한 후 유럽을 여행하던 이 친척과 만난 적이 있는데, 이 만남이 톨스토이의 작품 구상에 한층 더 탄력을 불어넣었다.

폴레옹의 러시아 침략, 러시아에서는 '조국 전쟁'으로 불리는 사건으로 거슬러 올라간다는 확신을 하게 되었다. 나폴레옹으로부터 조국을 구해내고 프랑스 군대를 반격해 파리에 입성했던 젊은 러시아 장교들이 프랑스 혁명을 태동시켰던 계몽사상을 접하고 감화되었기 때문이다. 그래서 1812년 전쟁을 중심으로 하는 소설부터 쓰게 된 것이다. 따라서 톨스토이는 『전쟁과 평화』를 3부작의 하나로 생각했다. 1812년을 다룬 『전쟁과 평화』 후에는 1825년 데카브리스트 혁명을, 그리고 그다음에는 혁명가들이 시베리아 유형에서 돌아오는 1855년을 차례로 그릴 셈이었다. 실로 톨스토이다운, 원대하기 이를 데 없는 구상이었다.

그렇게 1855년에서 발원해 데카브리스트의 기원을 찾아 연어처럼 거슬러 올라가 닿은 1812년 나폴레옹 전쟁은 거기서도 조금 더 과거로 뿌리를 뻗어 1805년에서 대장정을 시작한다. 실제로 『러시아 통보』에 처음 실린 『전쟁과 평화』의 제목은 '전쟁과 평화'가 아니라 '1805년'이었다.[4]

1865년 2월 『러시아 통보』에 『1805년』, 그러니까 『전쟁과 평화』의 첫 연재분이 실렸다. 대하소설 연재는 1867년에 끝났고 1869년에 단행본으로 출간되었다. 소설 집필이 1863년부터 시작됐음을 고려하면 톨스토이의 60년대는 그야말로 『전쟁과 평화』로 채워진다고 해도 과언이 아니다. 특히, 집필하던 때로부터 50여 년 전, 게다가 작가 자신이 체험하지 않은 아버지 시대를 그리면서 톨스토이는 역사 자료를 맹렬히 섭렵했다. 더 나아가, 보로디노 전투를 묘사하기 위해 1866년 가을 직접 보로디노를 찾아 지형을 확인하기도 하는 성실함을 보였다. 그러나 그렇다고 해서 톨스토이가 7년

4 제목을 '전쟁과 평화'로 바꾼 이유를 톨스토이가 직접 밝힌 적은 없다. 그러나 당시 작가에게 영향을 미쳤음 직한 '전쟁과 평화'의 맥락에 대해서는 오풀스카야(Opul'skaia: 61)를 참고하시오.

내내 『전쟁과 평화』만 붙들고 있었는가 하면 꼭 그런 것은 아니다. 글은 『전쟁과 평화』에만 매진한 게 맞지만 톨스토이는 소설에만 매달려 살지 않았다. 그는 소설가이자 지주였다. 다시 말해, 그의 삶을 지탱해주는 물적 토대는 소설을 써서 나오는 원고료만이 아니었다. 영지에서 나오는 수입도 적지 않았다. 소설 수입이 1차 수입원이 된 것은 나중에 소피아 부인의 영리한 결정으로 전집을 내면서 원고료가 아니라 인세를 거두어들이면서부터다.[5] 그러나 소설에서 나오는 수입이 크건 작건 간에 톨스토이는 유서 깊은 가문의 러시아 귀족으로서 조상으로부터 물려받은 영지를 경영하는 데 깊은 애착을 가지고 있었다. 톨스토이의 고향 야스나야 폴랴나는 그와 떼어 놓고 생각할 수 없을 정도로 특별한 곳이다. 그는 야스나야 폴랴나에서 태어나고 거기 묻혔다.

투르게네프를 위시해 대다수의 지주가 농지 경영에 별다른 재능이나 흥미를 보이지 않은 데 반해 톨스토이는 젊어서부터 영지 경영과 농민의 생활에 지대한 관심을 보였고 깊숙이 관여했다. 평생 글을 쓰면서도 그는 여름, 즉 농사철에는 농사일을 우선시했다. 그래서 톨스토이는 흔히 여름에는 원고를 쓰지 않았다. 연재 중이어도 그랬다. 농사일뿐 아니라 소설이 막힐 때도 마찬가지였다. 편집장이 독촉을 하건 말건 톨스토이는 자기 페이스와 리듬에 따라 글을 썼다. 실제로 『전쟁과 평화』가 1865년 2월 『러시아 통보』에 처음 연재된 후 두 번째 연재분이 실린 것은 1866년에서였다. 1866년에

5 소피아 부인은 원고를 넘기고 한 번 받고 끝나는 원고료가 아니라 단행본을 내서 꾸준히 팔리는 만큼 인세를 받는 방향으로 톨스토이를 설득했고, 그녀의 사업 수완은 꽤 탁월했다. 그녀는 심지어 집에 딸린 헛간을 개조해 인쇄소로 만들고 직접 집에서 책을 찍어내는 출판업자 역할도 맡았다. 악필로 유명한 톨스토이의 원고를 정리하는 것은 물론, 보통 7-8회에 걸쳐 거듭되는 교정본을 정서하는 일도 소피아 부인의 몫이었다.

는 2, 3, 4월호에 잇달아 연재되었다. 이로써 1866년 2월호와 4월호에서 톨스토이의 『전쟁과 평화』와 도스토옙스키의 『죄와 벌』이 한 잡지에 실리는 역사적인 사건이 발생한다. 두 문호는 현실에서는 한 번도 대면하지 않았지만 『러시아 통보』에서는 조우한 셈이고, 1866년 『러시아 통보』를 구독한 독자들은 지면상이기는 하지만 두 거장의 역사적 만남을 목격한 셈이다.

1865년 첫 연재분이 나간 후, 독자들의 관심은 집중되는데 후속편이 당도하지 않으니 『러시아 통보』를 꾸려가던 편집장 카트코프가 애를 태웠음은 두말할 나위가 없다. 이때 예기치 않게 그에게 구원의 손길을 내민 이가 다름 아닌 도스토옙스키다. 1865년 중반 도스토옙스키는 외국에 체류 중이었다. 물론 한가하게 관광을 즐기는 것은 도스토옙스키의 팔자에 없는 호사였다. 그는 언제나처럼 돈에 쪼들려 곤경에 처해 있었다. 심지어 숙박비를 내지 못해 외상으로 머물며 호텔 측의 괄시를 견뎌야 했다. 투르게네프 등으로부터 돈을 융통하기도 했으나 경제난을 벗어나기에는 턱없이 부족했다. 그는 톨스토이나 투르게네프와 같은 지주가 아니었다. 다시 말해, 그에게는 의지할 물적 토대가 없었다. 그가 기댈 것은 오직 소설 쓰기였다. 그래서 그는 원고를 보내기도 전에 팔았다. 출판인에게 직접 홍보를 해서 원고료를 미리 받는 식이었다. 『죄와 벌』도 그렇게 해서 탄생했다.

도스토옙스키는 『러시아 통보』의 편집장 카트코프에게 조만간 완성할 멋진 소설이 있다고 편지를 썼다. 『러시아 통보』가 도스토옙스키의 첫 선택은 아니었다. 사실 그 당시 도스토옙스키는 카트코프와 껄끄러운 사이였다. 이전에 카트코프는 도스토옙스키가 형과 함께 발간하던 잡지 『시대』가 견지하던 노선에 반대하는 의견을 공개적으로 피력했고, 도스토옙스키 역시 공개적인 지면을 통해 카트코프를 공격했다. 그래서 1865년 아직 쓰지도 않은 소설로 선지급을 받고자 했을 때도 다른 잡지에 먼저 알아보았지만 성사되지 않았다. 그러던 차에 독일 비스바덴에서 알고 지내던 러시아인 중에 카트코프의 먼 친척 되는 이가 다리를 놓아주어서 카트코프와 연락하게 된 것이었고, 이 인연을 시작으로 『죄와 벌』부터 시작해 이후 도스토옙스키의 4대 장편소설이 모두 『러시아 통보』에 연재되었다.

외국에서 궁핍한 생활에 허덕이던 도스토옙스키는 알지 못했지만, 그의 연락은 카트코프에게 횡재나 마찬가지였다. 톨스토이의 『전쟁과 평화』가 1865년 초반 연재를 시작했지만 후속편이 감감무소식인 상태에서 『러시아 통보』에 실을 원고가 필요하던 카트코프는 망설이지 않고 도스토옙스키가 아직 보여주지도 않은 소설을, 작가가 요구하는 금액으로 샀다. 도스토옙스키는 톨스토이와는 달리 밤낮으로 글을 썼다. 글이 곧 돈이었기 때문이다.[6] 중간에 정 글이 나오지 않을 때를 제외하고 도스토옙스키는 꼬박꼬박 연재분을 잡지에 송고했다. 『죄와 벌』은 1866년 1월에 시작해 같은 해 2월호, 4월호, 6-8월호, 11월호, 12월호에 연재됐다. 1866년 12월호 『러시아 통보』는 출판이 늦어져 1867년 초에야 나왔지만, 공식적인 출판일이 1866년 12월인 것을 고려하면 도스토옙스키의 『죄와 벌』 출판은 1년 안에 마무리되었다. 그리고 도스토옙스키는 서둘러 다음 작품에 착수했다.

6 당시 러시아에서는 원고료를 전지 1장을 기준으로 매겼다. 전지 한 장은 대략 200자 원고지 200매에 해당한다. 도스토옙스키는 『죄와 벌』의 원고 전지 1장에 130루블을 요구했고 카트코프는 별다른 흥정을 하지 않고 그 금액을 보냈다. 참고로, 톨스토이와 투르게네프의 고료는 더 높았다.

제2장

§

시공간의 미학

도스토옙스키의 수축과 톨스토이의 팽창

두 문호의 첫 대작 『전쟁과 평화』와 『죄와 벌』은 톨스토이와 도스토옙스키 사이의 차이를 선명하게 드러내는 데 더할 나위 없이 적합한 작품 조합으로 톨스토이의 소설을 서사시에, 도스토옙스키의 소설을 비극에 빗댄 조지 스타이너의 비교가 훌륭한 길라잡이 역할을 한다. 1805년부터 1820년까지 장장 15년에 걸친 러시아의 역사를 배경으로 펼쳐지는 『전쟁과 평화』는 유장하기 이를 데 없는 대하소설이다. '광대함'(*shirota*)이야말로 이 소설의 주요 지표 중 하나다(Opul'skaia 62). 등장인물의 숫자도 놀랄 만큼 많다. 『전쟁과 평화』에는 559명이 등장하고, 그중 이름이 붙은 등장인물이 468명이다. 또 역사적 실존 인물도 나폴레옹, 알렉산드르 1세, 쿠투조프 장군 등 200명을 헤아린다(Sokolskaya). 한편 『죄와 벌』은 에필로그를 제외하고 본 이야기가 단 보름 남짓한 시간에 농축되어 전개되는데, 이는 하루나 일주일 등 짧은 시간 안에 사건을 마무리 짓는 고전 희곡을 연상시

킨다.[7]

두 소설의 공간 활용도 시간 배경처럼 매우 대조적이다. 『전쟁과 평화』의 공간은 그야말로 광대하다. 러시아의 수도와 시골은 물론 전쟁이 벌어지는 유럽까지 아우르며 시선이 확장된다. 『죄와 벌』은 반대로 (시베리아가 공간 배경인 에필로그를 제외하고) 한 도시를 벗어나지 않는다. 시골에 살던 인물들까지도 그 도시로 모여든다. 게다가 페테르부르크에서도 시야는 주인공의 협소한 방으로, 빨려드는 듯 수축된다. 이처럼 두 소설 사이에 뚜렷하게 드러나는 차이는 크로노토프, 즉 시공간 구성체를 좀 더 자세히 살펴보는 것에서 출발한다.

『전쟁과 평화』는 당시 러시아의 수도 페테르부르크에서 시작하지만 곧 수도를 벗어난다. 첫 세 장(章)이 페테르부르크에서 열리는 안나 쉐러의 야회에 할애되고 4장부터는 모스크바다. 페테르부르크 파티에서는 소설을 이끌어갈 두 남자 주인공, 피에르 베주호프와 안드레이 볼콘스키가 등장하고, 모스크바로 이동해서는 여주인공 나타샤가 소개된다. 그리고 또 10장이 지난 후에는 안드레이의 집안을 선보이기 위해 무대가 볼콘스키 공작 영지인 시골로 옮겨진다. 그뿐이 아니다. 1부에서 페테르부르크-모스크바-시골 영지를 차례로 훑어본 후 2부에 들어서면 소설은 오스트리아로 시선을 돌린다. 나폴레옹 군대에 맞선 오스트리아를 돕기 위해 파병된 러시아 군대를 묘사하기 때문이다. 이처럼 『전쟁과 평화』의 공간 배경은 러시아를 벗어나 유럽으로 확장될 정도로 광활하다. 또한 소설이 진행되면서 나폴레옹의 러시아 침략과 러시아군의 퇴각과 반격, 그리고 그와 함께 벌

7 시간은 하루 24시간, 장소는 한곳에 두고 하나의 플롯을 풀어내고 종결하는 프랑스 고전주의 희곡, 그리고 첫 만남으로부터 죽음에 이르기까지 고작 1주일 정도가 흐르는 『로미오와 줄리엣』을 보라.

어지는 주인공들의 대하드라마를 좇아 톨스토이는 러시아의 넓은 영토와 유럽을 종횡무진하며 거대한 화폭에 유려한 필체로 나라와 개인의 운명을 담아낸다.

한편 『죄와 벌』은 에필로그를 제외하고는 한 도시, 그리고 그마저도 주인공의 집에서 범죄 현장인 전당포 노파의 집까지 730보가 떨어져 있다고 명시될 정도로 좁은 범위 내에서 움직인다. 실제로 페테르부르크에 가면 『죄와 벌』의 서술에 기초해 S(스톨랴르니) 골목에 자리 잡은 라스콜리니코프의 집, K(코쿠시킨) 다리, 전당포 노파의 집, 소냐의 집, 센나야 광장[8] 등을 탐방하는 관광 프로그램이 있다. 그리고 그곳들은 모두 한 동네에 옹기종기 모여 있다.

세계에서 가장 광활한 영토를 자랑하는 러시아에서도 도스토옙스키는 수도 상트페테르부르크에 집중한다. 그리고 페테르부르크에서도 센나야 광장을 중심으로 한 빈민가로 시선이 모인다. 그러나 도스토옙스키의 공간은 거기서 수축을 멈추지 않는다. 『죄와 벌』의 핵심 공간은 다름 아닌 라스콜리니코프의 방이다. 5층 건물의 꼭대기, 지붕 바로 밑에 있는 옥탑방. 펜트하우스가 아니다.[9] 그 방은 작다. 아니, 그냥 작은 게 아니라 협소하다. 새장 혹은 벽장, 더 나아가 관으로 비유될 정도로 작다. 구체적으로는 길이가 여섯 걸음밖에 안 된다고 묘사되니 그 협소함이 능히 짐작된다. 그 방은 가난과 불가분의 관계를 갖는다. 물론 가난해서 그처럼 작은 방을 얻을 수밖에 없다는 점에서 그렇다. 그러나 진정한 비극은 다른 데 있다. 한

8 작품에서 중요한 역할을 하는 센나야 광장은 소설이 집필될 당시 페테르부르크의 대표적인 서민 동네였다. 센나야 광장의 의미에 대해서는 석영중(2015, 242-247)을 참고하시오.

9 엘리베이터 기술이 없던 당시에 사람들이 계단을 많이 올라가야 하는 꼭대기 층을 선호하지 않았음은 주지의 사실이다. 귀족 저택에서도 하인들은 다락과 같은 꼭대기 층이나 지하에 거주했다.

번 그 방에서 기거하게 되니 그 협소함이 주인공의 영혼을 질식시키는 것이다.[10] 라스콜리니코프는 자신의 방에 대해 이렇게 말한다.

> "당신도 와서 내 방을 봤지… 알아, 소냐? 낮은 천장과 좁은 방이 영혼과 정신을 얼마나 숨 막히게 하는지! 오, 나는 그 방을 얼마나 싫어했는지 몰라! 하지만 나는 그 방에서 나오고 싶지 않았어. 일부러 나오려고 하지 않았어! 밤낮으로 틀어박혀서, 일도 하고 싶지 않고, 먹고 싶지도 않았어. 종일 누워만 있었어. [중략] 나는 그냥 그렇게 누워서 생각하는 게 더 좋았어. 그래서 계속 생각만 했지… 그런데 내게 여러 가지 이상한 꿈들이, 뭐라고 꼭 집어서 말할 수 없는 꿈들이 보이더군! 그때서부터 어른거린 거야, 그런 생각들이…" (5부 4장, 2: 612)[11]

그 작디작은 방에서 라스콜리니코프는 잉여 인간이 된다. 학업도 내팽개치고 아무 일도 하지 않고 그 방에 틀어박혀 무위도식한다. 몽상가가 된다. 「백야」(1848)로부터 시작해서 「지하로부터의 수기」(1864)를 거치는 도스토옙스키의 몽상가 계보를 잇는 라스콜리니코프는 그 관 같은 방에서 '초인론'(超人論)이라는 사상누각을 세우고 살인의 '꿈'을 본다. 북구의 베네

10 관을 비롯해 새장, 벽장 등의 단어로 거듭 협소함을 강조하는 라스콜리니코프의 방에 비해 그의 구원자 역할을 하는 소냐의 방이 '넓다'는 점은 특기할 만하다. 천장도 낮고 가구도 거의 없는, 빈민의 방이지만 넓고 밖으로 난 창문이 세 개나 된다. 팽거(Fanger)는 이 방으로부터 소냐의 궁핍하지만 생명을 향한 방향성을 읽어낸다(198). 또 다른 한편으로는 라스콜리니코프도 네바강을 바라보는 다리 위에서 조금이나마 해방감을 느낀다. 이를 두고 조혜경은 네바강이 라스콜리니코프에게 페테르부르크 내의 '틈새 공간'이라고 해석한다(127-131).

11 인용문은 열린책들의 홍대화 번역본을 사용하고, 출처는 도스토옙스키 소설의 부와 장을 먼저 명시한 후 이어서 한국어 번역본 페이지를 적기로 한다. 기본적으로 홍대화의 번역을 따르지만 때때로 필요한 경우에 한해 수정을 가했음도 밝혀둔다.

치아라고 불릴 정도로 아름답고 화려한 도시 페테르부르크에서 가난에 내몰린 젊은 청춘은 골방에 틀어박혀 반사회적인 인간이 되는 것이다.

페테르부르크의 두 얼굴

도스토옙스키는 명실공히 페테르부르크의 작가다. 페테르부르크 출생은 아니지만 부친의 뜻에 따라 공병학교를 다니기 위해 페테르부르크로 상경한 도스토옙스키는 누구보다도 그 도시의 기운을 탁월하게 작품에 반영했다. 페테르부르크의 작가라는 그의 명성의 꼭짓점에 『죄와 벌』이 위치한다. 이 소설에서 페테르부르크는 단순한 공간 배경이 아니라 주요 인물 중 하나라고 해도 무방할 만큼의 존재감을 갖는다.

그런데 논의를 더 진전시키기 전에 두 소설에 등장하는 제정 러시아의 수도 상트페테르부르크가 러시아 역사와 문화에서 갖는 의미를 간단히 짚고 넘어갈 필요가 있다. 서구화를 몰아붙인 표트르 대제가 1703년 상트페테르부르크를 건설하고 모스크바에서 페테르부르크로 천도한 이래 페테르부르크는 러시아 문학에서 하나의 상수가 되었다. 많은 작가들이 페테르부르크를 무대로 한 작품을 써냈다. 페테르부르크의 매력은 단순히 제정 러시아의 수도라는 데서 비롯되지 않는다. 김수환이 지적한 바와 같이 페테르부르크는 "역사의 기억이 켜켜이 쌓여진 문화적 겹지층, 곧 역사와 문화의 '복합 텍스트'다"(209). 페테르부르크의 역사를 알면 이 도시의 매력 혹은 마력이 이해된다.

도스토옙스키의 말을 빌리면 페테르부르크는 "지구상에서 가장 추상적이고 인공적인 도시"다. 그럴 수밖에 없는 것이 당시 열강이던 스웨덴에

대적하는 강력한 해군을 만들겠다는 야심으로 전쟁광 표트르 대제가 핀란드만의 늪지대를 수도로 정해 강제로 도시를 세우고 사람을 이주시켰다. 절대 권력자의 뜻에 따라 무에서 유가 탄생하듯 춥고 습한 불모지는 도시가 되었다. 아름다운 '물과 돌의 도시' 페테르부르크는 도시를 건설하다 죽어간 사람들의 피와 뼈 위로 피어난 셈이다.

러시아 작가들이 페테르부르크를 그리는 관점에는 크게 두 갈래가 있다. 하나는 페테르부르크를 제국의 영광으로 찬미하는 접근법이다. 18세기에 왕실을 비롯해 관청의 녹을 먹으며 활동한 러시아 작가들은 대개 이 흐름을 탔다. 그에 반해 19세기 초반부터 새로운 부류가 태동한다. 제정 러시아를 대표하는 공식적 화려함 뒤에 가려진 도시의 민낯을 포착하는 작가들이 생겨난 것이다. 러시아의 국민 시인 푸쉬킨은 여기서도 다시 선구자 역할을 한다.[12] 「청동 기마상」(1837)은 페테르부르크의 양면성을 다룬 기념비적 작품이다. 수도의 화려한 겉모습 아래 힘없는 서민은 꿈과 행복을 잃고 바스러져 간다. 페테르부르크로 표상되는 표트르 대제의 '개혁'은 서민을 보듬어 안기는커녕 악몽으로 몰아넣는다. 러시아 문학에서 '작은 사람'이라 불리는 테마가 탄생한 것이다.

서유럽풍으로 지어진 화려한 도시의 그림자 안에서 도시 빈민으로 무명씨처럼 살아가는 외롭고 지친 '작은 사람'을 그리는 러시아 문학의 전통은 크게 보아 푸쉬킨으로부터 발원해 고골을 거쳐 도스토옙스키로 이어진다. 도스토옙스키의 데뷔작 「가난한 사람들」은 당대 최고 비평가 벨린스키로부터 "새로운 고골"의 출현으로 불릴 만큼 고골을 연상시키는 면이 있다.

12 그가 러시아 작가 중 처음 전업 작가를 시도했다는 사실, 즉 왕실이나 관으로부터 경제적으로 독립하고자 했다는 사실은 시사하는 바가 크다.

바로 페테르부르크에서 살아가는 '작은 사람', 즉 남에게 피해를 주지 않지만 가난하고 힘이 없어서 고통받는 도시 빈민을 주인공으로 삼아 예리한 심리 묘사와 발군의 필력을 선보였기 때문이다. 이처럼 도스토옙스키는 데뷔작에서부터 페테르부르크가 아니면 그려지지 않을 이야기를 축조해냈다. 그의 페테르부르크는 '작은 사람'들의 도시다.

그런데 톨스토이의 페테르부르크는 다르다. 전혀 다르다. 두 소설의 첫머리만 비교해 보아도 그 점은 도드라진다. 먼저 『죄와 벌』을 보자.

> 찌는 듯이 무더운 7월 초의 어느 날 해 질 무렵, S골목의 하숙집에서 살고 있던 한 청년이 자신의 작은 방에서 거리로 나와, 왠지 망설이듯 K다리를 향해 천천히 걸어갔다.
>
> 그는 계단에서 여주인과 마주치는 것을 용케 피했다. 그의 골방은 높은 5층 건물의 지붕 바로 밑에 있었는데, 방이라기보다는 차라리 벽장 같았다. (1부 1장, 1: 11)

인용문에서 보듯 소설 도입부는 『죄와 벌』의 시공간 좌표를 명료하게 제시할 뿐만 아니라 도스토옙스키의 페테르부르크가 곧 가난한 젊은이가 삶의 무게에 짓눌린 공간임을 시사한다. 독자에게 소개되는 주인공의 첫 몸짓은 "망설이듯" 거리를 걸어가는 모습이다. 망설임이 전달하는 위축된 정서는 다음 문장에서 더 증폭된다. 청년은 주인과 마주치는 것도 피한다. 사연을 듣지 않아도 벽장 같은 골방에 사는 주인공이 가난에 시달린다는 사실은 웬만한 독자라면 바로 짐작할 수 있다.

흥미롭게도 『전쟁과 평화』도 7월의 페테르부르크를 무대로 다음과 같이 시작된다.

"그래, 좋아요, 공작님, 제노아와 루카가 부오나파르트 집안 영지가 됐어요. 아니, 내가 미리 말하겠는데 이걸 전쟁이라고 하지 않으면, 그러니까 그 적그리스도가 저지른 끔찍한 악행을 아직도 변호한다면 (난 그가 정말로 적그리스도라고 믿는답니다) 공작님과는 더 이상 볼 일도 없고, 내 벗도 아니고, 공작님이 말하듯 내 '충실한 노예'도 아니어요. 그렇지만 잘 지내셨죠? 내가 공작님을 겁에 질리게 했군요. 앉으셔요. 그리고 얘기해주세요."

때는 1805년 7월로, 말을 한 사람은 유명한 안나 파블로브나 쉐러, 마리아 표도로브나 황후의 시중을 드는 황실 여관이었다. 그녀는 위의 말을 하며 야회에 맨 먼저 도착한 지위가 높고 영향력이 큰 바실리 공작을 맞았다. (1권 1부 1장)[13]

『전쟁과 평화』와 『죄와 벌』은 둘 다 7월의 페테르부르크를 무대로 이야기가 시작되지만, 공통점은 그 정도에 그친다. 두 작품이 그리는 페테르부르크는 같은 세상이라고 보이지 않을 정도로 다르다. 도스토옙스키의 청년이 가난에 찌들어 괴로워하며 백야의 도시를 유령처럼 배회할 때, 톨스토이의 귀족들은 화려한 파티를 열고 유럽의 정세를 화제 삼아 잡담하고 먹고 마신다. 권세와 재력을 누리며 황제와도 알고 지내는 그들에게서 일상의 고단함은 조금도 찾아볼 수 없다.

도스토옙스키의 페테르부르크가 가난한 휴학생, 실직한 알코올 중독자, 폐결핵 환자, 창녀와 그들의 고혈을 빨아먹는 고리대금업자 등 '작은 사람들', 즉 서민과 '을'의 세계라면 톨스토이의 페테르부르크는 반대로 유한계급, 귀족이자 지주일 뿐만 아니라 황제까지 가닿는 탄탄한 인맥을 배경

13 『전쟁과 평화』 번역은 필자가 직접 했음을 밝힌다.

으로 둔 상류층 '갑'의 세계다.

덧붙여 7월의 페테르부르크는 밤이 매우 짧다. 북위 59도에 위치한 지리적 조건상 제정 러시아의 수도 페테르부르크는 계절에 따라 밤낮의 길이가 현격한 차이를 보인다. 특히 통상 5월 말부터 7월 중순까지는 '백야'라 불린다.[14] 백야가 절정일 때는 밤 열한 시가 되어도 해가 떨어지지 않아 깜깜하지 않다. 도스토옙스키는 『죄와 벌』에서 바로 그러한 도시의 특징을 살려 주인공의 심리와 결부시킨다.[15] 바흐친은 페테르부르크 자체가 "존재와 비존재, 현실과 환영 사이의 경계에 걸쳐 있으며 언제든지 안개처럼 소멸해서 사라질" 수 있는 분위기를 자아낸다고 지적한다(2002, 189). 빈곤에 짓눌려 외톨이로 지내는 몽상가 주인공이 살인을 생각하며 도시를 거니는 모습은 밤도 낮인 듯한 몽환적인 도시에서 유령 같은 실루엣을 자아낸다. 시골에서 페테르부르크로 상경한 스비드리가일로프는 페테르부르크의 특징을 다음과 같이 간파한다. "페테르부르크에는 걸어 다니면서 혼잣말을 하는 사람이 너무 많더군요. 여긴 반미치광이들의 도시입니다. [중략] 페테르부르크만큼 인간의 정신에 음울하고 파격적이며 기괴한 영향을 주는 도시를 찾기란 어려운 일이지요!"(6부 3장, 2: 688).

그에 반해 『전쟁과 평화』의 도입부는 같은 시공간을 무대로 하지만 백야가 아무 역할도 하지 않는다. 아예 언급조차 되지 않는다. 톨스토이가 창조한 페테르부르크는 도시 자체의 독특한 질감이 도드라지지 않으며 상류

14 엄밀히 말해서는 6월 중순부터 7월 초까지가 페테르부르크의 백야지만 보통 5월 말부터 7월 중순까지도 백야라 칭한다.

15 지리상 지표들을 동원해 구체적 물리성을 부여한 도스토옙스키의 페테르부르크는 외적인 실제이자 곧 주인공의 내면이기도 하다. 또한 주인공의 이론과 표트르 대제가 세운 페테르부르크 둘 다 인간의 산물이라는 점에서 둘 사이의 조응은 한층 더 공고해진다(Fanger 194).

층의 파티가 벌어지는 장면은 유럽의 다른 수도로 옮겨 놓아도 별 상관이 없다. 게다가 러시아 귀족은 톨스토이가 『전쟁과 평화』에서 충실히 반영했듯이 불어로 대화한다. 도스토옙스키의 인물들이 러시아 페테르부르크와 불가분의 관계를 맺는 데 반해 톨스토이의 인물들은 러시아의 한 도시에 국한되지 않는다.

시간의 결: 전기적 시간과 운명의 시간

시간도 마찬가지다. 두 소설이 내장한 시간의 속성은 극명하게 대비된다. 『전쟁과 평화』에서 톨스토이의 시간은 대하소설답게 강물처럼 흘러간다. 소설은 15년의 세월을 품고 있다. 반면 도스토옙스키의 『죄와 벌』은 에필로그를 제외하고 본이야기만 놓고 본다면 2주일 내외로 모든 사건이 일어난다. 라스콜리니코프가 머릿속으로만 궁리하던 살인을 과연 감행할 수 있을지 '리허설', 그러니까 '사전 답사'를 하는 날로부터 이야기가 시작되어 이튿날 전당포 노파를 살해하고 소냐의 권유대로 자수하기까지 보름 남짓이 걸릴 뿐이다. 책은 장편소설의 전성기 19세기에 창작된 소설답게 꽤 두툼하지만 정작 그 안에 담긴 시간은 매우 짧다. 그만큼 도스토옙스키가 그려내는 시간은 극적이다. 긴 분량의 장편소설이 단 며칠로 집중된다. 다시 말해서, 라스콜리니코프와 소냐의 인생이 바뀌는 운명의 2주일에 장편소설 전체가 걸려 있는 것이다.

톨스토이의 『전쟁과 평화』는 전혀 다른 시간의 결을 띤다. 도스토옙스키의 시간이 일생일대의 시간으로 무섭게 수축하고 그 하나의 점이 기다란 장편소설의 내러티브로 폭발하는 데 반해, 톨스토이의 시간은 무심한 듯

굽이굽이 역사의 강물처럼 흘러간다. 그 시간은 특별한 시작도 없고 끝도 없다.[16] 그래서 톨스토이의 소설에는 시작도 없고, 끝도 없다(Christian 1962, 129; 124). 메레쥐콥스키의 표현을 빌리자면 톨스토이의 작품에서 "모든 것은 태어나서 살다가 죽고, 다시 태어난다. 즉 끝도 없고 시작도 없다"(127).

위에 인용한 두 소설의 첫 단락을 다시 살펴보아도 그 점은 뚜렷하다. 도스토옙스키의 소설은 시작하자마자 즉시 긴장감을 자아낸다. 첫 문단이자 첫 문장에 시간(7월 초)과 장소(S 골목)가 명시적으로 드러나고 그 좌표를 배경으로 주인공이 걸어간다. 사건 속으로. 짜임새가 탄탄한 소설의 도입부답다. 톨스토이의 『전쟁과 평화』는 어떤가. 매우 다르다. 첫 문단이 다짜고짜 누군가의 말이다.[17] 그것도 직접 인용이다. 물론 두 번째 단락에서 그 말의 화자가 누구인지, 또 시대 배경이 언제인지 밝히지만, 거두절미하고 직접 인용으로 장편소설을 여는 것은 실로 드문 작법이다.[18] 톨스토이의 다른 장편소설들과 비교해 봐도 그렇다. 『안나 카레니나』는 경구 같은 문장으로 시작하고 『부활』은 자연 묘사로 소설이 시작된다. 그런데 『전쟁과 평화』의 도입부는 그야말로 이상하기 짝이 없는, 당돌한 시작이다. 그런데 바로 거기에 톨스토이의 독창성이 빛난다. 톨스토이는 대하소설의 도입부에서 아무 매개 없이, 그러니까 작가의 설명 없이 그냥 바로 작중 인물의 말

16 두 소설 다 에필로그는 별개의 시학에 기초해 서술된다. 그러나 『죄와 벌』의 에필로그가 사실은 본이야기와 심층에서 통일성을 견지한다는 의견도 있다. 이에 대해서는 이장욱을 참고하시오.

17 이를 서술 기법 중 하나인 '인 메디아스 레스'(in medias res)라고 볼 여지도 있으나 엄밀히 말해 그렇지 않다. '인 메디아스 레스'는 사건의 핵심 상황에서 이야기를 시작하는 서술 방식을 이른다. 그래서 일단 소설이 시작된 후 과거 회상 장면 등을 활용해 플롯 이해에 필요한 사건의 앞부분을 서술한다. 그런데 『전쟁과 평화』의 첫머리에 등장하는 야회는 소설의 핵심 플롯과 별 관계가 없다.

18 『전쟁과 평화』의 도입부는 약 1년의 시간이 걸려 완성되었다. 최종본으로 낙점된 안나 쉐러의 야회 외에도 서문으로 시작하거나, 간단히 혹은 길게 역사적 배경을 제시하는 안, 또 어느 해를 시작점으로 할지 등을 놓고 작가는 고심을 거듭했다(Feuer 99; 고일 186-187).

을 독자에게 던진다. 더구나 그 말이 대단히 의미심장한 것도 아니다. 그 말을 하는 안나 쉐러도 주요 인물이 아니다. 독자는 아무 준비 없이 『전쟁과 평화』라는 소설, 아니 삶으로 뛰어들게 되는 격이다. 톨스토이 특유의 시간관, 즉 삶 그 자체를 그리고자 하는 의도가 이보다 더 잘 표현될 수 있을까? 주인공도 아닌 사람이 하는, 대단하지도 않은 말과 함께 시작하는 이 소설은 그러한 사람들, 그러한 말로 가득 찬 인생사를 그린다. 물론 소설의 특성상 작가가 상정한 주인공은 있지만 그들이 특별하다거나 영웅은 아니다.

두 소설의 결말도 마찬가지로 도스토옙스키와 톨스토이의 근본적인 차이를 뚜렷이 드러낸다. 에필로그를 제외하고 『죄와 벌』의 본이야기는 라스콜리니코프가 자수하는 것으로 끝난다. 자수가 곧 자신의 나약함을 인정하는 것이라고 생각하고 괴로워하던 라스콜리니코프가 결국 소냐가 권한 대로 광장에서 속죄의 뜻으로 대지에 입 맞추고 경찰서를 찾아가 범행을 고백한다. 이 장면은 다음과 같이 서술된다.

> 라스콜리니코프는 의자에 털썩 주저앉았지만 대단히 불쾌한 표정으로 경악에 가득 찬 일리야 페트로비치의 얼굴로부터 눈을 떼지 않았다. 물이 왔다.
>
> "바로 제가…" 라스콜리니코프가 말을 하려 했다.
>
> "물을 드세요."
>
> 라스콜리니코프는 손으로 물을 물리치고 조용하게 끊어 가면서, 그러나 분명하게 말했다.
>
> "〈바로 제가 그때 고리대금업자 노파와 그의 여동생 리자베타를 도끼로 살해하고 돈을 훔친 사람입니다.〉"
>
> 일리야 페트로비치는 입을 딱 벌렸다. 사방에서 사람들이 몰려들었다.

라스콜리니코프는 자백을 되풀이했다. (6부 8장, 2: 783)

『죄와 벌』의 시작과 끝은 변함없이 단독 주인공 라스콜리니코프에 맞춰져 있다. 또한 주인공이 범행을 위해 '리허설'을 하러 가는 장면으로 소설이 시작되는 사실을 떠올린다면 주인공이 자수하면서 본이야기가 끝나는 설정에서 다시금 작품의 집중력이 느껴진다. 더구나 라스콜리니코프가 범행 사실을 자백하자 깜짝 놀라는 일리야 페트로비치의 반응은 매우 드라마틱하다. 전혀 예상치 않은 말을 들으며 입을 딱 벌리는 경찰관의 모습에서 그가 느끼는 놀라움이 전해진다. 그와 더불어 주변에서도 사람들이 몰려드는 가운데 라스콜리니코프가 다시 한번 자백을 되풀이한다는 결말은 극적인 이야기의 종결로서 손색이 없다.

그러면 톨스토이의 소설은 어떤가? 『전쟁과 평화』의 결말은 도입부와 마찬가지로 극적인 설정과는 거리가 멀다. 소설의 본이야기는 나타샤와 피에르가 사랑을 확인하고 결혼을 약속하는 행복한 결말로 마무리된다. 이렇게 내용만 놓고 본다면 해피엔딩이자 평범한 드라마 같은 마무리로 보이기도 한다. 그러나 소설 마지막 단락의 실체는 이렇다.

> "그런데 왜 페테르부르크에 간다는 거지?" 갑자기 나타샤가 말했다. 그리고 서둘러 스스로 답했다. "아니야, 아니야, 그건 그래야만 해… 그렇죠, 마리? 그래야만 해…" (4권 4부 20장)

피에르가 일 때문에 페테르부르크에 다녀와야 한다는 사실에 나타샤가 연인과 떨어지기 싫어 아쉬워하고, 그러면서도 스스로 마음을 다독이며 하는 말이다. 이게 천 페이지가 넘는 『전쟁과 평화』가 본이야기를 끝내는 방식이다. 심지어 말을 완전히 끝내지도 않고 말줄임표로 대신한다. 에필로그를 제외하고 7년여에 걸친 세월을 그린 대하소설의 이야기가 마무리되는 방식치고는 밋밋하기 이를 데 없다. 그러나 이 또한 지극히 톨스토이적이며 『전쟁과 평화』에 딱 들어맞는 결말이다. 본이야기를 맺는 나타샤의 말은 소설 도입부와 조응한다. 안나 쉐러의 말이 직접 인용으로 첫머리를 장식했듯이 마무리에도 같은 방식이 활용된다. 말의 내용도 처음처럼 흘러가는 삶의 편린이다. 라스콜리니코프의 자수가 긴장감이 팽팽하게 유지되던 드라마 『죄와 벌』에 어울리는 맺음이라면, 『전쟁과 평화』는 때로 격정적으로, 또 때로 천천히 흘러가는 강물과도 같은 인생을 관조하는 시선을 시종일관 유지한다.

부연하자면 이렇다. 라스콜리니코프는 평생 그 자수의 순간을 잊지 못할 것이다. 그러나 나타샤는 과연 자기가 한 저 말을 언제까지 기억할까? 평생은커녕 아마 1년도 채 가기 전에 잊을 것이다. 전혀 특별하지 않은 말이기 때문이다. 전혀 극적이지 않은 순간이기 때문이다. 그러나 톨스토이가 주목하는 것은 바로 그러한 순간들이다. 인생의 빛나지 않는 장면들, 그러나 인생의 대부분을 차지하는 순간들, 그래서 우리가 견뎌야만 하는 시간들. 도스토옙스키가 극적인 순간에 드러나는 인간의 본성을 포착하는 데 반해 톨스토이는 그 밋밋한 시간 속에 인간의 진가가 담겨 있다고 본다.[19]

19 모슨(Morson: 1987)이 주장한 논지의 핵심이다.

제3장

§

도스토옙스키의 단독 주인공, 톨스토이의 집단 주인공

그러면 이처럼 대조적인 시공간 좌표 안에 두 대가가 창조해낸 인간은 어떤 모습을 하고 있는가. 도스토옙스키의 『죄와 벌』은 단독 주인공 한 명을 내세워 이야기를 이끌어간다. 처음부터 끝까지 라스콜리니코프의 존재감은 타의 추종을 불허할 만큼 압도적이다. 중심 사건인 살인을 저지르는 자도 라스콜리니코프고, 사건 후에도 소설은 그를 중심으로 돌아간다. 중간에 마르멜라도프 가족 이야기가 비중 있게 끼어들기는 해도 그 역시 주인공과 접점하에, 부차적 이야기로 전개된다. 게다가 등장인물 중에는 주인공의 분신이라고 할 만한 이들이 다수 발견된다. 다시 말해, 도스토옙스키는 단독 주인공으로도 모자라 주인공 옆에 분신들을 포진시켜 주인공의 특성을 여러 각도에서 조명한다.

사실 분신 테마는 작가의 창작 활동 초기부터 발현되었다. 두 번째 소설의 제목이 다름 아닌 「분신」일 정도로 분신 테마는 도스토옙스키 창작 세계의 한 축을 이룬다. 「분신」은 소심하지만 비대한 자의식으로 심각한

열등감에 시달리는 말단 관리가 어느 날 자신과 똑같이 생기고 심지어 이름까지 같은 (그러나 처세술은 훨씬 좋은) 분신을 만나 갈등을 겪다가 광인 취급을 받고 정신병원으로 보내진다는 이야기다. 이 작품에서 도스토옙스키의 주인공은 극심한 심리 갈등 끝에 급기야는 자아가 분열되어 분신을 탄생시키고 자신의 제2 자아에게 밀려난다. 이 소설을 필두로 도스토옙스키는 복잡한 심리의 소유자인 주인공의 다양한 측면을 다른 인물들에게서 부각시켜 다룸으로써 주인공의 자아가 가진 가능성을 탐색한다.

『죄와 벌』에서 라스콜리니코프의 대표적인 분신은 스비드리가일로프다. 그와 더불어 소냐 역시 일정 부분 주인공의 분신이다.[20] 스비드리가일로프와 소냐는 주인공의 선악을 나누어 걸머지고 최대치로 부각시키는 인물이다. 소설 구성을 보아도 주인공이 스비드리가일로프와 소냐를 번갈아 만나며 이야기가 진행된다. 다시 말해, 라스콜리니코프가 자신의 선과 악을 대변하는 분신을 차례로 거듭 만나는 줄거리는 바로 주인공이 선과 악 사이에서 번뇌함을 시사한다. 스비드리가일로프와 소냐는 의식적으로든 무의식적으로든 주인공을 자신의 편으로 끌어들이기 위해 힘쓴다.

먼저 스비드리가일로프를 살펴보자. 그는 라스콜리니코프가 살인범이라는 사실을 알게 된 후 그에게 외국으로 도망치라고 권한다. 일말의 죄책감도 느끼지 않는 냉혈한 스비드리가일로프는 주인공이 부러워하는 '초인'의 일면을 가졌다. 그는 하고 싶은 대로 하면서 산다. 즉 자기 의지대로 산다. 거리낌도 망설임도 없고, 그 결과로 타인이 해를 입어도 괴로워하지 않는다. 그러나 다시 생각해보자. 정말 스비드리가일로프가 초인인가? 아

20 비브(Beebe)는 라스콜리니코프의 살인 동기 중 하나로 "고통받고자 하는 의지"를 들면서 소냐를 라스콜리니코프의 분신(alter ego)으로 본다(156-158).

니다. 그보다는 철면피에 가깝다. 그의 여러 악행은 인류의 번영과는 무관하다. 하인을 무지막지하게 때려 결국 자살로 내몬다거나 아내를 독살한다거나 하는 짓은 고귀한 목적과는 조금도 관계가 없는, 그저 추한 범죄일 뿐이다. 라스콜리니코프의 딜레마는 여기에 있다. 범죄를 계획할 때는 공리주의적으로 접근해서 가난한 사람들을 돕겠다는 생각도 했지만, 이후 행적을 보면 라스콜리니코프의 범행은 전당포 노파와 (무고한!) 여동생을 죽인 악행에 지나지 않는다. 그는 전당포 노파의 소유물을 사회에 환원하지 않는다. 그러기는커녕 혹여 그 장물이 발견되어 범죄가 들통날까 두려워 숨긴다. 라스콜리니코프는 나폴레옹을 꿈꾸며 범죄를 저질렀으나, 그의 범행의 민낯은 나폴레옹이 아니라 스비드리가일로프에 가깝다는 사실을 명민한 주인공이 스비드리가일로프를 볼 때마다 깨닫지 못하겠는가. 그러니 그의 자존심이 얼마나 더 상처받았을 것인가. 또한 라스콜리니코프는 여동생 두냐의 명예를 짓밟은 스비드리가일로프를 증오한다. 더 나아가 여러 악행에 연루되고도 태연자약한 그에게 본능적으로 적의를 느낀다. 라스콜리니코프에게는 아직 양심이 남아 있기 때문이다. 그러나 라스콜리니코프 안에서 악이 선을 누르며 살인을 저질렀듯이 주인공의 내면은 선악이 엎치락뒤치락 전쟁을 벌이는 전장이다. 그가 가진 악의 기운은 스비드리가일로프에게 끌린다. 하인과 아내의 죽음에 연관되고도 아무런 양심의 가책 없이 태연자약한 스비드리가일로프에게 라스콜리니코프의 어느 부분, 즉 '권력'을 열망하는 마음이 끌리는 것이다.

한편 소냐는 얼핏 보기에 라스콜리니코프와 반대되는 인물로 보이지만 "선을 넘은"[21] 사람이라는 점에서 주인공과 닮았다. 그리고 선한 영혼의

21 러시아어의 '죄'에 해당하는 단어는 '페레스투플레니에'(*perestuplenie*)로, 어근을 따지자면 '선

소유자로, 라스콜리니코프의 마음에 남아 있는 양심을 비춘다는 점에서 주인공의 고결한 본성을 이끌어내는 분신이다. 다시 말해, 소냐는 스비드리가일로프의 반대 지점에서 라스콜리니코프를 끌어당긴다. 스비드리가일로프와 소냐는 자석의 두 극처럼 기능한다. 스비드리가일로프와 소냐 사이에서 라스콜리니코프는 진동한다.

물론 소냐는 라스콜리니코프와 매우 다른 인물이다. 광적이라 할 정도의 기독교 신자고, 소냐와 라스콜리니코프 사이에는 학식의 벽도 높다. 당시 대학생은 그야말로 자타가 공인하는 지식인이었다. 대학이 몇 개 되지 않았고 학생 수도 적었다. 라스콜리니코프가 가난에도 불구하고 자신을 특별한 사람으로 여기는 것도 무리가 아니다. 그에 반해 소냐는 배움이 짧다. 게다가 사회에서 업신여김 당하는 창녀다. 겉으로만 보면 소냐는 라스콜리니코프가 말하는 버러지 부류에 속한 인간이다. 그러나 라스콜리니코프는 소냐를 만나기도 전에, 그녀에 대해 듣는 것만으로도 바로 알아차린다. 그녀가 자신을 구원하리라는 것을. 다른 사람은 몰라도 그녀는 자신을 이해해주리라는 것을. 그들을 묶어주는 것은 다름 아닌 '선을 넘었다'라는 사실이다. 라스콜리니코프의 경우는 말할 것도 없고 소냐의 경우에도 그녀가 하는 일은 도덕적으로 선을 넘은 나쁜 일이다. 인간으로서의 고결함을 버린 행위이기 때문이다. 그런 이유로 라스콜리니코프와 소냐는 한데 묶인다. 둘 다 자신을 죽인 사람들인 것이다. 그리고 둘 다 구원을 희구한다. 소냐는 부활의 희망을 예수 그리스도의 말에서 찾는다. 그녀가 '나사로의 부활'을 읽으며 내보이는 간절한 반응은 바로 그녀가 나사로의 부활에 자신을 대입하고 있음을 암시한다.

을 넘다'라는 뜻이다.

살인 후 극심한 육체적 정신적 고통을 겪으며 그로부터 벗어나고자 하는 라스콜리니코프 앞에는 두 개의 가능성이 열려 있다. 스비드리가일로프와 소냐로 대변되는 상반된 가능성이다. 라스콜리니코프는 그 둘 사이에서 방황한다. 양심의 목소리를 압살하고 스비드리가일로프처럼 냉혈한으로 살아갈 것인가, 아니면 소냐처럼 자신을 낮추고 참회할 것인가. 그가 두 사람과 번갈아 만나는 것은 우연이 아니다. 그의 번민이 그리는 궤적인 것이다. 또한 스비드리가일로프가 자살로 사라진 후에야 주인공이 온전히 소냐가 제시한 길을 걷게 되는 것도 우연이 아니다.

소냐의 길을 받아들이기 전 마지막 고비인 스비드리가일로프의 자살 소식을 듣고 라스콜리니코프는 큰 충격을 받는다. 그리고 강가의 다리 위에 서서 자살을 생각한다. 스비드리가일로프를 따라 그처럼 자아를 끝까지 밀고 나갈까 생각하는 것이다. 그만큼 스비드리가일로프가 라스콜리니코프에게 미치는 영향력이 크다는 사실을 짐작할 수 있다. 그러나 거기까지다. 라스콜리니코프는 결국 자살의 유혹을 물리친다. 그리고 소냐의 권유에 따라 광장에 나가 대지에 입을 맞추고 자수한다. 소냐가 라스콜리니코프의 회개를 견인하기는 하지만 그게 가능한 이유는 그에게 양심이 있기 때문이다. 라스콜리니코프가 살인만이 아니라 선행도 했음은 주지의 사실이다.[22] 술주정뱅이 마르멜라도프 가족을 돕는다든지 순수한 마음으로 여

22 스비드리가일로프도 자살하기 전에 몇몇 선행을 하지만 그의 행동과 라스콜리니코프의 선행은 본질적으로 다르다. 스비드리가일로프는 소냐에게 3000루블을 줘서 소냐가 남은 동생들 걱정 없이 라스콜리니코프의 유형을 따라가도록 돕고, 약혼자에게도 자살 전 선물을 남긴다. 그러나 그의 선행에서는 인간미가 느껴지지 않는다. 그의 선행은 돈이 넘치는 사람이 무료함을 해소하는 방법 중 하나에 불과하다. 그러나 라스콜리니코프는 본인도 극심한 가난에 시달리면서도 수중의 돈을 다 털어 주변 사람을 돕는다. 흔히 하는 말로 10만 원이 전 재산인 사람이 10만 원을 내놓는 것과 백만장자가 10만 원을 기부하는 행위는 액수는 같을지라도 절대 같은 10만 원이 아니다. 10만 원의 무게는 분명히 다르다.

자(소냐는 물론 예전 약혼녀)를 대하는 등의 모습을 통해 독자는 라스콜리니코프 안에 신(神)이 깃들어 있음을 감지하게 된다.

그밖에도 도스토옙스키는 다른 인물들을 통해서도 라스콜리니코프의 다양한 면모를 조명한다. 자칭 '리버럴'인 레베쟈트니코프는 당대 유행하던 사상 조류를 맹목적으로 신봉한다. 레베쟈트니코프를 내세워 도스토옙스키는 허세에 찬 지식인을 희화화한다. 레베쟈트니코프는 비판도 성찰도 없이, 단지 유행을 좇는 얄팍한 지식인이다. 라스콜리니코프에게 고뇌의 깊이가 없다면 쉽게 레베쟈트니코프로 치환될 것이다. 또한 자수성가한 법조인 루진 역시 주인공의 분신인 측면이 있다. 라스콜리니코프가 가진 욕망, 즉 출세와 돈에 대한 갈망을 가장 적나라하게 대변하는 이가 루진이기 때문이다. 라스콜리니코프가 천박했다면 그 모습은 루진일 터이다. 이처럼 『죄와 벌』에는 주인공의 분신이라 할 만한 인물이 다수 등장하고 이는 『죄와 벌』이라는 우주가 라스콜리니코프를 중심으로 주인공의 분신인 행성들과 함께 공전함을 가리킨다.[23]

그러나 톨스토이 소설에서는 인물의 무게 중심이 한곳으로 몰리지 않는다. 여럿에게 골고루 하중이 나뉘어 실린다. 역시 『전쟁과 평화』가 좋은 예다. 『전쟁과 평화』에서 단독 주인공 한 명을 지목할 수 있을까? 불가능하다. 이는 비단 『전쟁과 평화』가 등장인물이 많은 거대한 소설이라서가 아니라 작가의 특성 때문이다. 톨스토이의 작품에서는 등장인물 하나하나가 뚜렷한 개성을 지닌다. 한 명 한 명이 피와 살을 가진 인간으로 육화되어 생생한 존재감을 뿜어낸다. 가령, 로스토프 가문만 보아도 나타샤의 생기, 나타샤 아버지의 호방함, 나타샤 어머니의 너무나 현실적인 이기심 등은 실

23 분신 테마와 관련해서는 콜버그(Kohlberg)를 참조하시오.

로 문학이 성취할 수 있는 리얼리즘의 진수다. 더 중요하게는, 인물만큼이나 플롯의 갈래가 너무 많아서 아예 플롯이 없다고 느껴질 정도라 『전쟁과 평화』에는 모든 사건과 인물을 이어주는 "진정한 중심인물이 없다"라면서 "안드레이도 피에르도 소설의 주인공이 아니다"라는 주장까지 나온다(Hamburger 71-72).

다시 말해, 『전쟁과 평화』에는 『죄와 벌』의 라스콜리니코프와 같은 압도적인 비중을 차지하는 단독 주인공은 없다. 그렇다고 500명이 넘는 등장인물이 모두 주인공 역할을 하는 것도 물론 아니다. 등장인물 중 몇 명이 집단 주인공 체제를 유지한다고 보는 편이 타당하다. 피에르 베주호프, 안드레이 볼콘스키, 나타샤 로스토바, 우선 이렇게 세 명이 『전쟁과 평화』에서 가장 각광받는 삼총사다. 와시올렉(Wasiolek)은 『전쟁과 평화』를 겹겹의 원으로 설명하는데 이 세 명을 중심에 놓는다. 그만큼 핵심이라는 말이다.[24] 더구나 이 셋은 시차를 두고 연인으로도 이어지면서 소설의 사랑 이야기에 가장 큰 역할을 담당하기도 한다.[25]

특히 피에르와 안드레이는 서로 다른 성향을 가진 친구 사이다. 그들의 상반되는 성격은 "피에르는 언제나 쉽게 믿고 안드레이는 반대로 불신한다"(Wasiolek 89)라고 요약된다. 그들은 서로의 분신이 아니다. 도리어 매우 다르고, 다르기 때문에 서로의 장점에 끌리는 사이다. 그리고 두 사람의 역학 관계에는 톨스토이의 기본적인 성향이 그대로 드러난다. 소설 초반 처음

24 그다음 원에는 마리아와 니콜라이가 있다.

25 한편 클레이(Clay)는 이 세 명에 니콜라이와 마리아를 추가해 다섯 명을 주인공으로 보고 분석한다. 다른 부차적 인물들이 아무리 개성을 지녔다고 해도 이 다섯 명과 접점을 가짐으로써 플롯이 일정 정도의 통일성을 유지하면서 움직이고, 더 나아가 이들만이 "발전하는" 인물들이라는 이유에서다(Clay 100). 그러나 일반적으로는 안드레이와 피에르, 나타샤를 핵심 주인공으로 본다. 어찌 되었건 『전쟁과 평화』의 주인공이 한 명이 아니라 여러 명임에는 차이가 없다.

등장하는 안드레이와 피에르를 보면 두 사람은 공통점이 거의 없을 정도로 다르다. 안드레이는 겉에서 보면 모든 걸 가진 남자다. 훌륭한 집안 출신에 명석한 두뇌와 흠잡을 데 없는 경력, 외모도 뛰어나고 그에 걸맞은 아내를 두었다. 그런데 결정적으로 빈 구석이 있다. 그는 불행하다. 신혼이지만 벌써 아내와의 메울 수 없는 간극을 깨닫고 결혼의 굴레에서 벗어나고 싶어 한다. 그는 이성적이다. 인생의 공허함을 꿰뚫어 보고 있는 자다. 반면 피에르는 외모도 경력도 형편없다. 야심도 없고 처세술도 없다. 게다가 설상가상 사생아다. 아버지가 대단한 부와 권력을 가진 최상위층 귀족으로서 피에르를 챙기지만 사교계에서 그는 찬밥 신세다. 그러나 안드레이는 그런 그를 편견 없이 대한다. 피에르도 안드레이를 진심으로 좋아한다. 둘을 이어주는 것은 진정성이다. 그리고 둘 다 진지하게 인생의 의미를 추구한다. 사교계에 만연한 허세와 허영에 물들지 않은 드문 경우로, 두 사람은 격의 없이 대화하고 서로의 다름을 인정하고 존중한다. 그러므로 두 남자가 같은 여자와 사랑에 빠지는 것도 우연이 아니다.

그러나 서로 다른 성향으로 안드레이와 피에르는 다른 인생길을 걷는다. 근본적으로 안드레이는 이성적인 사람이다. 그는 회의(懷疑)하는 사람이다. 결혼하고 바로 결혼 생활의 허위를 알아차리고, 그에 대한 탈출구로 찾은 전쟁터에서 나폴레옹과 같은 영광을 꿈꾸지만 곧 그 거짓된 실체를 깨닫는다. 영웅은 환영에 불과함을, 그리고 그것이 삶의 의미가 될 수 없음을. 안드레이가 아우스테를리츠 전투에서 부상을 입는 것은 단순히 육체에 국한되지 않는다. 몸도 마음도 꺾이는 것이다. 그런 그에게 삶의 희망이 나타샤를 통해 다시 다가오고, 그녀의 배신으로 다시 멀어진다. 나중에 자세히 논하겠지만 안드레이는 몇 번 각성의 순간을 맞는다. 톨스토이가 생각하는 삶의 정수에 접속하는 것이다. 아우스테를리츠에서 부상을 입고 쓰러져 하늘을 바라볼 때, 고목에 새싹이 돋은 것을 볼 때, 피에르와 배에서 대화를 나눌 때, 보로디노 전투에서 치명상을 입고 치료를 받다가 옆에서 수술받는 아나톨을 보고 용서의 감정을 느낄 때. 문제는 그 순간이 이어지지 못하고 끊어져 버린다는 것이다. 그는 차가운 이성의 지배를 떨쳐내지 못하고 죽음의 힘에 굴복하고 만다.

한편 피에르는 '귀가 없다.' 그의 이름 베주호프(Bezukhov)는 말 그대로 '귀가 없다'(*bez* + *ukhov*, without ears)는 뜻이다. 칸토르(Kantor)는 이 이름을 "세상의 헛됨에 귀를 닫고 내면의 조화에 열려 있는" 인물의 본질을 가리킨다고 해석한다. 같은 맥락에서 모슨도 베주호프라는 이름을 주위에서 일어나는 자잘한 소리를 듣지 않고 대신 먼 곳, 천상의 소리에 주의를 기울이는 특성과 결부시킨다(2002, 66). 이와 같은 해석을 넓혀 보자면 피에르가 타인의 말에 편견을 갖지 않는다고 할 수 있다. 큰 덩치에 몸은 육중하지만 정신은 유연하다. 그는 쉽게 다른 사람을 믿고 그들의 영향을 받는다. 그가 첫 결혼을 하게 되는 경위는 그의 성격을 잘 보여준다. 별다른 미래가 보이지 않는 사생아일 때는 뭇사람들의 비웃음을 사던 그가 아버지의 사후, 법적으로 부친의 신분과 막대한 유산을 상속받자 일약 사교계의 총아가 되어 하룻밤 사이에 초특급 신랑감으로 등극한다. 그리고 주변의 농간에 떠밀려 결혼을 하게 되는 것이다. 겉으로는 사교계의 최고 미녀지만 가치관이 전혀 다른 사람과 결혼함으로써 피에르는 안드레이의 전철을 밟는다(그리고 역시 안드레이처럼 아내가 죽음으로써 첫 결혼의 덫에서 벗어난다). 그 외에도 프리메이슨에 빠져 열심히 활동한다든지, 농부 플라톤에게 감화된다든지, 나중에 12월당원 모임을 지지한다든지 하는 일련의 모습은 일관되게 피에르의 특성을 보여준다. 그는 쉽게 타인과 새로운 사상에 감화된다. 프리메이슨에 실망한 후에도 결코 삶의 의미를 탐구하는 여정을 멈추지 않는다.

그래서 그는 안드레이와 달리 죽음에 굴하지 않는다. 그래서 안드레이와 달리 나타샤와 결혼하고, 더 나아가 행복할 수 있는 것이다. 피에르와 안드레이는 이처럼 서로의 단점을 보완하는 인물형이다.

이제까지 살펴보았듯이 두 대가의 첫 대작은 각각이 지닌 예술 세계의 특성을 선명하게 드러내 보여주는 이정표와도 같다. 시간의 결도 공간 규모도 뚜렷하게 대비된다. 톨스토이가 강물 같은 서사시의 시간을 『전쟁과 평화』에 넓게 품었다면, 도스토옙스키의 『죄와 벌』은 주인공의 인생에서 절대 잊히지 않을 결정적인 순간을 깊게 파고든다. 공간도 궤를 같이해서, 톨스토이 소설의 무대가 광대하기 이를 데 없는 데 반해 도스토옙스키 장편의 공간 배경은 페테르부르크에 집중한다. 더 나아가 바흐친은 계단, 문턱, 현관, 층계참 등 위기와 급격한 변화, 예상치 못한 운명의 반전 등이 일어나는 몇몇 '점'들이 『죄와 벌』에서 얼마나 중요한 공간인지를 강조한다. 마르멜라도프 가족은 다른 방으로 연결되는 중간에 위치한 통로 방에서 살고, 주인공이 전당포 노파의 방문턱에서 끔찍한 경험을 하는 등 도스토옙스키 작품의 주요 행위가 계단, 문턱, 층계참 등 변화의 지점에서 일어난다고 고찰한다(Bakhtin 2002, 191-192). 문턱(threshold)에서는 나갈 수도 들어갈 수도 있는 것처럼, 도스토옙스키의 인물들은 종결되지 않은 이행기의 기로에 서서 변화와 갱생의 요구에 직면해 운명을 바꾸는 결정을 한다. 일례로, 『죄와 벌』에서 라스콜리니코프가 친구 라주미힌에게 살인을 눈빛으로 고백하는 곳은 복도의 문턱이며 그 순간은 시계로 재는 시간과 결코 등가가 아니다. 다시 말해, 라주미힌이 친구의 충격적인 진실을 알게 되는 그 순간은 객관적으로는 1분도 채 안 되겠지만 정신적으로는 며칠, 몇 년, 혹은 영겁의 시간처럼 느껴지기 때문이다.

바흐친이 논하듯, 시공간의 중요성은 그 두 좌표가 조건이 되어 필연적으로 특정한 인간의 모습이 형성된다는 점에 있다(1981, 85). 이는 도스토옙스키와 톨스토이의 첫 장편소설에도 무리 없이 적용된다. 바흐친은 '크로노토프' 개념으로 장르를 설명하지만, 필자가 이 책에서 규명하고자 하는 바와 같이 도스토옙스키와 톨스토이 소설의 차이를 밝히는 데도 매우 유용하다. 『전쟁과 평화』의 서사시적인 시공간 속에서 톨스토이의 주인공들은 시간과 공간의 변화에 따라 달라지는 모습을 보여준다. 톨스토이의 인물들은 바흐친의 표현을 빌리자면 "전기적인 시간 속에서 전기적인 삶"(2002, 192)을 살아간다. 태어나고 자라서 사랑하고 아이를 낳고 죽는 전기적인 삶. 그리고 나타샤가 증명하듯 그들은 변화하고 성장한다.

한편, 짧은 시간과 제한된 공간에서 펼쳐지는 『죄와 벌』의 주인공들은 순간에서 운명을 송두리째 바꾸는 영원을 추구한다. 그들에게 주어진 시공간은 완만한 흐름의 진화를 허용하지 않는다. 그들은 몇몇 결정적인 순간에 살인과 고백 등 인생의 행로를 급격히 바꾸는 행동을 하고, 이를 통해 인생 반전을 꿈꾼다. 소냐는 부활의 기적에 기초한 기독교의 신비한 시간관을, 그리고 라스콜리니코프는 일거에 세상을 바꾸는 혁명의 급진적인 시간을 염원하고, 두 시간관이 세부 내용은 다를지라도 급격하고도 완전한 변화를 지향한다는 점에서 교집합을 갖는다.[26] 몇 개의 운명적인 점으로 응집되는 『죄와 벌』의 주인공이 라스콜리니코프와 소냐인 필연적 이유이기도 하다.

26 라스콜리니코프와 소냐의 시간관에 대해서는 클리거(Kliger)의 논문에서 각각 235-237, 240-242쪽을 참조하시오.

제4장

§

도스토옙스키의 나폴레옹

우상과 초인론

도스토옙스키와 톨스토이의 첫 대작은 이처럼 두 작가가 근본적으로 다른 감수성을 지녔음을 보여준다. 그러나『전쟁과 평화』와『죄와 벌』은 정반대로 보일 정도로 다르면서도 흥미로운 접점을 공유하기도 한다. 바로 나폴레옹이 두 소설을 이어주는 매개 역할을 한다.『전쟁과 평화』는 19세기 초반을,『죄와 벌』은 소설이 집필된 1860년대를 시간 배경으로 하지만 두 소설에서 모두 나폴레옹은 중요한 위치를 차지한다.

나폴레옹(1769-1821)은 19세기 유럽을 통틀어 가장 돋보이는 인물이다. 근대 프랑스의 기틀을 놓았다고 평가되는 일명 '나폴레옹 법전'은 프랑스만이 아니라 여타 유럽 국가에도 본보기가 되었다. 그러나 나폴레옹의 시대로부터 몇 세기 거리를 두고 살펴보는 것과 달리 19세기 유럽인들을 사로잡은 나폴레옹의 원초적인 매력은 역시 그가 천재적인 재능으로 프랑스 황제가 되어 유럽을 호령했다는 데 있다. 여기서 주목해야 할 지점은 그가 최고 권력을 쟁취한 '새로운' 방식이다. 나폴레옹의 시작은 유럽의 전통적인 권력과는 거리가 멀었다. 그에게는 권력과 연결된 지연도 혈연도 없었다. 잘 알려져 있다시피 그가 태어나 자란 곳은 프랑스의 변방 중에서도 변방인 코르시카섬이다. 왕족 출신도 아니었다. 그는 권력으로 가는 새로운 길을 개척했다. 그 열쇠는 바로 재능이었다. 프랑스 혁명으로 구체제(*ancien régime*)가 와해되고 사회가 극심한 혼란에 빠져들었을 때 그는 뛰어난 무공을 쌓으며 프랑스인들의 마음을 사로잡고 이는 결국 권력의 정점으로 그를 밀어 올렸다. 물론 그의 성공 가도에 운이 크게 작용하기도 했지만 기본적으로 재능이 없었다면 불가능했을 일이다. 양반의 자식은 대를 이어 양반이고 노비는 계속 노비인, 한마디로 왕후장상의 씨가 따로 있던 엄격한 신분 체제를 근간으로 움직이던 구체제가 무너졌음을 나폴레옹이라는 인물은 그 존재 자체로 선언한다.[27] 타고난 신분 배경을 재능으로 뛰어넘을 수 있는 혁명의 시대가 유럽에 도래했음을 나폴레옹의 삶은 입증한다. 젊은이들은 물론 새로운 세상을 꿈꾸는 사람들이 나폴레옹에 열광한 것은 당연하다. 천재적 재능을 발휘한 군사 업적만으로도 나폴레옹은 영웅이었고, 한때 유럽의 최고 권력자로 군림한 사실만으로도 영웅이었지만 그의 성공이 의미하는 혁명성은 그를 더욱더 빛나는 영웅으로 만들었다. 나폴레옹은 신화가 되었다.

나폴레옹의 영향은 러시아 문학에도 뚜렷한 각인을 남겼다.[28] 단적인

27 나폴레옹이 황제 대관식에서 교황으로부터 관을 넘겨받아 스스로 관을 쓰고 (다비드의 그림이 묘사하듯) 아내 조세핀에게도 관을 씌워주는 모습은 그가 권력을 쟁취한 방식의 새로움을 웅변적으로 표현한다. 이전에는 최고 성직자가 왕관을 씌워주는 것이 관례였고, 이는 혈통을 따라 권력이 계승됨은 물론이고 기독교 문화권에서 성직자가 신을 대신해 권력을 부여한다는 신성함까지 함께 상징적으로 표현했다. 그러나 나폴레옹은 스스로 왕관을 씀으로써 출생이 아닌 재능으로, 또 신이 아닌 시민들의 지지로 최고 권력자가 됐음을 만방에 과시했다.

28 물론 서유럽 문학에서는 더 말할 나위가 없다. 나폴레옹이 되려는 열망을 품은 '작은 나폴레옹' 중 가장 유명한 소설 주인공은 스탕달이 『적과 흑』에서 창조한 줄리앙 소렐일 것이다.

예로, 1834년에 발표된 푸쉬킨의 「스페이드의 여왕」에는 나폴레옹의 모습과 야심을 모델로 창조된 주인공 게르만이 등장한다. 그리고 그와 라스콜리니코프 간에는 주목할 만한 친연성이 존재한다. 야심을 좇는 게르만은 일확천금의 꿈을 이루어줄 카드 게임의 비밀을 아는 부유한 귀족 노파를 협박하는데, 그 연로한 부인이 그만 죽고 만다. 게르만이 직접 살인을 저지른 것은 아니지만 그가 사망에 모종의 역할을 한 것은 부인하기 어렵다. 야심가 청년과 부자 노파, 그리고 전자가 직간접적으로 관여된 후자의 죽음은 「스페이드의 여왕」과 『죄와 벌』을 잇는 상호 텍스트성의 핵심이다.[29] 이외에도 고골의 『노름꾼』(1842)에서도 나폴레옹 신화의 영향이 감지되는 등 러시아 문학에서도 나폴레옹의 존재감은 뚜렷하다.[30]

나폴레옹의 전설이 푸쉬킨 세대를 넘어 1860년대 러시아에서도 여전히 생명력을 지님은 『전쟁과 평화』와 『죄와 벌』을 통해서도 증명된다. 사실 나폴레옹은 19세기 중후반에도 기억에만 의존하는 전설이 아니었다. 1860년대 프랑스는 나폴레옹의 조카인 나폴레옹 3세가 쿠데타를 일으켜 잡은 권력으로 황제(1852-1870)가 되어 통치하고 있었다. '나폴레옹 황제'는 1860년대에도 여전히 유럽의 항수였다. 게다가 나폴레옹 3세는 삼촌의 후광을 적극적으로 활용했다. 러시아에서도 큰 반향을 불러일으킨 『율리우스 카이사르의 역사』(The History of Julius Caesar)라는 저작은 나폴레옹 3세

29 게다가 도스토옙스키가 푸쉬킨의 소설을 염두에 두고 있었음은 「스페이드의 여왕」의 한 장면을 강력하게 환기시키는 라스콜리니코프의 꿈에서도 감지된다. 라스콜리니코프가 전당포 고리대금업자를 살해한 후 꿈에 죽인 노파가 나타나고 라스콜리니코프는 다시 도끼로 내리친다. 그러나 노파는 죽지 않는다. 주인공은 식은땀을 흘리며 연달아 흉기를 휘두르지만 노파는 죽기는커녕 그를 향해 웃는다. 「스페이드의 여왕」에도 비슷한 장면이 있다. 게르만이 노파의 장례식에 참석하는데 관에 누워 있는 노파가 그에게 웃으며 윙크를 하는 대목이다. 이처럼 죽은 노파가 가해자를 향해 웃는 장면도 도스토옙스키가 푸쉬킨 작품에 영향을 받았음을 보여준다.

30 고골의 『노름꾼』에서 발견되는 나폴레옹 신화에 대해서는 이경완을 참조하시오.

가 직접 써서 1865년 발표한 글로, 여기서 그는 카이사르를 역사의 숙명을 수행하는 영웅으로 이해한다. 그의 주장은 카이사르처럼 출중한 무공을 바탕으로 황제가 되어 유럽의 역사를 바꾼 나폴레옹 삼촌에게도 그대로 적용된다.

도스토옙스키의 『죄와 벌』은 나폴레옹을 불세출의 영웅으로 보는 일반적인 시각을 따른다. 주인공 라스콜리니코프의 사상은 흔히 '초인론'이라고 불리는데 초인의 예로 언급되는 인물 중 하나가 나폴레옹이다. '초인론'을 요약하자면 이렇다. 인간은 두 부류로 나뉜다. 초인(超人)과 범인(凡人). 평범한 사람의 역할은 번식에 있다. 범인이 인류에 기여하는 바는 인류의 존속에 필수로 요구되는 후손 생산이다. 그에 반해 초인, 즉 뛰어난 사람은 세상의 변화를 이끈다. 라스콜리니코프는 범인을 현재의 사람들로, 그리고 초인을 미래의 사람들로 규정한다. 그러나 이전에는 존재하지 않았던 새로운 제도나 문화, 과학의 발명, 신기술을 만들고 도입하는 과정에서 그 혁신을 이해하지 못하는 사람들의 저항에 부딪힐 때가 많다. 문명의 발전을 위해서는 기존의 법과 제도를 뛰어넘어야 한다. 그 와중에 폭력이 수반될 수도 있고 위법 행위가 개입되기도 한다. 그렇지만 초인을 관습의 제약으로 옭아매서는 안 된다. 인류 문명의 발전이 초인들에 의해 견인되기 때문이다. 따라서 범인, 즉 보통 사람은 기질상 보수적이며 기존의 법 테두리 내에서 살아야 하지만 초인은 다르다. 그들은 인류 문화를 선도하는 선구자이자 모험가이며 영웅, 즉 한마디로 비범한 사람이기 때문이다. 그들은 특별하다. 따라서 필요한 경우 기존의 관습법을 어겨도 되는 특별 대우를 받을 자격이 있다고 라스콜리니코프는 주장한다. 나폴레옹은 마호메트, 스파르타의 개혁가 리쿠르고스, 아테네의 정치인 솔론 등과 함께 초인의 예로 제시되고(3부 5장) 그들 중에서도 특히 대표 격으로 부각된다.

『죄와 벌』에서 나폴레옹이 언급되는 곳은 크게 세 장면이다. 첫 번째는 3부 5장으로 라스콜리니코프와 포르피리가 처음 격돌하는 대목이자 위에 요약한 '초인론'이 설명되는 곳이다. 두 번째는 라스콜리니코프와 소냐의 대화 장면(5부 4장)이다. 소냐를 찾아간 라스콜리니코프는 그녀에게 '고백'한다. 사랑 고백이 아니라 죄를 고백하는 장면이다. 여기서 라스콜리니코프는 소냐에게 자신의 내밀하고 복잡한 마음을 열어 보인다. 세 번째이자 마지막으로는 스비드리가일로프와 두냐 사이의 대화(6부 5장)에서 언급된다.

이 세 장면은 각각 조금씩 다른 각도에서 전개된다. 첫 번째 장면에서는 예심판사 포르피리가 라스콜리니코프가 쓴 '초인론' 논문에 근거해 주인공의 사상에 접근한다. 라스콜리니코프는 취조를 방불케 하는 포르피리의 예리한 질문에 방어적으로 맞선다. 그러나 소냐와의 대화에서는 딴판이다. 일말의 경계심도 없이 그는 스스로도 명확히 들여다보지 못했던 자신의 내면을 탐구하고 토로한다. 그 와중에 나폴레옹이 그에게 어떤 의미인지 더욱 또렷이 부각된다. 그는 말한다. "난 나폴레옹이 되고 싶었지. 그래서 죽였어…"(5부 4장, 2: 609). 나폴레옹은 라스콜리니코프의 모델이자 '워너비'인 것이다. 그의 살인에 여러 가지 이유가 복합적으로 작용하지만, 결국 자신이 나폴레옹과 같은 초인임을 증명하기 위해 저지르는 것이다. 가난 때문에 겪는 가족의 불행, 벌레나 다름없는 노파를 죽이고 취한 돈으로 자신은 물론 타인을 도울 수 있다는 생각 등은 모두 부차적이고, 실은 '내가 누구인가'를 알고 싶었던 것이다. 그런 맥락에서 그는 살해 대상이 노파가 아니라 원칙이며 자기 자신을 위해 살인을 저질렀노라고 말한다.

> 난 말이야, 소냐, 궤변 없이 그냥, 자신을 위해서, 오로지 나 자신만을 위해서 죽이고 싶었어! 이 점에 대해서 나는 나 자신에게까지 거짓말을 하고 싶지

는 않았어! 어머니를 돕기 위해서 죽인 게 아냐. 그건 헛소리지! 재산과 권력을 얻어서 인류의 은인이 되기 위해서 죽인 것도 아냐. 그건 거짓말이야! 나는 그냥 죽였어. 나 자신, 나 한 사람을 위해서 죽인 거야. 내가 그 뒤에 어떤 은인이 되건, 아니면 평생토록 거미처럼 거미집에서 모든 것을 잡아, 살아 있는 생명들의 즙을 빨아먹게 되든 말든, 그건 그 순간 내게 아무 상관도 없었어…! 중요한 것은, 죽였을 때 내게 필요한 건 돈도 아니었다는 거야. 소냐, 돈이 아니라 전혀 다른 것이 필요했어… 이제 이 모든 것을 알겠어… 나를 이해해줘, 소냐. 아마 같은 길을 가더라도, 다시는 절대로 살인을 하지는 않을 거야. 나는 다른 것을 알고 싶었어. 그것이 나를 충동질했어. 나는 그때 알고 싶었던 거야, 어서 알고 싶었어. 다른 사람들처럼 내가 '이'인가, 아니면 인간인가를 말이야. 내가 선을 뛰어넘을 수 있는가, 아니면 넘지 못하는가! 나는 벌벌 떠는 피조물인가, 아니면 권리를 지니고 있는가… (5부 4장, 2: 615-616)

평범한 사람도 존재 이유가 있다고 말은 하지만 라스콜리니코프는 자신이 보통 사람이라는 생각은 절대, 결단코 받아들이지 못한다. 그의 이론에 따르면 범인의 존재 이유가 너무나 보잘것없기 때문이다. 자손을 낳아 인류의 존속에 이바지한다는 것은 동물적 본능에 불과하다. 그러므로 그에게는 사실상 초인만이 '인간'이고, 초인이 아니면 곧 '벌레'다. 중간 지대는 없다. 그는 지독한 엘리트주의자인 것이다. 그러므로 소설 전체를 관통하는 그의 번뇌는 기실 엘리트주의에서 비롯된다. 라스콜리니코프는 나폴레옹처럼 위대한, 아니 대단한 인물이 되고 싶다. 그러나 그의 앞에는 툴롱이 아니라 빈민가가 있다. 그래서 그는 순서를 바꾼다. 초인이라서 선을 넘는 것이 아니라 선을 넘음으로써 자신이 초인임을 입증하겠다는 것이다. 즉, '살인하지 말라'라는 관습법을 무시함으로써 자기가 초인임을 스스로 증명하겠다는 것이다. 그러나 살인을 전후해 극심한 정신적 육체적 고통을 겪으며 자신이 사실은 평범한 사람, 본인의 구분에 따르면 버러지라고 인정해야 하는 현실에 직면한다. 그처럼 자존심이 강한 사람에게는 자기 존재를 부정하는, 한 마디로 세상이 무너지는 비극이며 견디기 힘든 굴욕인 것이다.

도스토옙스키가 보기에 그러한 엘리트 의식은 위험하기 짝이 없는 병이다. 그리고 그 병은 작가가 진단하기에 소냐가 체현하는 기독교의 겸손으로만이 치유 가능하다. 다시 말해, 전혀 다른 패러다임으로 접근해야 하는 것이다. 라스콜리니코프가 관처럼 작은 방에 틀어박혀 사람들과의 교류 없이, 생각하고 또 생각하며 머리와 이성으로 쌓아 올린 엘리트주의의 결정판 '초인론'은 외돌토리의 방에서 나가 대지에 입 맞추고 세상 속에서 사람들과 부대끼며 살아갈 때 고쳐진다. 그래서 그의 구원은 소냐로부터 시작되고 드넓은 자연 속에 위치한 시베리아의 감옥에서 전환점을 맞는다.

이처럼 나폴레옹을 고리로 라스콜리니코프의 살인을 뒷받침하는 이론적 토대인 '초인론'이 예심판사 포르피리의 질문을 통해, 5부에서는 라스콜리니코프 본인 입으로, 그리고 6부에서는 다시 주변 인물 스비드리가일로프의 해석으로 독자에게 거듭 전달된다. 이렇게 나폴레옹은 초인론의 핵심 모델로 소설의 중요 대목마다 언급되며 존재감을 과시한다. 이는 단지 주인공이 건설한 사상누각에서만 그런 것이 아니라, 앞에서도 설명했듯이 유럽 전역을 휩쓴 영웅주의 신화를 충실히 반영한 현상이다. 나폴레옹의 영웅주의 아래 자리 잡은 역사적 사실과 그에 대한 해석을 라스콜리니코프는 다음과 같이 열거한다.

> 진짜 '거인', 모든 것이 허용되어 있는 사람은 툴롱을 호령하고 파리에서 대학살극을 벌이고, 이집트에서 군대를 '잃고', 모스크바로의 진군에서 50만

> 의 사람들을 '희생시키고', 빌니우스에서는 그 일을 우스갯소리로 넘겼다. 그런데도 죽은 후에는 그를 우상으로 떠받들지 않았는가. 즉 '모든 것'이 허용된 것이다. 아니, 아마도 이런 사람의 몸은 살로 되어 있지 않고 청동으로 되어 있는 모양이다! (3부 6장, 1: 399)

툴롱, 파리, 이집트, 모스크바, 빌니우스. 모두 나폴레옹의 전기에서 중요한 변곡점이 된 사건이 일어난 곳이다. 1793년 나폴레옹은 툴롱을 점령하면서 성공 가도에 진입했고 2년 후 프랑스 수도에서 왕당파의 반란을 진압해 명성을 얻었다. 그리고 1798년 이집트 원정에 나섰다가 1799년에 군대는 이집트에 남겨둔 채 프랑스로 돌아가 권력을 잡았다. 모스크바와 빌니우스는 물론 1812년에 있었던 러시아 침략과 퇴각을 가리킨다. 파리의 학살 및 이집트에서의 행동, 러시아 원정 실패 등, 라스콜리니코프가 언급하는 나폴레옹의 전기는 승리보다는 부정적인 측면에 초점이 맞춰져 있다. 그러나 주인공이 말을 이어가듯 나폴레옹의 죽음 후 그는 '모든 것이 허용되는' 영웅이자 초인으로 사람들의 기억 속에 자리 잡고 상상력을 자극하는 신화가 된 것이다(나폴레옹이 대표하는 초인주의의 핵심은 결과다. 결과만 좋다면 과정은 무시되는 결과 중심주의. 권력을 잡은 결과, 부정한 과정은 지워진다). '그런 사람의 몸은 살이 아니라 청동인가 봐'라고 라스콜리니코프가 혼잣말을 마무리할 때 그 말은 나폴레옹으로 상징되는 신화의 핵심을 꿰뚫는다.

제5장

§

톨스토이의 나폴레옹

영웅주의 부수기

대하소설 『전쟁과 평화』는 바로 라스콜리니코프가 사로잡혀 있는 나폴레옹의 신화를 깨부수려는 톨스토이의 투지 넘치는 야심 찬 시도다. 한마디로 요약하자면, 톨스토이는 『전쟁과 평화』를 통해 나폴레옹을 '청동이 아니라 살로 이루어진 사람'으로 그린다. 『죄와 벌』에서 나폴레옹이 전설이자 신화로, 주인공의 이론을 대표하는 초인의 상징으로 기능하는 데 반해 역사 소설인 『전쟁과 평화』는 나폴레옹을 실존 역사 인물로 소설에 등장시킨다. 단적으로 『죄와 벌』에서 나폴레옹은 관념이자 그로 대표되는 상징이기 때문에 외모 묘사는 하등 나오지 않는다. 하지만 『전쟁과 평화』에서 나폴레옹은 작은 키며 "흰 손"과 "푸른 외투"를 비롯해 외모는 물론 "갈라지고 귀에 거슬리는 목소리" 등 다른 작중 인물들처럼 구체적으로 묘사된다.

『전쟁과 평화』는 앞에서 인용한 것처럼 소설이 시작하자마자 나폴레옹을 소환하고, 작품 첫머리에 기술되는 대화는 나폴레옹을 중심으로 회전한다. 그런데 나폴레옹이 소개되는 방식은 일정한 흐름을 따른다. 간단히 말해, 물리적으로나 본질적으로 나폴레옹으로부터 먼 곳에서 시작해 점점 가까이 다가가는 방식이다.

구체적으로 소설은 19세기 초반, 정확히는 1805년 제정 러시아의 수도 페테르부르크에서 열린 한 파티를 무대로 시작한다. 거기 모인 귀족들의 대화에서 단연 화제의 중심이 되는 것은 나폴레옹이다. 1805년이면 나폴레옹의 상승세가 한창 탄력을 받을 때다. 프랑스 황제로 등극한 나폴레옹의 위세가 점점 커지며 유럽을 제패해 나가던 중이다. 비슷한 시기에 러시아 황제로 즉위한 알렉산드르 1세는 나폴레옹과 경쟁 관계였다. 중간에 잠시 공동보조를 취하기도 하지만 기본적으로 알렉산드르 1세와 나폴레옹은 대립했다. 그리고 알렉산드르 1세의 정책 변화에 따라 러시아 귀족 대부분도 나폴레옹에 대해 상반되는 태도를 취했다. 러시아가 나폴레옹과 협력 관계를 유지할 때는 우호적이지만 황제가 대립각을 세울 때는 그에 따라 적대적으로 변했다. 1805년은 후자였다. 황제를 위시해 러시아 귀족 사회는 나폴레옹을 인정하지 않았다. 소설을 여는 일성인 안나 쉐러는 당시 러시아 귀족 사회에 퍼져 있던 여론을 집약해 보여준다.

우선 나폴레옹은 '부오나파르트'라고 불린다. 그를 나폴레옹이라고 부르는지 혹은 부오나파르트라고 부르는지에 따라 해당 화자가 나폴레옹을 어떻게 생각하는지가 바로 파악된다. 부오나파르트는 코르시카에서 나고 자란 나폴레옹의 출신, 즉 미천한 변방 출신이라는 사실을 환기시키는 지표기 때문이다.[31] 또한 안나 쉐러는 부오나파르트를 '적그리스

31 코르시카는 나폴레옹이 태어나기 1년 전까지 이탈리아의 제노아 영토였다. 나폴레옹의 부모를 비롯한 조상은 이탈리아인이었고, 그의 원래 이름도 이탈리아식으로 나폴레옹 부오나파르트(Napoleone Buonaparte)였다. 나폴레옹 보나파르트(Napoleon Bonaparte)는 나폴레옹이 필요에 의해 프랑스식으로 바꾼 것이다.

도'(Antichrist)라고 규정한다. 나폴레옹이 승리를 거듭하며 유럽의 최고 권력으로 떠오르던 중이지만 러시아의 지배계급 주류에서는 그를 인정하기는커녕 악마로 매도한다.

당대를 뜨겁게 달군 문제적 인물로서 나폴레옹은『전쟁과 평화』의 도입부부터 존재감을 여실히 드러낸다. 나폴레옹의 육체는 거기 없지만 그는 러시아 귀족들의 대화를 이끌어가는 총아다. 나폴레옹은 피에르와 같은 순수한 이에게는 찬탄을 불러일으키지만 대부분의 러시아 귀족들에게는 비난과 경멸의 대상으로 그려진다. 그리고 소설이 진행되며 나폴레옹이 직접 등장한다. 1권의 마지막을 장식하는 아우스테를리츠 전투가 나폴레옹이『전쟁과 평화』에 직접 모습을 드러내는 첫 무대가 된다. 여기서 나폴레옹은 주로 주인공 안드레이의 눈을 통해 묘사된다. 톨스토이는 나폴레옹을 직접 보여주지만 아직 그와 독자 사이에 중개자를 둔다.

영광을 꿈꾸는 자, 안드레이와 나폴레옹

소설에서 나폴레옹과 처음 대면하는 인물은 안드레이 볼콘스키다. 아우스테를리츠 전투에 참가했다가 부상을 입고 쓰러졌을 때 그에게 다가온 이가 나폴레옹이다. 그는 안드레이의 생명의 은인이라고 할 수도 있다. 전투가 프랑스의 승리로 끝난 후 전장을 둘러보던 나폴레옹이 쓰러져 있는 안드레이 옆을 지나가게 된다. 나폴레옹은 처음에는 안드레이가 죽은 줄 알지만 그가 움직이는 것을 보고 치료해주라고 지시한다. 그런데 여기서 주목할 점은 안드레이의 변화다.

안드레이는 소설 초반 나폴레옹에 매력을 느끼는 것으로 그려진다. 소설의 시작인 안나 쉐러의 파티 장면을 보면 압도적으로 나폴레옹에 부정적인 의견이 쏟아지고, 그에 맞서 피에르가 나폴레옹을 위대하다고 옹호하는 가운데 나폴레옹의 공과를 객관적으로 평가하는 이는 안드레이뿐이다. 먼저 안드레이는 정치인을 평가하는 기준을 밝힌다. "정치인의 행동을 볼 때 그가 사적으로 하는 행동인지, 장군으로 하는 행동인지, 아니면 황제로 하는 행동인지를 구분해야지요"(1권 1부 4장). 그리고 안드레이는 바로 이어서 "아콜라 다리와 자파 병원에서 전염병에 걸린 환자들에게 손을 내민 나폴레옹은 위대한 사람이었지만 변호하기 어려운 행동들도 있습니다"(1권 1부 4장)라고 나폴레옹을 평한다. 공인으로서의 공과와 개인으로서의 장단점을 구분해서 나폴레옹을 봐야 한다고 말하는 안드레이의 지적은 군중심리에 휩쓸리지 않는 개인주의적 성향과 균형 잡힌 이성을 잘 보여준다.

그런 안드레이가 1805년 아우스테를리츠 전투에 참전하는 이유는 바로 나폴레옹에게 영감을 받았기 때문이다. 안드레이는 신혼이지만 이미 결혼 생활과 아내에게 실망한 참이다. 이성적이고 냉철한 안드레이는 인생의 의미가 없이는 살 수 없는 인물이다. 결혼 생활에서 행복을 얻지 못하고 다른 목표가 필요해진 때 그는 영광을 추구하게 된다. 목전에 닥친 전쟁은 자연스레 그를 인도한다. 사랑하지 않는 아내 곁을 떠날 수 있고 명예와 영광을 추구할 수 있으니 그로서는 그보다 좋은 선택이 없다. 연달아 승리를 거두던 나폴레옹은 그에게 적장일지라도 동시에 동경의 대상이다. 안드레이는 영광을 꿈꾸며 아우스테를리츠 전투에 나선다.

여기서 라스콜리니코프가 떠오르지 않을 수 없다. 라스콜리니코프 역시 나폴레옹을 동경하고 출세하고 싶지만, 그가 한탄하듯 그에게는 나폴레옹과 같은 기회가 없다. 영웅은 난세가 만든다고, 나폴레옹에게는 혼란에 빠진 프랑스가 있었고 혁혁한 업적을 쌓을 전쟁터가 있었건만 라스콜리니코프에게 있는 거라고는 도시 빈민가에 사는 늙은 고리대금업자뿐이었던 것이다. 라스콜리니코프가 찾아낸 '특별한 행동'이라고는 고작 그 노파를 살해하는 정도다. 그는 그 상황이 얼마나 추한지, 멋지기는커녕 굴욕적이기까지 한지 스스로 더 날카롭게 의식한다. 그래서 더욱 괴로워한다. 그런데 라스콜리니코프와 달리 안드레이 앞에는 전장이 있는 것이다. 그래서 그는 전쟁터로 간다. 나폴레옹을 모델로 그와 같은 찬란한 업적을 꿈꾸며.

안드레이는 러시아군이 패배하는 와중에도 영웅적인 행동을 한다. 조국의 깃발을 들고 병사들을 독려하다가 쓰러지는 것이다. 그러나 그의 행동은 나폴레옹이 걸은 길과는 전혀 다른 궤도로 이탈한다. 영웅적인 행동을 하고 영웅적으로 쓰러지지만 거기서 그가 맞닥뜨린 것은 무공과 전혀 상관이 없는, 전혀 예기치 못한 광경이다. 그는 가없이 넓고 드높은 하늘을 보게 된다. 생의 의미가 영광이 아닌 다른 곳에 있음을 안드레이는 그 찰나의 순간에 깨우친다. 삶의 허무함과 죽음의 허무함을 동시에 통찰하게 되는 것이다. 그러면 대체 인생의 가치가 어디에 있는지, 있기는 한 것인지, 거기까지는 미처 깨닫지 못하지만 적어도 삶과 죽음의 허망함이 그의 존재를 관통하는 것이다. 그는 대다수의 사람들을 유혹하는 유한하고 부박한 명예와 영광을 단숨에 초월하게 된다. 그의 깨달음은 "진실은 단 하나, 내게 이해됐던 게 다 보잘것없다"(1권 3부 19장)라는 말에 잘 담겨 있다. 그래서 그 직후 나폴레옹이 그의 앞에 나타났을 때에도 전혀 동요하지 않는다. 그에게 무공은 더 이상 아무 의미가 없는 빈껍데기가 되어버렸기 때문이다. 드높은 하늘로 상징되는 깨달음의 순간은 나폴레옹으로 상징되는 미망에서 안드레이를 깨어나게 한다. 그러자 그의 눈에 들어오는 나폴레옹의 모습은 그가 이전에 생각하던 바와는 딴판이다. 생사의 허무함, 또 '위대함'의 허무함을 순간 체험한 안드레이의 눈에 들어오는 나폴레옹은 유한한 삶의 욕망에 사로잡힌 사람 그 자체다.

> 그는 이 말을 한 사람이 '전하'라고 불리는 걸 들었다. 그러나 그에게 그 말은 파리가 붕붕대는 소리처럼 들렸다. 그 말에는 흥미도 없었고 알아채지도 못했으며 듣고도 바로 잊어버렸다. 머리가 불타는 듯했고 피가 너무 흘러 죽을 것 같았다. 그런데 멀고도 높다란, 그리고 영원한 하늘을 보았다. 그는 그 사람이 나폴레옹, 그의 영웅임을 알았다. 그러나 그 순간 나폴레옹은 그와 그 높다랗고 무한한 하늘 사이에 지나가는 구름과 함께 깨달은 것에 비하면 그야말로 작고 보잘것없는 존재로 여겨졌다. 그 순간 누가 그를 굽어보는지, 아니면 그에 대해 무슨 말을 하는지는 그저 무의미했다. 오로지 주위에 사람들이 멈춰 서 있다는 사실이 기뻤고 그들이 자신을 도와서 다시 살 수 있도록 해주길 바랐다. 그에게 삶이 무척 아름답게 느껴졌던 것이다.
>
> [중략]
>
> 그 순간 그에게는 나폴레옹이 몰두하는 것들이 너무나 하찮게 여겨졌다. 보잘것없는 허영심과 승리의 기쁨에 취해 나타난 그의 영웅이 그가 보고 이해한 고귀하고 공평하며 선한 하늘에 비하면 너무나 보잘것없어서 대답을 할 수가 없었다. 죽음의 문턱에서 피를 많이 흘리며 고통스러워하고 약해진 상태에서 그에게 떠오른 엄정하고 장엄한 생각의 흐름에 비하면 모든 것이 너무나 부질없고 사소했다. 나폴레옹의 눈을 보며 안드레이 공작은 위대함의 하찮음과 아무도 이해할 수 없는 생의 무상함에 대해 생각했고, 더 나아가 살아 있는 자라면 아무도 이해하지도 설명할 수도 없는 죽음의 무상함에 대해 생각했다. (1권 3부 19장)

주위에서 나폴레옹을 '전하'라고 부르지만 안드레이의 귀에는 파리가

날아다니는 소리로 들릴 뿐이다. 아우스테를리츠의 승리에 고무되어 우쭐해진 나폴레옹의 처신은 안드레이가 보기에 부질없기만 하다. 안드레이가 직접 대면한 나폴레옹은 영웅이 아니다. 그저 경박한 전쟁 광대에 불과할 뿐.

전장에 쓰러져 죽음의 문턱에서 무한한 하늘을 보고 유한한 인간 삶의 무상함을 통찰한 안드레이를 통해 톨스토이는 다음과 같이 전쟁과 평화의 테마를 짚어낸다.

> [중략] 작고 보잘것없는 나폴레옹의 모습, 그리고 그 위로 펼쳐진 높다란 하늘이 비몽사몽 상태에 놓인 그[안드레이]의 생각을 지배했다.
> '민둥산'[안드레이의 시골 영지 이름]에서의 조용한 삶과 평온한 가정의 행복이 그에게 떠올랐다. 그는 행복하다고 느꼈다. 그러나 작달막한 나폴레옹이 다른 이들의 불행의 결과로 얻은 근시안적인 행복에 취해 태연자약한 표정을 띠고 나타나자 의심과 고통이 시작됐고 오직 하늘만이 그를 진정시켰다. (1권 3부 19장)

톨스토이의 나폴레옹관: 역사의 꼭두각시

아우스테를리츠 전투를 묘사하며 톨스토이는 나폴레옹과 안드레이의 대면을 집어넣어 나폴레옹의 '정체'를 폭로한다. 표면적으로 역사는 이 전투를 나폴레옹의 빛나는 승리로 기록하지만, 생사의 갈림길에서 통찰의 순간을 맞는 안드레이의 시각에서 보자면 전쟁놀이일 뿐이다. 또한 아우스테를리츠를 지나면 더 이상 독자와 나폴레옹 사이에 중개자를 두지 않고 바로 나폴레옹을 보여주고, 또 작가 본인의 의견을 직접적으로 드러내는 방식을 택한다. 그 좋은 예가 보로디노 전투를 앞둔 나폴레옹을 묘사할 때다.

보로디노 전투 장면은 『전쟁과 평화』의 중심이자 정점으로 이를 전후로 소설 속 인물들의 운명이 바뀐다(Dolinina 172). 그뿐만 아니라 소설의 '전쟁'을 논할 때도 빼놓을 수 없는 변곡점이기도 하다. 나폴레옹의 러시아 침략 전쟁은 물론이거니와 나폴레옹의 권세가 드디어 기울어지기 시작하는 분기점이기 때문이다. 거칠 것 없이 파죽지세로 러시아로 밀고 들어오던 나폴레옹이 처음으로 패배의 쓴맛을 겪게 되는 곳이 바로 보로디노라는 것이 톨스토이의 지론이다. 사실 보로디노 전투에서 승리한 쪽이 러시아인지 프랑스인지를 두고는 이견이 있지만 톨스토이는 러시아의 승리로 보았다. 보로디노 전투 이후에도 프랑스의 진격이 거듭되어 모스크바를 점령하지만, 톨스토이는 보로디노 전투에서 러시아군이 보여준 전의와 결기가 전체 전쟁의 흐름을 바꾸었다고 믿었다. 그리고 그에 걸맞게 보로디노 전투를 묘사하는 데 공을 들였다. 작가는 보로디노 전투에 관련된 서적을 탐독하는 것은 기본이고 1866년 가을 직접 보로디노를 찾아 지형을 면밀히 살펴보았다. 그뿐만 아니라 50여 년 전에 있었던 나폴레옹 전쟁의 생존자들이 있는지 수소문해 이야기를 나누기도 했다. 그렇게 해서 『전쟁과 평화』의 유명한 보로디노 전투 장면이 탄생했다.

아우스테를리츠 전투와 보로디노 전투 묘사는 그 자체로도 흥미로운 비교 대상이지만, 여기서는 본주제에 맞춰 나폴레옹이 어떻게 묘사되는지 살펴보기로 한다. 아우스테를리츠 전투에서는 이미 앞에서 논한 것처럼 나폴레옹이 소설에 처음으로 직접 등장한다. 그리고 톨스토이는 자신이 창조한 안드레이와 나폴레옹을 대면시켜서 안드레이의 눈으로 전쟁 영웅을 비춘다. 그렇게 설정함으로써 작가 본인은 살짝 뒤로 물러난다. 작가 자신의 개입은 최소화하는 셈이다. 그러나 보로디노 전투를 그릴 때에는 다른 전략을 취한다. 이제 보로디노에서는 제삼자의 개입이 없다. 서술자의 눈이 바로 나폴레옹을 향하고 지근거리에서 바라보듯 펼쳐지는 묘사 덕분에 독자에게 나폴레옹은 손에 잡힐 듯 가깝게 느껴진다.

보로디노 전투를 앞둔 아침, 나폴레옹은 막사에서 몸단장하며 부하의 전황 보고를 듣는다. 또 그날 아침 파리로부터 특별한 선물, 오스트리아 공주 마리 루이즈와의 사이에서 낳은 아들 초상화를 받는다. 아기임에도 불구하고 '로마의 왕'이란 거창한 호칭으로 불리는 어린 아들의 초상화를 보고 감상에 젖는 나폴레옹의 모습이 묘사된다.

> "로마의 왕!" 그가 우아한 몸짓으로 초상화를 가리키며 말했다. "멋지군!" 마음먹은 대로 표정을 바꾸는 데 능한 이탈리아인답게 그는 초상화로 다가가더니 우수에 젖은 다정한 표정을 지었다. 그는 지금 하는 말과 행동이 역사라고 느끼고 [중략] 위엄보다는 아버지로서의 소박한 다정함을 보여주는 것이 최선이라고 여기는 듯했다. 초상화 가까이로 다가서는 그의 눈이 촉촉해졌다. 그는 고개를 돌려 의자를 찾았고 (의자는 바로 대령됐다) 초상화를 마주 보고 앉았다. 그가 손짓을 하자 모두 까치발로 자리를 떴다. 위대한 사람이라는 자기감정에 취한 그만이 홀로 남았다. (3권 2부 26장)

톨스토이는 보로디노 전투가 시작되기에 앞서 프랑스군의 총지휘자인 '전쟁 영웅' 나폴레옹이 정신적으로나 육체적으로 허약한 인간임을 드러내는 데 주력한다. 43세의 나폴레옹은 위 인용문에서 보듯이 돌을 갓 넘긴 아들의 초상화를 보자 마음이 약해지며 눈물짓는 영락없는 '아들 바보'의 면모를 표출한다. 그런데 그조차도 자신의 행동이 '역사적'이란 의식의 발로에서 비롯된 설정임을 작가는 지적한다. 구체적으로, 전장에서 아들의 초상화를 바라볼 때 용맹함보다는 아버지로서의 부드러움이 더 잘 어울린다는 순간적인 판단하에 "우수에 젖은 다정한" 표정을 얼굴에 떠올린다는 것이다. 이렇게 톨스토이는 큰 전투를 앞두고도 배우처럼 행동하는 나폴레옹의 속성을 강조한다. 톨스토이는 법적으로는 프랑스인으로 태어났지만 이탈리아인 혈통을 지닌 나폴레옹의 출신을 언급하며 비꼬는 셈이다. 톨스토이가 보기에 나폴레옹은 역사의 무대에 선 꼭두각시다.

또한 보로디노 전투 장면에서 감기에 시달리는 나폴레옹의 모습을 부각시키는 의도 역시 같은 맥락에서 나폴레옹의 허약함을 드러내는 데 있다. 겉으로는 당대 최고의 전쟁 영웅이지만 들여다보면 정신적으로나 육체적으로 허점 많은 인간에 불과한 것이다. 그런데 정작 더 중요한 논점은 다른 곳에 있다. 톨스토이는 나폴레옹으로 대표되는 영웅의 문제가 단순히 영웅이란 가면 뒤에 자리 잡은 유약한 인간적 면모라고 보지 않았다. 그가 진단한 진짜 문제는 영웅주의 자체다. 간단히 말해, 나폴레옹은 영웅이 아니다. 더 나아가 톨스토이는 주장한다. 역사를 움직이는 것은 영웅이 아니다.

구체적으로 소설 속에서 톨스토이의 주장이 어떻게 드러나는가? 소설의 앞부분에서는 작중 인물들의 중개로 나폴레옹에 접근하지만 이야기가 진행되어 갈수록 작가는 자기 목소리를 내는 데 적극적이 되어 간다. 전투를 서술하며 나폴레옹을 지근거리에서 묘사하는 데 그치지 않고, 톨스토이는 기회 될 때마다 지면을 할애해 거듭해서 나폴레옹에 대한 본인의 의견을 펼친다. 에필로그 2부에서 그러한 경향은 정점을 찍는다. 한 예로, 나폴레옹은 "지도자가 아니라 아이 같다"라는 말에 작가의 생각이 담겨 있다. "나폴레옹은 이 모든 흐름의 지도자였던 것처럼 보이지만, [중략] 아이같이 마차 안에서 줄 몇 개를 쥐고 흔들면서 마치 자기가 마차를 모는 줄 착각한 데 지나지 않는다"(4권 2부 10장). 나폴레옹 주위에서나 나폴레옹 스스로도 자신이 대단한 지도자인 것처럼 믿지만 톨스토이가 꿰뚫어 보기에 그것은 착각에 불과하다. 톨스토이가 나폴레옹을 바라보는 시각은 다음 인용문에 요약되어 있다.

> 러시아 사가들에게 (말하기도 이상하고 끔찍하지만) 나폴레옹은 찬탄과 열광의 대상이다. 한마디로 그는 위대하다. 그러나 나폴레옹은 하찮은 역사의 도구일 뿐이다. 그는 언제 어디서도, 심지어 유배지에서조차 인간의 미덕을 조금도 보여주지 않았다. (4권 4부 5장)

톨스토이가 평가하기에 나폴레옹은 그의 생애를 통틀어 한 번도 인간으로서 본보기가 된 적이 없다. 그가 권력을 잃고 유배에 처했을 때도 성찰은커녕 인간성을 되찾지 못했다고 본다. 여기까지는 나폴레옹 본인의 한계에 지나지 않을 수 있다. 톨스토이가 나폴레옹을 대하며 진정으로 개탄하는 지점은 그를 영웅시하는 동시대인들의 태도다. 인간으로서 덕을 지니지 못한 자를, 게다가 러시아를 침략했던 자를 러시아 사가들이 '위인'으로 떠받든다는 사실에 경악을 금치 못하는 것이다.

근본적으로 톨스토이는 역사가 몇몇 권력자의 의지로 만들어진다는 생각에 격렬하게 반대한다. 단적으로 위 인용문에서도 거론되듯 톨스토이는 나폴레옹이 역사를 움직인 것이 아니라 역사가 나폴레옹을 수단(그것도 아주 보잘것없는 수단)으로 이용했다고 본다.

여기서 도스토옙스키의 『죄와 벌』에서 제시되는 나폴레옹을 다시 떠올릴 필요가 있다. 『죄와 벌』에서 나폴레옹은 바로 톨스토이가 위에서 비난한바, '위대한 인물'의 대표 격으로 거듭 언급된다. 라스콜리니코프가 개진하는 '범죄론'의 기본 토대인 '비범한 인간은 기존의 관습법을 무시하고 범죄를 저질러도 괜찮다'는 사상의 중심에 '비범한 인간'의 예로 나폴레옹이 버티고 있다. 라스콜리니코프의 범죄는 자신이 나폴레옹, 즉 초인임을 증명하고자 하는 열망에서 비롯된 몸부림이다. 명석한 두뇌와 야망을 가졌지만 가난한 환경 때문에 좌절하는 젊은이에게 나폴레옹과 같은 입지전적인 인물의 출세는 선망의 대상일 수밖에 없다. 영웅이 저지르는 범죄는 다수에게 이익을 줌으로써 정당화된다는 라스콜리니코프의 주장은 공리주의적 입장, 즉 다수의 이익을 위해서라면 소수의 희생은 감수해도 된다는 시각을 대변한다. 이런 사상의 토대 위에 초인은 대다수 인간에 비해 여러 가지 특혜를 누린다. 법 위에 존재하는 초법적 존재이며 누구를 희생시킬지를 결정한다. 라스콜리니코프가 나폴레옹이 되지 못하는 이유는 단 하나, 그에게 양심이 있기 때문이다. 머리로는 나폴레옹을 따르며 나폴레옹으로 대표되는 비범한 인간의 초법성과 무법성을 동경하지만, 인간으로서의 양심이 살아 있기에 전당포 노파가 아무리 경멸스러운 인간이라 할지라도 살해를 전후로 엄청난 고뇌와 고통을 경험하는 것이다. 라스콜리니코프 스스로 지적하듯 나폴레옹이라면 겪지 않았을 괴로움이다.

『죄와 벌』에서 나폴레옹으로 대변되는 영웅주의가 제기하는 근본적인 문제는 당시 유행처럼 번진 영웅주의가 내포한 위험성이다. 라스콜리니코프가 증명하듯 인간을 비범한 인간과 평범한 인간으로 나누고 본인이 전자라고 믿고 행동하면 세상의 질서가 무너진다. 에필로그에 등장하는 라스콜리니코프의 꿈은 바로 영웅주의에 감염된 인간들이 우후죽순처럼 생겨날 때 발생하는 아비규환의 결과를 예견한다.

> 어떤 새로운 섬모충이 나타났는데 이것은 현미경으로만 볼 수 있는 존재로 사람들 몸속에 기생했다. 그러나 이 생물은 지성과 의지를 부여받은 영적 존

재였다. 이 생물에 감염된 사람들은 즉시 발광해서 미쳐 버리게 되어 있었다. 그러나 감염된 사람들만큼 자기가 진리에 확고히 뿌리를 박은 현명한 사람이라고 여기는 이들은 일찍이 없었다. 이들은 자신의 판단, 자신의 과학적인 결론, 도덕적인 확신과 신앙을 이때보다 더 확고히 느껴 본 적이 없었던 것이다. 온 마을이 온 도시가 모든 사람들이 감염되어서 미쳐갔다. (에필로그, 2: 804)

너도나도 자신이 비범한 인간이라 여기고 자기 생각을 진리로 내세우며 평범한 사람의 희생을 당연시할 때 필연적으로 전쟁이 일어나고 세상에는 피가 강물처럼 흐르게 되는 것이다. 라스콜리니코프가 숭배한 초인은 "치명적인 괴물"이나 다름없다(Leslie Johnson 125). 그 사실을 라스콜리니코프는 꿈이라는 직관을 통해 직시하게 되고 드디어 머리가 아닌 마음으로 이론의 잘못을 받아들이게 된다.

이처럼 도스토옙스키는 『죄와 벌』을 통해 당대 젊은이들을 사로잡은 영웅주의, 혹은 초인론의 위험성을 경고하지만 나폴레옹이 비범한 인간이라는 전제 자체에 대해서는 이견을 제기하지 않는다. 다시 말해, 나폴레옹이 속칭 '난 놈'이라는 점에 대해서는 토를 달지 않는 것이다. 그에 반해 톨스토이는 '영웅주의'에 정면으로 맞선다. 『전쟁과 평화』 내내 톨스토이는 나폴레옹으로 대표되는 위인이라는 개념에 끈질긴 전쟁을 벌인다(Seeley 184). 나폴레옹이 영웅이라는 기본 전제부터 그냥 넘기지 않는다. 위에서 이미 인용했듯이 톨스토이는 나폴레옹을 비범한 인간으로 인정하지 않는다. 톨스토이는 나폴레옹을 스스로가 초인인 줄 착각하는, 그러나 실제로는 인간의 미덕이 전혀 없는 불쌍한 존재로 대한다. 도스토옙스키가 『죄와 벌』에서 라스콜리니코프를 통해 보여주는 의견을 따르자면 양심이 없는 인간이다. 그러나 도스토옙스키가 나폴레옹의 영웅주의에 대해 암시만 했을 뿐 본격적으로 파고들지 않는 데 반해 톨스토이는 그 지점부터 치열하게 논쟁거리로 삼는다. 아우스테를리츠에서 안드레이가 목격하듯, 또한 보로디노의 전투가 드러내듯 나폴레옹은 비범한 인간과는 거리가 멀다. 황제라는 자리가 나폴레옹의 영웅주의를 만들었을 뿐, 또한 나폴레옹도 자리가 그에게 부여한 역할에 배우로서 임무를 수행할 뿐 사실상 알맹이는 없다고 톨스토이는 묘사한다. 톨스토이가 그린 전투 장면은 나폴레옹이 내린 명령이 기대한 효과를 내지 않았음을 부각시킨다. 전쟁의 귀재라는 나폴레옹이 세운 전투 계획은 실제 상황에서 발생하는 돌발 상황 때문에 아예 전투에 적용되지도 않는다. 그런데도 황제라는 허울에 눈이 멀어 사람들은 승리의 영광을 그에게 돌린다. 마찬가지로 패배도 마치 나폴레옹이 감기에 걸려 판단을 그르친 탓인 양 해석한다. 톨스토이는 그 모두가 다 잘못된 해석이라고 신랄하게 비판한다. 톨스토이에 따르면 사실 나폴레옹은 영웅도 위대한 인간도 아니다.

톨스토이는 역사의 주인공이 영웅이 아니라 보통 사람이라고 역설한다. 나폴레옹의 전투 계획이 승리를 만들어낸 것이 아니라 전열의 맨 앞에 선 일개 병사의 전의가 승리를 견인하는 핵심이 된다고 믿는다. 이와 같은 신념에 기초해 톨스토이는 1805년 쉔그라벤(Schöngrabern) 전투의 주역이 황제나 장군이 아닌 일선에서 투지를 잃지 않고 싸운 투신 대위, 또 민중임을 불멸의 필치로 조탁해낸다.

톨스토이는 전쟁을 묘사하고 그를 통해 나폴레옹이 쓴 영웅의 가면을 폭로하는 데서 그치지 않고 직접 전면에 나서서 목소리를 드높이는 데까지 나아간다. 특히 아래 인용문은 마치 톨스토이가 도스토옙스키의 『죄와 벌』을 지배하는 초인론을 염두에 두고 반박하기 위해 쓴 것처럼 읽힌다.

역사 논의를 더는 늘릴 수 없는 지경에 이를 때, 어떤 행동이 우리 인류가 결코 선이나 정의라고 부를 수 없을 때 사가들에게 위대함이란 개념이 구세주로 등장한다. 위대함은 좋고 나쁨의 기준을 배제하는 듯하다. 위인은 잘못을 모른다. 위인이 책임져야 할 만행이란 없다.

"위대하다!"라고 사가들이 말하면 즉시 선악의 구분이 사라진다. 대신 거기에는 '위대함'과 '위대하지 않음'이 들어선다. '위대함'은 선이다. '위대하지 않음'은 악이다. 그들 기준으로 위대함은 '영웅'이라는 이름 아래 통용되는 특출한 이들이 갖는 자질이다. 그래서 나폴레옹은 자기 전우일 뿐만 아니라 (그가 생각하기에) 그를 만들어준 이들이 죽어가도록 내버려 둔 채 자신은 따뜻한 모피 코트를 두르고 집으로 가면서도 자기가 위대하다고 생각하며 마음의 평화를 얻는다.

"숭고함과 우스꽝스러움은 종이 한 장 차이이다"라고 그는 말한다(그는 자신에게서 모종의 숭고함을 본다). 그렇게 50년간 전 세계가 "숭고하다! 위대하다! 위대한 나폴레옹! 숭고함과 우스꽝스러움은 종이 한 장 차이이다"란 말을 되풀이해왔다. 그런데 위대함이 옳고 그름의 기준을 뛰어넘어 존재한다고 인정하면 그건 곧 그 사람의 보잘것없음과 측량할 길 없는 편협함을 인정하는 거란 사실이 누구 머리에도 떠오르지 않는다.

그러나 예수 그리스도가 준 좋고 나쁨의 기준을 따르는 우리에게 판단이 안 되는 것은 없다. 즉, 단순함과 선, 그리고 진실 없이는 위대함도 없다. (4권 3부 18장)

위 인용문에서 톨스토이는 먼저 '위대함'과 영웅의 상관관계를 정리 요약한다. '위대함'은 선이고 위대하지 않은 것은 악이라는 도식에서 도출되는 간단명료한 귀결은 위대함을 표방하는 영웅이 기존의 선악 구분, 옳고 그름, 좋고 나쁨의 기준을 뛰어넘게 된다는 사실이다.[32] 그래서 위대한 자라고 칭송되는 영웅은 무슨 행동을 하든 옳다고 인식된다. 뭘 하든 숭고하고 위대하다고 칭송받는다. 라스콜리니코프가 이해하는 초인론과 크게 다르지 않다. 라스콜리니코프 역시 초인의 초법적이고 초월적인 위치를 강조하며 초인론을 개진한다.

그런데 톨스토이는 여기에 선악 구도를 개입시킨다. 도스토옙스키가 『죄와 벌』에서 라스콜리니코프의 고통을 통해 초인론을 신봉하고 따랐을 때 발생하는 파국을 경고하는 데 주력한다면 톨스토이는 초인론의 근본적인 문제점을 공격한다. 그가 보기에 초인론의 문제는 그리스도가 제시한 옳고 그름의 질서를 무너뜨린다는 데 있다. 톨스토이는 나폴레옹이 한 말 '숭고함과 우스꽝스러움은 종이 한 장 차이다'를 인용하며 그 말이 바로 소위 위대한 영웅 나폴레옹의 하찮은 수준을 드러낸다고 본다. 숭고함이나 우스꽝스러움이나 별 차이가 없다는 나폴레옹에게 도덕은 거추장스러운 관습에 불과한 것이다. 그런데 그 본질을 외면하고 도리어 나폴레옹이 위대하다며 치켜세우는 사가들의 행태에 작가는 개탄을 금치 못한다.

톨스토이는 나폴레옹으로 대표되는 영웅주의 혹은 초인론을 선악에 기초한 도덕과 윤리적 관점에서 접근한다. 아예 나폴레옹이 영웅이라는 기본 전제부터 통렬히 비판하고 격렬히 부정한다. 톨스토이는 철저한 근본주의자다. 한편, 도스토옙스키는 『죄와 벌』에서 보듯 초인론을 대하는 방법이 다르다. 기본적으로 그의 가장 큰 관심사는 초인론을 신봉한 청년이 어떤 결과를 맞는가이다. 다시 말해, 도스토옙스키는 『죄와 벌』을 쓸 당시 러

32 러시아어 원문에서는 직역하면 좋고(*khoroshii*) 나쁨(*durnyi*)이란 단어가 줄곧 쓰인다. 그러나 문맥상 좋고 나쁨이 옳고 그름, 즉 선악의 구분과도 치환된다고 보기에 섞어서 사용했다.

시아 사회에 유행하던 초인론이 점점 더 세를 불리면 장차 미래에 어떤 비극을 초래할지를 가상의 인물 라스콜리니코프를 내세워 예견한 것이다. 즉, 도스토옙스키는 미래를 바라보며 러시아 사회에 경고를 한 셈이고, 그에 반해 톨스토이는 같은 1860년대에 발을 디디고 섰지만 과거를 응시하며 영웅주의를 공격해 해체시키려고 한 것이다.

세계 문학에 길이 남는 걸작들을 쓴 도스토옙스키와 톨스토이의 첫 대작 한 쌍은 이처럼 같은 시기에 같은 잡지에 실렸지만 근본적인 차이를 노정하며 두 작가가 펼치는 장편소설의 대장정에 시작점으로 자리매김한다. 서사시적인 시공간을 배경으로 자신만의 뚜렷한 역사관을 에필로그에서 강한 어조로 전달한 톨스토이와 달리, 살인 사건이라는 충격적인 소재를 가지고 놀라운 흡인력으로 독자를 끌어들이는 도스토옙스키는 운명적인 시간과 운명적인 도시의 극성을 최대치로 밀어붙인다.

두 작품을 이어주는 드문 접점이랄 수 있는 나폴레옹을 다루면서도 두 대가는 대조되는 접근법을 선보인다. 『죄와 벌』에서 주인공이 저지르는 살인의 이론적 토대로 작용하는 초인론의 예로 거론되는 나폴레옹은 "청동으로 만들어진 사람", 즉 피와 살로 이루어진 인간이 아니라 박제된 신화로 가난한 휴학생의 몽상을 지배한다. 라스콜리니코프는 살인을 주저하고, 또 사람을 죽인 후에도 번민하는 자신이 초인이 아니라는 사실에 절망하지만, 라스콜리니코프의 양심은 결국 그를 구원으로 이끈다. 따라서 도스토옙스키가 직접적으로 의견을 드러내지 않았을 뿐 결론적으로 라스콜리니코프는 나폴레옹보다 고결한 사람이다. 라스콜리니코프가 인정한 바와 같이 나폴레옹은 타인의 피를 흘리는 데 주저함이 없기 때문이다. 이 맥락에서 도스토옙스키 역시 톨스토이처럼 나폴레옹을 긍정적으로 바라보지 않았음이 미루어 짐작된다. 그러나 『죄와 벌』에서 작가가 초점을 맞춘 지점은 나폴레옹이 초인이냐 아니냐, 또는 나폴레옹에 대한 평가가 아니라 나폴레옹으로 대표되는 초인론이 당대 러시아 지식인에게 미치는 위험한 영향력이었고, 도스토옙스키는 라스콜리니코프의 비극을 통해 러시아 지식인들이 꿈꾸는 미래에 우려를 표했다. 한편 러시아의 굵직한 과거 역사를 소재로 택한 톨스토이는 실존 인물 나폴레옹을 등장시켜 나폴레옹 신화 자체를 맹렬히 부수는 데 노력을 경주한다. 자신의 목소리를 그대로 노출시킨 에필로그는 말할 것도 없고, 픽션으로 창조한 안드레이와 나폴레옹의 대면 장면에서도 톨스토이는 영웅으로 칭송받는 나폴레옹이 실상은 보통 사람보다도 못한 가식적이고 하찮은 존재임을 거듭 강조한다.[33]

이제까지 살펴본 두 문호 간의 차이는 두 번째 대작으로도 이어진다. 그러나 두 번째 장편에서는 좀 더 겹치는 면이 많아진다. 도스토옙스키와 톨스토이는 『백치』와 『안나 카레니나』에서 둘 다 당대를 무대로, 주홍 글씨의 낙인이 찍힌 여성의 사랑과 죽음을 다룬다. 다음으로는 두 번째 대작에서 비슷한 주제를 가지고 두 대가가 어떤 지점에서 만나고 또 어떻게 갈라지는지를 살펴보도록 하겠다.

33 또 지면 관계상 고찰하지는 않았으나 피에르도 나폴레옹에 환상을 가졌다가 빠져나온다.

Ф Ё Д О Р

М И Х А Й Л О В И Ч

Д О С Т О Е В С К И Й

И

Л Е В

Н И К О Л А Е В И Ч

Т О Л С Т О Й

제3부

§

『백치』 vs 『안나 카레니나』:

주홍 글씨

제1장

§

19세기 러시아, 여성 문제

1861년은 러시아 역사에서 대개혁의 해로 기록된다. 그때까지 수십 년간 곪아오던 러시아 내부의 부조리와 모순이 크림 전쟁에서의 충격적인 패배로 만방에 드러나자 황제 알렉산드르 2세는 대개혁을 단행한다. 러시아의 전방위적인 근대화를 견인했던 18세기 표트르 대제의 개혁 이후 가장 대대적인 개혁 조치가 실시되었다. 대표적으로 1861년 농노제가 폐지되었고 사회 전반에 광범위한 개혁 정책이 도입되었다. 재정 개혁(1863년), 고등 교육 개혁(1863), 지방 자치 개혁(1864년), 사법 개혁(1864년), 검열 개혁(1865년), 도시 자치 개혁(1870년), 중등 교육 개혁(1871년), 군사 개혁(1874년) 등 일련의 개혁이 잇달았다(김용환 371). 교육 분야에서도 1870년대에 들어서야 드디어 여성에게 고등 교육의 문이 빠끔하게나마 열렸다.[1]

1 중등 교육도 1850년대 후반까지는 소수의 선택된 여성들에게만 허용됐다. 대표적으로 1764년에 예카테리나 2세가 설립한 일명 스몰니 학원은 귀족 여성들을 위한 중등 기숙 학교였다. 19세기에 이 학교가 러시아 정부의 교육부 산하가 아니라 황실의 자선 기관 중 하나로 존재했다는 사실은 여성

보수적이기만 했던 러시아 사회에서 지식인층을 중심으로 비로소 여성의 권리에 대한 논의가 활발하게 벌어졌다. 다른 나라와 마찬가지로 전통적으로 여성의 역할을 가정에 국한시켰던 러시아에서도 대개혁과 함께 여성 인권에 대한 관심이 커졌던 것이다. 체르니셉스키, 도브롤류보프, 미하일로프 등 일군의 남성 작가/비평가들이 '여성 문제'(woman question)에 목소리를 드높였다(Pushkareva 234-235). 농노가 해방되자 농노 다음으로 대표적인 사회 약자인 여성에게 지식인들의 시선이 향했던 것이다(Engel 59-60). 지식인들은 '여성 해방'을 부르짖었다. 이때 해방은 '집'으로부터의 자유, 다시 말해 여자의 일생이 딸에서 아내를 거쳐 어머니로 종결되는 운명에서 벗어나는 것을 뜻한다. 19세기 러시아에서는 그 전통적인 궤도를 이탈하면 제대로 된 여자 대접을 받지 못했다.

도스토옙스키는 일찍이 사회에서 냉대받는 여성들을 소설에서 부각시켰다. 『죄와 벌』의 소냐를 비롯해 『백치』에서도 나스타샤 필리포브나를 통해 남성에게 유린당한 여성을 그린다. 톨스토이의 경우는 좀 다르다. 첫 대작 『전쟁과 평화』에서 여성 문제를 건드리는 문제적 인물 소냐는 소설의 주변부에 머문다.[2] 그러나 두 번째 장편 『안나 카레니나』는 그야말로 다각도에서 여성 문제를 다룬다. 불륜녀가 되어 파멸하는 주인공 안나는 물론이고 하마터면 노처녀가 될 뻔한 키티, 그리고 노처녀로 늙어가는 바렌카, 또 남편의 외도에도 불구하고 가정을 지키며 불행한 돌리 등 다양한 여성 군상이 당시 러시아에서 여성으로 살아가는 여러 모습을 담아낸다. 이

교육에 대한 당시의 사회 인식을 여실히 보여준다(Stites 4).

2 소냐는 결혼 제도에 편입되지 못함으로써 평생 남의 집에서 더부살이하며 늙어가게 된다. 그르니에(Grenier)는 『전쟁과 평화』에서 소냐를 바라보는 톨스토이의 보수적인 입장을 고찰한다(93-99).

와 관련해, 다수의 등장인물이 직접 여성 문제를 거론하는 만찬 장면(4부 10장-12장)은 흥미롭다.[3] 그 자리에서는 여성에 대한 편견이 미국의 노예 해방 전 흑인 상황과 비슷하다는 지적이 나오기도 한다. 이 식사 자리에서 벌어지는 논쟁은 안나의 처지, 즉 귀부인에서 불륜녀로의 몰락이 러시아 사회에서 어떤 함의를 갖는지 독자들이 이해하도록 돕는다(Alexandrov 263).

도스토옙스키와 톨스토이만이 아니다. 당시 러시아 문단에서 여성 문제는 큰 논쟁을 불러일으켰고 급진적인 작가들은 그들이 신봉하는 이상을 소설에 투영했다. 일례로 체르니솁스키의 『무엇을 할 것인가?』와 같은 소설은 21세기를 사는 한국의 독자가 읽어도 충격적으로 느껴질 법한 내용을 담고 있다. 유부녀가 새로운 사랑을 찾고 남편은 이를 수용한다거나, 일처다부제에 상응하는 결혼 풍습을 옹호하는 등, 기존의 남성 위주의 결혼 제도를 비판하는 풍조가 당시 진보적 지식인들 사이에 유행했다. 당연히 톨스토이는 그런 유행에 반대했고 그 맥락에서 『안나 카레니나』도 읽을 수 있다. 대놓고 '신여성'이란 새로운 인물형을 다루지는 않지만, 금기의 사랑을 택해 가정을 뛰쳐나간 여성(안나)과 고전적인 현모양처(키티)를 대비시키며 전자를 벌했다는 점에서 톨스토이의 보수적인 여성관이 은연중 드러난다. 도스토옙스키 역시 사회주의를 비롯해 무정부주의적인 사상에 경도된 혁명가들을 비판했고 이는 진보적이라 간주되는 신여성에 대해서도 예외가 아니었다.

당시 러시아 사회에 출현한 '신여성'은 단발머리에 안경을 끼고 담배를 피우는 모습이 전형적인데, 『백치』의 예판친 집안 딸들에게서 그와 같은 신여성의 영향이 발견된다. 특히 아글라야가 그렇다. 부모 반대에도 아랑곳하

3 크게 보아 여성 문제를 두고 진보와 보수 담론이 충돌한다. 『안나 카레니나』에서는 페스초프가 전자를, 그에 맞서 셰르바츠키 공작이 후자를 대변한다. 여성 문제에 대한 당시 유럽과 러시아, 또 톨스토이의 의견에 대해서는 에이헨바움(Eikhenbaum: 631-640)을 참조하시오.

지 않고 폴란드 독립운동에 참여하는 결말은 차치하고라도 머리를 짧게 자르겠다고 해서 모친을 경악시키기도 한다. 더구나 언니들까지 덩달아 막내를 따라 하려고 해서 모친은 더욱 당황한다. 당시 러시아에서는 '신여성'들이나 단발머리를 했기 때문에 여자가 짧은 머리를 한다는 자체가 시각적인 선언이었다. 이런 단편적인 사례만이 아니라 실제로 19세기 후반 러시아 사회는 다른 모든 분야에서와 마찬가지로 여성 문제에서도 큰 의식 변화가 일어났다. 여성 문제 담론에서는 여성에게도 일과 교육의 권리를 주어야 한다는 점이 가장 중요하게 논의됐지만(Pushkareva 236) 그 외에 여성의 성과 사랑 문제도 거론되었다.

『백치』의 가장 객관적인 인물인 라돔스키는 미시킨 공작과 나스타샤의 '사랑'을 '여성 문제'로 이해한다. 그가 미시킨에게 하는 말을 옮겨본다.

> "공작, 당신과 나스타샤 필리포브나와의 관계는 처음부터 뭔가 전통적으로 민주적인 바탕 위에 있었소 (간략하게 말하기 위해 표현하자면 그렇소). 그러니까 (더 간단히 표현하자면) '여성 문제'에 매료돼서 그런 거요." (4부 9장)[4]

부연하자면, 주홍 글씨의 낙인이 찍힌 타락한 여자를 성스러운 여자처럼 대하는 미시킨의 태도를 라돔스키는 연민보다는 당시 진보적인 지식인들 사이에 유행하던 여성 문제의 담론에서 이해한 것이다.

결혼 제도를 봐도 가부장적인 결혼을 대신해 부르주아적인 결혼 문화가 자리를 잡아갔다. 다시 말해, 남녀 간의 사랑이 기초가 되는 결혼 문화가 러시아에서도 널리 퍼져가던 중이었다. 중매로 결혼한 부모 세대로서는

4 이 인용문을 비롯해 『백치』의 번역은 따로 명시하지 않는 한 필자의 번역이다.

생소하기만 한 결혼 문화였다. 『백치』의 예판친 집안에서 딸들의 혼사 문제가 초미의 관심사인 점, 또 『안나 카레니나』에서도 셰르바츠키 집안의 막내딸 키티의 결혼을 놓고 부모 사이에도 의견이 크게 엇갈리는 점은 당시 변화하는 결혼 풍속을 반영한다.

앞 장에서 살펴보았듯이 도스토옙스키와 톨스토이의 첫 대작에서는 두 작가의 차이점이 도드라진다. 그러나 두 번째 대작, 『백치』와 『안나 카레니나』에서는 첫 쌍보다 비슷한 점이 더 많다. 우선 『안나 카레니나』의 시간 배경이 현대로 옮겨 오면서 두 작가의 두 번째 대작은 둘 다 소설이 발표된 당대를 무대로 한다.[5] 시공간 배경이 작가들이 살던 당대 러시아라는 공통점보다 더 주목할 점은 두 장편이 도스토옙스키와 톨스토이의 대작 중 여주인공의 비중이 가장 높다는 사실이다. 제목에서부터 여자 주인공을 마치 단독 주인공인 것처럼 내세운 『안나 카레니나』는 말할 것도 없고, 거의 모든 장편이 남자 주인공에게 편중되는 경향을 보이는 도스토옙스키의 작품 세계에서도 『백치』는 다른 장편소설 세 편과 비교해 여주인공의 존재감이 가장 크다는 점은 흥미롭다.[6] 게다가 공교롭게도 두 작품에서 모두 여주인공이 내연녀라는 주홍 글씨의 굴레를 쓰고 고통받다가 결국 죽음을 맞는다는 점도 간과할 수 없는 중요한 접점이다. 여성 문제가 당대 러시아 사회의 뜨거운 이슈였던 상황을 배경으로 도스토옙스키와 톨스토이는 '타락한 여자'라는 오명과 고통을 감수해야 했던 아름다운 여인들의 사랑과 죽음을 『백치』와 『안나 카레니나』에서 각기 고유한 방식으로 풀어낸다.

5 톨스토이는 『전쟁과 평화』를 "과거에 관한 책"(*kniga o proshlom*)이라고 간주한 데 반해 『안나 카레니나』는 "현대 삶에서 따온 소설"(*roman iz sovremennoi zhizni*)이라고 불렀다(*PSS* 61: 7).

6 『죄와 벌』의 소냐는 상징적인 존재감이 클 뿐 소설의 플롯 면에서는 차지하는 지분이 라스콜리니코프와 비교가 되지 않는다.

제2장

§

도스토옙스키의 주홍 글씨

나스타샤의 복수

『백치』는 도스토옙스키가 유럽에 체류하며 쓴 소설이다. 유럽 여행이라면 멋있게 느껴질 법도 하지만 1860년대 중반 이후 4년 정도 이어진 도스토옙스키의 유럽 체류는 낭만과는 거리가 멀었다. 작품만큼 드라마틱한 인생을 산 도스토옙스키에게 1868년도 예외는 아니었다. 유럽에 가게 된 이유도 당시 러시아 귀족들이 유럽에 가던 통상적인 이유, 그러니까 관광지 유람이나 병 치료가 아니라 빚쟁이들을 피하기 위해서였다. 즉, 도망친 것이다. 그것도 갓 결혼한 어린 신부와 함께. 유럽에 가서도 생활비를 벌기 위해 그가 가진 단 하나의 돈벌이 수단, 글쓰기에 매진해야 했다. 아니, 예전에도 그랬듯이 먼저 가불부터 받아 쓰고 빚을 갚듯 소설을 썼다. 그 와중에 아내는 임신했고 도스토옙스키는 첫 아이를 얻었다. 그리고 그 딸은 얼마 지나지 않아 죽었다. 감성적인 작가는 펑펑 울었다. 아내도 우울증과 향수병에 시달렸지만 부부는 빚쟁이들의 위협 때문에 몇 년 더 유럽에 머물러야 했다. 러시아를 떠날 때는 한 1년 정도로 예상했던 유럽 '여행'은 신혼부부에게는 시련과도 같았다. 생활고와 첫 아이를 잃은 크나큰 상심, 또 러시아에 대한 향수 속에서 태어난 작품이 바로 『백치』다.

총 4부로 구성된 『백치』는 1부를 제외하고는, 가혹하게 평하자면, 엉망진창이다. 1부는 완벽한 짜임새를 보여주지만 2부에서부터는 작가의 집중력이 흐트러졌음이 느껴진다. 『백치』는 다 써놓고 출판한 것이 아니라 연재를 하며 써나갔는데, 사실 이는 당시 러시아 문단의 일반적인 소설 쓰기 양상이었다. 도스토옙스키의 경우도 대부분의 장편소설을 연재로 발표했다. 그런데 『죄와 벌』이 놀라운 구성과 완성도를 자랑하는 데 반해 『백치』는 그렇지 않은 이유가 무엇일까? 위에 언급했듯이 당시 작가가 처했던 환경이 열악했던 점도 이유지만, 그보다 더 큰 진정한 문제는 작품 구상이 여물지 않은 상태에서 연재를 시작했다는 데 있다. 아무리 궁핍해도 작품성을 담보로 잡히지는 않았던 도스토옙스키다. 게다가 작품의 주인공 미시킨 공작은 그가 너무나 소중하게 여긴 그리스도의 형상을 본뜬 인물이다. 그러나 바로 그 지점, 즉 긍정적인 주인공을 혼탁한 현실 세계에서 그려낸다는 것은 결코 쉬운 일이 아니었다. 작가의 계획은 자꾸 바뀌었다. 무엇보다도 주인공 미시킨을 어떻게 창조할 것이냐를 두고 도스토옙스키의 구상은 일곱 번을 넘게 변화를 거듭했다. 1부를 끝낸 후 한참 동안 2부 연재를 시작하지 못한 사실이 도스토옙스키가 작품 구상이 마무리되지 않은 상태에서 소설을 시작했음을 암시한다.

참고로 톨스토이의 경우는 『안나 카레니나』를 연재할 때 일정한 패턴을 보였다. 1875년부터 1877년에 걸쳐 매년 1월부터 4월까지 빠짐없이 소설을 연재하고 (이 두 소설 역시 첫 대작과 같은 잡지인 『러시아 통보』에 실렸다. 그러나 연재 시기는 어긋난다) 농번기가 되면 농사일에 매진하느라 글쓰기를 멈추었다(Todd 56). 톨스토이가 농사일을 얼마나 중요하게 여겼는지를 보여주는 대목이다. 그의 정체성은 작가이자 귀족 농부였다. 도스토옙스키는 달랐다. 그는 현대적인 의미에서의 직업 작가였다. 그의 수입원은 거의 전적으로 글쓰기였다. 더 정확히는 도시에 기반을 둔 전업 작가였다. 그런 그가, 극심한 생활고에 시달리면서도 몇 달이나 소설 연재를 이어가지 못했다는 사실은 그만큼 창작의 고통이 컸음을 시사한다. 그러나 그럼에도 불구하고 대가는 최악의 환경에서도 재능을 번뜩인다는 점을 증명하기도 하는 작품이 『백치』이기도 하다. 더불어 돈에 영혼을 팔지 않는다는 점도 꼭 잊지 말아야 할 사실이다.[7]

『백치』의 중심축은 사랑과 죽음, 덧붙여 도스토옙스키 소설답게 그 둘에 검은 마수를 뻗치는 돈, 그리고 철학적 논의다. 그 중심에는 '백치' 취급을 받는, 그러나 속세의 때가 묻지 않은 남자 주인공과 15세부터 지주의 첩으로 살았던 과거 때문에 미래를 저당 잡힌 여주인공 나스타샤의 드라마가 있다. 세상 사람들에게 주홍 글씨의 낙인이 찍힌 여주인공의 사랑과 죽음은 『안나 카레니나』가 핵심으로 다루는 테마이기도 하다. 바로 그 지점에서 두 작가는 만나고 각자의 방식으로 테마를 풀어나간다.

『백치』 1부는 눈보라가 휘몰아치듯 절세 미인 나스타샤를 사이에 두고 단 하루의 시간에 벌어지는 대소동을 그린다. 주인공 미시킨이 4년간 스위스에서 병을 치료하고 러시아로 돌아온 첫날 맞닥뜨린 것은 놀랍게 아름답고 놀랍게 불행한 미녀 나스타샤의 운명이다. 조실부모한 그녀를 부자 신사 토쯔키가 맡게 된다. 그런데 그는 나스타샤가 뛰어난 미인으로 자랄 기미가 보이자 특별한 관심을 보이고 결국 첩으로 삼는다. 소설의 표현을 따르

7 석영중(2008)은 작가가 생활고에 시달리면서도 수준 높은 창작 활동에 매진한 사실을 여러 면에서 조명한다.

자면 나스타샤는 "역겨운 상류층 호색한의 죄로 더럽혀진"(4부 9장) 여자가 된 것이다. 나스타샤는 이 '스폰서' 덕분에 호의호식은 물론이고 따로 붙여준 개인 가정교사로부터 좋은 교육도 받지만[8] 타락한 자신의 처지에 씻을 수 없는 모욕감을 느낀다. 그러던 중 토쯔키가 양갓집 규수와 정식 결혼을 하겠다고 결심하자 토쯔키의 시골 영지에서 지내던 나스타샤는 복수의 시간이 왔다는 결의로 수도 페테르부르크에 나타난다.

여자가 한을 품으면 오뉴월에도 서리가 내린다는 말이 러시아에서도 통용되는 양, 토쯔키는 나스타샤의 독기에 벌벌 떤다. 부자 나리는 돈으로 나스타샤를 관리하려 든다. 나스타샤에게 돈을 아낌없이 퍼부어 돈에 쩔쩔매도록, 그러면 그의 말을 들으리라 생각한다. 그런데 놀랍게도 나스타샤에게 돈은 통하지 않는다. 주는 돈은 받되 돈이 끊겨도 아무 상관없다는 식이다. 그리고 그건 겁주려고 센 척하는 게 아니라 진심이라는 걸 느끼고 토쯔키는 더욱 겁을 집어먹는다. 나스타샤 때문에 자기 인생이 어떻게 꼬일지 무서워진 토쯔키가 생각해낸 플랜 비(B) 역시 돈으로 나스타샤를 처리하겠다는 것이다. 단지 이번에는 상대가 바뀌어서 나스타샤가 아닌 제삼자를 돈으로 매수하려 한다. 구체적으로 설명하면, 나스타샤에게 지참금을 두둑하게 걸어 그 돈을 노리는 남자와 결혼시킴으로써 나스타샤를 떼어내겠다는 심산이다. 부자 나리가 지난 10년간 데리고 있던 첩을 시집보내는 데 책정한 돈은 7만 5000루블. 현재 시세로 치면 7억 5000만 원이 넘는다. 결코 적은 돈이 아니다. 그리고 더 나아가 토쯔키는 계획을 성공시키기 위해 자기가 결혼하려 하는 아가씨의 아버지와 상의해 나스타샤의 남편감을 물

8 스위스 가정교사에게 4년 배운다. 한편 주인공 미시킨 공작의 스위스 체류도 4년으로 두 주인공 사이의 관계가 단순히 겉으로 드러나는 사건으로만 판단해서는 안 된다는 사실을 시사한다. 또 도스토옙스키가 재혼 후 스위스를 비롯해 서유럽에서 산 기간도 4년이다.

색한다(그것도 모자라 토쯔키의 장인이 될 예판친 장군마저 나스타샤에게 흑심을 품고 그녀에게 고급 진주 목걸이를 선물하려 한다). 그렇게 고른 상대는 돈으로 인생 역전을 꿈꾸는 가난한 야심가라 일이 제법 잘 풀린다.

미시킨이 4년 만에 돌아온 러시아의 첫날은 바로 문제의 여자, 나스타샤의 25세 생일이다. 그리고 그날 밤 열리는 생일 파티에서 나스타샤는 지참금에 혹해 청혼한 남자에게 시집갈지 말지를 답해주기로 한 상태다. 그런데 나스타샤에게 매료된 남자는 한둘이 아니다. 공교롭게도 미시킨이 러시아에 올 때 타고 온 기차에서 마주 앉았던 남자도 나스타샤를 탐낸다. 그의 이름은 로고진. 로고진은 때마침 부친이 세상을 뜨면서 막대한 유산을 상속받은 상황이다. 어떤 수를 써서라도 나스타샤를 손에 넣고자 하는 청년 로고진은 경쟁자를 물리치기 위해 더 높은 금액을 베팅한다. 조롱 섞인 시선을 보내는 나스타샤를 앞에 두고 몸이 단 로고진이 최종적으로 제시한 금액은 10만 루블. 토쯔키의 7만 5000루블을 간단히 뛰어넘는 액수다. 그렇게 나스타샤는 돈으로 흥정된다.[9]

그 와중에 나스타샤를 인간으로 대해 주는 단 한 사람이 바로 주인공 미시킨이다. 토쯔키의 첩으로 10년을 산 나스타샤를 모두가 깔보고 성적 대상으로만 보는데 미시킨은 진정으로 그녀를 불쌍해 하고 그 마음은 나스타샤를 움직인다. 그녀는 생일 파티에 나타난 미시킨에게 자신의 결혼 여부를 결정해달라고 한다. 미시킨의 답은 당연히 부정적이다. 돈에 팔려가

9 토쯔키와 로고진이 나스타샤를 두고 돈으로 경쟁하지만 그들과 돈의 관계는 균질하지 않다. 토쯔키는 당시 러시아에 발흥하던 자본가 세력의 일원이고 로고진은 전통적인 상인 계층을 대표한다. 슈나이더(Shneyder)는 이 두 무리(자본가와 상인)가 돈을 대하는 성격이 다르다는 점에 착안해 경제적 관점에서 소설을 독해한다. 자본가는 돈을 유통시키는 경제를 지향하고 로고진 가문(부친과 동생을 보라)이 대표하는 상인은 돈 자체를 페티시로 사랑하며 구두쇠가 되어 돈을 모으는 데 일생을 바친다. 결국 상인은 자본가들에게 패한다(Shneyder 256).

지 말라는 소리다. 그런데 더 놀라운 일은 그다음에 벌어진다. 미시킨이 나스타샤가 잘못된 결정을 내리지 않도록 하는 데서 그치지 않고 자신이 나스타샤에게 청혼을 한다. 나스타샤는 더러운 과거를 가진 자신이 순수하고 고결한 미시킨을 망칠 수 없다고 거절한다. 그리고 거기서 멈추지 않고 자신에게 어울리는 사람은 로고진이라며 로고진과 떠나 버린다. 그렇게 『백치』의 1부가 막을 내린다.

여기서 주목할 점은 『백치』와 『안나 카레니나』 두 작품 다 '타락한 여자'(fallen woman)가 여자 주인공으로, 그들을 중심으로 드라마가 전개되다가 결국 그들의 죽음으로 끝난다는 사실이다. 물론 자세한 사항은 차이를 보이지만 여주인공을 어떻게 그렸는지 살펴보면 소설이 쓰인 1860-70년대에 도스토엡스키와 톨스토이가 여성 문제, 또 사랑을 어떻게 바라보았는지 가늠할 수 있을 것이다.

우선 『백치』의 여주인공인 나스타샤는 도스토엡스키의 전작 『죄와 벌』의 여주인공 소냐처럼 '더럽혀진 여인'이다. 소냐가 불특정 다수의 남자에게 몸을 파는 매춘부인 데 반해 나스타샤는 한 사람에게 능욕당했다는 차이는 있지만, 본질적으로는 육체의 순결을 잃었다는 점에서 동일하고 이는 그들에게 주홍 글씨처럼 각인된다. 주홍 글씨가 찍힌 여자를 다루기는 『안나 카레니나』도 마찬가지다. 불륜이 만연하지만 드러내지 않는 것을 법도로 삼는 사교계에서 진지하게 불륜 관계를 공개한 안나는 따돌림을 당하고 그릇된 정열은 파멸로 귀결된다.

'주홍 글씨'가 새겨진 타락한 여인들을 두 작가는 어떤 시선으로 바라보는가. 도스토엡스키의 경우, 작가는 『죄와 벌』의 소냐와 마찬가지로 나스타샤에게도 더럽혀진 육체와 상반되는 정신을 한 사람 안에 맺어준다. 원래 인간의 불가사의함, 한 인간 안에 공존하는 다양한 면모와 '열 길 물속은 알아도 한 길 사람 속은 모른다'는 말을 탁월하게 표현해낸 작가답게 심연과도 같은 인간 심리의 대가인 도스토옙스키는 전작의 여주인공 소냐를 비롯해 나스타샤에게서 육체와 정신의 대비를 구현한다. 몸은 더럽혀졌지만 정신은 타락하지 않은 여성들이다. 문학 평론가들이 지적한 것처럼 이는 도스토옙스키가 좋아했던, 그래서 크게 영향을 받았던 감상주의의 흔적이면서 또한 당시 유럽 문학계에서 흔히 보이던 진부한 설정이기도 했다.[10] 감상주의 흔적에 덧붙여 도스토옙스키 특유의 감수성도 보태진다. 바로 고통에 대한 연민이다.

도스토옙스키의 세계에서 고통은 매우 중요한 위치를 차지한다. 도스토옙스키가 거듭 설파한바, 속죄의 길은 고통으로부터 시작되기 때문이다. 『죄와 벌』의 살인자 라스콜리니코프를 보아도 죄를 저지른 후 겪는 극심한 고통은 그 자체로서 그가 양심을 지녔음을 웅변한다.[11] 그래서 그가 법적으로 처벌을 받건 아니건, 또 공개적으로 죄를 뉘우치건 아니건, 고통을 겪는다는 사실은 그 자체로 그에게 갱생의 가능성이 있다는 점을 가리킨다. 주홍 글씨가 새겨진 도스토옙스키의 여인들도 마찬가지다. 몸을 파는 소냐, 또 고급 창녀의 과거를 가진 나스타샤 둘 다 몹시 괴로워한다(그리고 미시킨이 만났던 스위스의 마리도 넓게 보면 같은 범주에 속한다). 그렇지만 결정적인 차이는 소냐와 마리는 한없이 겸손하게 자신을 낮추고 나스타샤는 정반대로 거만하게 행동한다는 점이다. 또 마리에게는 없지만 나스타샤에게는 있는 특성은 복수심과 공격성이다(Leatherbarrow 8).

10 도스토옙스키를 높이 평가하지 않는 나보코프는 이 이유로 격렬하게 도스토옙스키를 비판한다(109-115).

11 조유선은 라스콜리니코프의 고통을 레비나스의 책임 윤리 관점에서 접근해 설명한다(166-169).

물론 나스타샤의 거만한 행동은 수치심과 괴로움의 방증이며 상처에 대한 그녀 나름의 자기방어이기도 하다. 그녀의 아름다움에 충격을 받은 미시킨은 단지 외모에 놀란 것이 아니다. 미시킨은 그녀의 얼굴을 보고 나스타샤의 오만함과 그로 인한 고통을 알아본다. 그녀의 미모가 다른 미녀의 그것과 차별화되는 지점이다. 미시킨이 사진으로 나스타샤의 얼굴을 처음 보고 하는 말은 다음과 같다.

> "놀라운 얼굴이군요!" 공작이 말했다. "이 여자의 운명이 평범하지 않다고 확신합니다. 얼굴은 명랑한데, 엄청나게 고통을 받지 않았나요? 두 눈이 그렇게 말하고 있어요. [중략] 자존심이 강한, 아주 자존심이 강한 얼굴이에요. 내가 모르겠는 건, 이 여자는 선한가요? 아, 제발 선했으면! 그럼 모든 게 구원받을 겁니다!" (1부 3장)

미시킨은 다른 자리에서도 나스타샤의 얼굴을 두고 "이 얼굴에는… 많은 고통이 담겨 있어"서 그녀의 미모를 높이 평가한다고 말한다(1부 7장). 그는 직접 만나기도 전에 나스타샤의 본질을 파악하는 통찰력을 드러낸다.

나스타샤가 감내해야 했던 고통과 고뇌는 그녀의 미모를 다른 차원으로 바라보게 한다. 그녀의 놀라운 아름다움은 상처받은 자존심과 고통에서 피어난 꽃인 것이다. 탐욕스러운 세속의 욕망과 배금주의가 횡행하는 페테르부르크 사람들 사이에서 수치심을 느낄 줄 안다는 것만으로도 나스타샤는 정신적으로 나은 사람이다.

『백치』는 어떤 면에서 전작인 『죄와 벌』의 데칼코마니다. 두 작품 모두 도스토옙스키의 영원한 주제인 영적인 부활을 다룬다. 첫 장편소설에서는 여자가 남자를, 즉 '성스러운 창녀'인 소냐가 살인자를 구원하는 데 성공

한다면 두 번째 장편인 『백치』에서 도스토옙스키는 반대 구도를 시도한다. 이번에는 남자 주인공이 여자를 구원하고자 한다. 그러나 이번에는 실패한다. 왜일까?

대부분의 평론가는 도스토옙스키가 소설 제목에서부터 내세운 '백치'의 본질적 결함을 지적한다. 예수 그리스도를 모델로 도스토옙스키가 사람에게서 추구할 수 있는 최대치의 이상으로서 "전적으로 아름다운 사람"을 남자 주인공인 미시킨 공작에게서 구현하고자 했지만 현실에서 이상은 실현되지 않는다는 것이다. 더구나 이상을 펼치고자 하는 곳이 다름 아닌 페테르부르크라면 더욱 그렇다. 이미 『죄와 벌』에서 묘사했듯 페테르부르크는 인공적이고 환상적이지만 작가는 『백치』에서 한층 더 속물적인 색채를 덧입혔다. 『죄와 벌』의 인물들이 가난한 서민들인 데 반해 『백치』는 예판친과 토쯔키 등 도시의 부유한 상류층 인사들이 벌이는 파렴치한 탐욕의 드라마다. 순수함을 잃지 않은 미시킨 공작은 4년 만에 돌아온 러시아에서 사람들을 만나며 그들의 인간적인 면을 일깨우기도 하지만 결국 쓰러지고 만다. 의도는 선했으되 그가 지나간 자리에 나스타샤는 살해되고, 의형제를 맺었던 로고진은 살인자로 시베리아 유형에 처해지며, 그를 연모해 혼담까지 오가던 예판친 집안의 막내딸 아글라야는 사기꾼과 결혼해 가족과 인연을 끊는 등 비극이 꼬리를 문다. 이런 결과만 놓고 혹자는 작가의 원래 계획과 달리 미시킨이 실패라고 비판한다.[12]

그런데 이미 많이 거론된 남자 주인공의 비극적인 실패에 덧붙여 이제까지 미시킨에 가려 상대적으로 덜 조명된 나스타샤의 문제도 살펴볼 필요

12 모나스(Monas), 슬래터리(Slattery), 크리거(Krieger), 김연경 등은 미시킨에게 비판적인 견해를 피력한다.

가 있다. 간단히 말해, 나스타샤를 죽음으로 몰아간 이는 그녀를 살해한 로고진이 아니다. 물론 로고진이 살인자라는 사실이 없어지지는 않는다. 중요한 점은 나스타샤 자신이 스스로 파멸을 추동한다고 볼 여지가 다분하다는 것이다.

나스타샤를 설명하는 열쇠 중 하나는 허선화가 지적한 '수치심'으로 보인다(618-624). 그녀의 높은 자존심은 자신의 짓밟힌 과거를 용납하지 못한다. 겉으로는 그녀의 분노가 토쯔키를 비롯해 자기를 업신여기는 뭇사람들을 향해 있지만 실은 타인의 시선이 문제가 아니다. 미시킨을 비롯해 다른 사람들이 그녀를 받아들인다고 해도 스스로 극복하지 못하는 이상 나스타샤는 창피한 과거에서 벗어나지 못한다. 나스타샤를 둘러싸고 벌어지는 미시킨-나스타샤-로고진의 삼각관계는 그 점을 보여준다. 미시킨은 나스타샤를 순결하다고 말해서 그녀를 놀라게 하고 선한 본성을 자극하지만, 동시에 나스타샤의 "현실적 자아를 부정하고 그녀의 이상적 자아만을 보고 그에 호소했기 때문에 결과적으로 나스타샤의 수치심을 더욱 가중시킨다"(허선화 622). 나스타샤는 미시킨이 말한 것처럼 고결하고 순결한 자아도 가지고 있지만 더러운 여자라는 과거의 망령을 떨치지 못한다. 그녀는 자신을 "파렴치한 여자"라고 비하하면서 그에 걸맞은 로고진을 택한다. 세간의 조롱에 부합하는 행동을 함으로써 자학하고, 동시에 로고진을 괴롭히고, 더 나아가 세상에 대한 복수심을 활활 불태우는 식이다. 그러면서도 자신의 선한 면을 보아준 미시킨을 잊지 못해 찾아갔다가는 다시 로고진과 도망가는 갈지자 행보를 한다. 아무리 미시킨이 지극한 측은지심과 연민으로 나스타샤를 보듬는다고 해도 그녀 자신이 수치심을 극복하지 못하는 이상 치유는 불가능하다.

게다가 나스타샤의 비극은 수치심만이 아니라 그에 더해 자존심이 강하다 못해 오만하다는 데 있다. 도스토옙스키는 이 점을 나스타샤가 미시킨을 두고 아글라야 예판치나와 이루는 삼각관계가 빚어내는 갈등을 통해 조명한다. 『백치』에서는 두 쌍의 삼각관계가 그려진다. 나스타샤를 두고 미시킨과 로고진이 대립하는 형국이고 (그러는 와중에 두 남자는 십자가를 나누며 의형제가 된다) 또 다른 한편으로는 미시킨을 사이에 놓고 나스타샤와 아글라야가 연적 관계를 형성한다. 두 여자는 외모에서부터 뚜렷하게 대조를 보인다. 나스타샤는 검은 머리에 검은 눈인 데 반해 아글라야는 금발이다. 어둠과 빛의 대비라고 해도 과언이 아니다.[13] 더 나아가 도스토옙스키는 나스타샤를 두고 연적 관계가 되는 미시킨과 로고진에게도 같은 대비를 적용한다. 미시킨은 밝은 금발에 푸른 눈의 미남이고 로고진은 어두운 머리색과 눈을 가진 미남으로 그려진다.

그런데 외모는 같은 공식을 활용해 대립시키지만 대조되는 인물의 성격은 현저히 다르다. 톨스토이는 안나와 키티의 운명을 정반대로 설정한다. 즉, 안나는 파멸하고 키티는 현모양처의 길을 걷는 것으로 창조했지만 도스토옙스키의 여자 주인공들은 둘 다 자존심의 제물이 되어 굳이 누가 더 낫다고 보기 어렵다. 둘의 운명은 도스토옙스키의 기준으로 보자면 피장파장이다. 나스타샤는 살해당하고 아글라야는 미시킨에게 '버림받은 후' 집을 나가 사기꾼 폴란드 혁명가와 결혼해서는 가족과 연을 끊는다. 나이가 들수록 극보수로 치달으며 러시아 메시아주의를 부르짖는 국수주의자가 된 도스토옙스키에게 폴란드 혁명가는 그 자체만으로도 혐오감을 유발하는 존재다. 폴란드는 가톨릭, 그러니까 미시킨이 주장하기로 반그리스도

13 『안나 카레니나』에서 안나와 키티도 같은 공식을 따른다. 안나는 검은 머리에 회색 눈을 가졌고 키티는 밝은 금발 미인이다. 모두 검은 머리를 한 동양인과는 달리 머리색과 눈 색깔로도 상징을 구사하는 서양 문화에서 도스토옙스키와 톨스토이가 전통적인 외모 대비를 활용한 셈이다.

적 신앙 노선을 따르는 나라다. 더구나 역사적으로 늘 러시아와 긴장 관계다. 그런데 여자 주인공이 폴란드 혁명가를 따라 폴란드 혁명을 돕는 운동에 뛰어들고 그것도 모자라 알고 보니 그 남자가 사실은 사기꾼으로 밝혀진다. 도스토옙스키로서는 아글라야에게 최악의 신랑감을 선사한 셈이다.

나스타샤가 자신과는 달리 좋은 집에서 자라난 순결하고 아름다운 처녀 아글라야를 미시킨의 신붓감으로 점찍고 결혼하라고 권할 때 그녀는 아글라야를 자신이 되고 싶었던 모습을 투사해 이상으로 동경한 것이다. 하지만 그녀가 미처 알지 못한 것이 있었으니, 두 사람이 딴판으로 보일 뿐 사실 그들은 정신적 자매라고 해도 과언이 아닌 성격을 공유한다는 사실이다. 둘 다 병적으로 자존심이 강하다. 둘 다 도스토옙스키 소설에 흔히 등장하는 기가 센 오만한 여인들이다. 나스타샤의 경우, 미쳤다고까지 표현될 정도의 광기가 모욕당한 상처와 떨치지 못하는 수치심에서 비롯됐다면 아글라야는 유복한 가정의 막내딸로 가족 모두의 절대적인 사랑을 받고 크면서 콧대 높은 아가씨가 된 측면이 크다. 그래서 아직 철부지나 마찬가지인 부잣집 막내딸 아글라야가 미시킨과의 결혼을 계획하며 미시킨을 대동하고 나스타샤를 찾아가는 사건은 미시킨이 자기 남자임을 분명히 보여주려는 의도에서 비롯된 행동이다. 나스타샤를 도발하고 그녀에게 싸움을 거는 셈이다. 나스타샤는 아글라야의 의중을 간파하고 그 싸움을 받아들여 아글라야의 오만함에 가차 없이 복수를 가한다. 쟁탈전은 대파국으로 이어진다. 소설의 주요 인물 네 명(미시킨, 로고진, 나스타샤, 아글라야)만이 모인 자리에서 나스타샤는 미시킨의 연민을 자극해 자신을 선택하도록 함으로써 아글라야에게 씻을 길 없는 모욕감을 안긴다. 버림받은 아글라야는 그 길로 미시킨을 떠나고 나스타샤는 미시킨과 결혼하러 식장으로 향하던 길에 다시 로고진과 도망을 쳐서는 그날 밤 로고진의 손에 죽는다.

여기서 나스타샤의 죽음은 표면상으로는 분명히 로고진의 살인 사건이지만, 자세히 들여다보면 나스타샤가 로고진의 마음에 복수의 씨앗을 심어주었다고도 볼 수 있다. 이는 나스타샤가 끊임없이 로고진을 무시하고 조롱하면서 그에게 모욕을 준 것뿐만 아니라 나스타샤가 로고진이 자신을 살해할 거라고 반복해 언급하면서 '주문'을 건 데서도 짐작할 수 있다. 일례로, 반복적으로 모욕을 당하는 로고진에게 나스타샤는 이렇게 묻고 둘은 다음과 같은 대화를 나눈다. "그럼 내가 당신에게 시집가지 않으면?" "말했잖아. 난 물에 빠져 죽을 거야." "아마도 그 전에 날 죽이겠지"(2부 3장). 나스타샤에게 버림받으면 죽을 거라는 (즉, 복수보다는 절망을 말하는) 로고진에게 나스타샤는 살인을 언급하고, 이로써 로고진의 무의식 속에 살인의 작은 씨앗 하나를 뿌린다. 그뿐만이 아니다. "배운 게 아무것도 없다"(2부 3장)라는 상인 아들 로고진에게 수준 높은 학식을 갖춘 나스타샤는 하이네의 시 「하인리히」를 읽어주고 친절하게 설명까지 해준다. 1077년 1월에 발생한 일명 '카노사의 굴욕', 즉 교황과 신성로마제국의 황제 사이에 불거진 권력 충돌에서 수세에 몰린 하인리히 4세 황제가 추운 겨울날 교황의 거처 밖에서 며칠을 지새우며 사죄한 역사적인 사건을 소재로 하이네가 쓴 이 시는 하인리히가 겉으로는 용서를 구하지만 속으로는 복수를 다짐한다는 내용을 담고 있다.

전체 6연으로 구성된 「하인리히」는 첫 3연은 카노사의 중정에 맨발로 서서 추위에 떠는 하인리히와 그를 애인과 함께 내려다보는 교황의 모습을 그리고, 뒤의 3연은 하인리히가 마음속으로 하는 복수의 다짐을 직접 인용으로 표현한다. 나스타샤가 시를 읽어주자 로고진은 이 시가 "복수를 하겠다고 다짐한 시"(2부 3장)라고 핵심을 제대로 짚어낸다. 배움이 짧아도 쉽게 이해할 수 있었던 데에는 그가 당시 처한 상황이 작용한다고 짐작된다. 즉,

나스타샤에게 폭력을 행사한 후 며칠을 먹지도 자지도 않으며 애타게 용서를 비는 모습과 중첩되는 면이 있다. 이에 나스타샤는 로고진에게 살인의 암시를 건넴으로써 복수의 테마를 한층 더 심화시킨다.

『백치』의 드라마는 결국 주요 인물들이 모두 파멸하는 것으로 마무리된다. 그중에서도 나스타샤의 죽음은 가장 비극적이다. 그 파국은 위에서 논한 바와 같이 나스타샤가 로고진의 마음에 복수의 씨앗을 뿌리고, 그에 감응해 로고진이 자신을 지속적으로 능멸하고 모욕하는 여자 나스타샤를 죽이는 행위로 실현된다. 이때 주목할 텍스트가 하나 더 있다. 결혼식장에서 로고진과 도망친 나스타샤를 찾아 나선 미시킨이 나스타샤가 머물던 방에서 발견한 책이 『보바리 부인』이다. 미시킨은 펼쳐진 책을 가져간다. 나스타샤가 죽기 전 마지막으로 읽던 책이 왜 『보바리 부인』일까? 일반적으로는 두 소설에서 여주인공이 모두 비극적 결말을 맞는다는 데 착안해 『보바리 부인』이 『백치』의 결말을 암시하는 복선이라고 본다(Miller 1981, 157-158; Knapp 98). 다른 한편으로는 독서광인 나스타샤가 '보바리즘'의 희생자라고 보고 두 소설 간의 연관성을 언급하기도 한다(김연경 10; Slattery 206). 이러한 기존 해석에 더해 필자는 「하인리히」로부터 이어지는 복수의 테마를 논하고자 한다.

이틀 밤낮으로 식음도 전폐하고 간절히 용서를 구하는 로고진에게 「하인리히」를 읽어주고, 그 시가 복수를 맹세하는 시라고 각인시켜주며, 더 나아가 그와 결혼하지 않으면 그가 자신을 죽일 거라고 말하는 나스타샤는 로고진에게 그들의 미래가 어떻게 될지 암시하는 셈이다. 자기 시각에서 현재를 해석하고, 더 나아가 미래를 예상하며 이를 로고진에게 직접 말함으로써 나스타샤는 운명에 수동적으로 끌려가지 않고 자신의 추측으로 미래를 이끌어간다고 해석할 수 있다. 이런 맥락에서 보바리 부인의 죽음은 자살이고 나스타샤의 죽음은 타살이라는 표면상의 차이에도 불구하고 나스타샤의 죽음 역시 본질적으로는 자살이라고 볼 해석의 공간이 열린다. 나스타샤가 자신이 로고진의 손에 죽을 거라고 추측하면서 로고진에게 복수의 생각을 불어넣고 도발하기 때문이다. 더구나 로고진의 살해는 미시킨도 예견한 바다. 그러나 나스타샤는 그 미래의 가능성을 피하려고 하지 않고 도리어 부추긴다.

이런 관점에서 보자면 나스타샤가 죽음을 맞기 전에 방에 두고 떠난 『보바리 부인』은 자신을 찾으러 올 미시킨에게 남기는 전언(傳言)의 역할을 한다고 보인다. 명민한 나스타샤가 미시킨이 자신을 찾으러 다닐 것을 예상하지 못했을 리가 없다. 모나스도 나스타샤가 미시킨에게 발견되도록 일부러 『보바리 부인』을 놓고 갔다고 보고 플로베르의 여주인공과 도스토옙스키의 여주인공 간의 연결고리를 '자살 충동'에서 찾는다(78). 『보바리 부인』을 잘 보이게 책상 위에 펼쳐두고 떠난 나스타샤의 행동은 분명히 상징적이다. 미시킨이 주변의 만류에도 불구하고 굳이 그 책을 가져간다는 사실 역시 예사롭지 않다. 미시킨이 무슨 생각을 했는지는 서술되지 않지만 그가 무슨 생각인가를 했음은 분명하다. 죽음을 앞두고 유품처럼 남긴 책을 통해 나스타샤가 미시킨에게 말하고자 한 바는 자신의 죽음이 엠마 보바리의 죽음처럼 필연적이며, 본질적으로 자살, 즉 자초한 것임을 시사했다고 필자는 유추한다.[14] 객관적으로는 로고진에게 살해되지만 실은 자살이나 마찬가지이며, 보바리 부인의 경우처럼 출구가 보이지 않는 삶이 다다를 수

14 비슷한 맥락에서 영(Young)은 나스타샤가 적극적으로 자신의 삶을 "쓰는"(scripting) 인물이라고 해석한다. 그리고 더 나아가 나스타샤만이 아니라 다른 인물들도 "쓰려는 충동"(scripting impulse)이 강하며 각자 택한 모델을 타인에게 인정받고자 각축을 벌이는 과정에서 갈등이 발생한다고 본다(Young 19).

밖에 없는 종착역이라는 점을 나스타샤는 『보바리 부인』을 통해 전하고 싶었던 것이 아닐까. 이런 맥락에서 이후 미시킨이 나스타샤의 시체 옆에서 로고진을 쓰다듬는 장면은 주인공의 본성에서 우러나오는 연민만이 아니라 그 이상의 무엇을 시사한다. 나스타샤가 남긴 『보바리 부인』을 통해 살해의 이면, 즉 나스타샤가 자신의 죽음에 대해 암시하는 바를 미시킨이 추측하게 되면서 로고진에게 느끼는 연민의 정도가 더욱 증폭된다는 해석도 가능해지는 것이다.[15] 『백치』의 나스타샤는 이처럼 과거의 수치심을 끝내 극복하지 못하고 세상과 자신에게 복수한다.

15 마지막 두 문단은 윤새라(2015a, 295-296)에서 발췌했다.

제3장

§

톨스토이의 주홍 글씨

안나의 죄와 벌

톨스토이의 『안나 카레니나』는 최고의 소설을 꼽는 설문 조사에서 늘 수위를 다투는 명작이다. 톨스토이를 러시아 최고 작가로 보는 나보코프가 『안나 카레니나』를 "세계 문학에서 가장 위대한 사랑 이야기 중 하나"(146)로 일컬은 것은 차치하고라도[16] 이 소설은 영미권에서 특히 인기가 높다.[17] 도스토옙스키도 자신이 출간하는 『작가 일기』에 『안나 카레니나』를 상찬하는 비평문을 게재했다. 통상 『작가 일기』에 문학 작품 비평을 싣지 않던 관례에 비추어 도스토옙스키가 『안나 카레니나』를 얼마나 높이 평

16 나보코프의 톨스토이 사랑, 또 도스토옙스키 혐오는 유별나다. 나보코프는 러시아 산문 작가 순위를 매기면서 1위를 톨스토이, 2위를 고골, 그리고 체홉과 투르게네프를 3위와 4위로 올렸다(137). 도스토옙스키는 아예 순위 밖이다. 물론 필자는 나보코프의 의견에 동의하지 않는다.

17 2007년 노턴 출판사가 실시한 조사에서 『안나 카레니나』는 영미권 작가들이 가장 좋아하는 소설 1위로 당당히 이름을 올리기도 했다.

가했는지 미루어 짐작된다.[18]

톨스토이의 첫 번째 장편소설 『전쟁과 평화』가 전통적인 소설의 규범에서 이탈한 매우 이질적인 소설인 데 반해 『안나 카레니나』는 소설의 정석이라고 해도 과언이 아닐 만큼 탄탄한 짜임새와 견고하면서도 날렵한 문체를 자랑하고, 남자가 썼다고 믿기지 않을 정도로 탁월하게 여성 심리를 재현해냈다. 톨스토이조차 『안나 카레니나』를 그의 첫 '장편소설'이라고 칭했다.[19] 『전쟁과 평화』가 러시아의 광활함을 소설에 품은 듯 가없이 넓었다면 『안나 카레니나』는 상대적으로 범위가 줄었다. 다루는 시공간도 『전쟁과 평화』에 비하면 좁아졌고 등장인물 숫자도 그러하거니와 소설의 줄거리도 초점이 확실하다.

『안나 카레니나』는 대체로 '불륜 소설'이라고 간주된다. 세계 문학사에 『보바리 부인』과 쌍벽을 이루는 불륜 소설. 물론 『안나 카레니나』를 불륜 소설로만 접근하는 것은 소설을 반쪽만 보는 셈이다.[20] 제목을 '안나 카레니나'로 붙여서 마치 단독 주인공이 소설을 끌어가는 듯 보이지만 실은 그렇지 않다. 주지하다시피, 『안나 카레니나』는 공동 주인공 체제고 안나와 레빈이라는 두 주인공을 중심으로 세 쌍의 부부(안나 부부, 레빈 부부, 돌리 부

18 그러나 극찬에 이어 비평문을 게재한 진짜 의도가 드러난다. 『안나 카레니나』의 마지막 부에서 톨스토이가 레빈을 통해 피력한 반전(反戰) 입장에 반대하는 의견을 펼치는 것이다(*PSS* 25: 193-223).

19 이 배경에는 소설을 칭하는 노어 단어가 '로만'(*roman*)이란 점이 참고가 될 터이다. 영미권에서 쓰는 로맨스(romance)와 연관이 있는 '로만'은 남녀의 사랑 이야기를 기본 속성으로 한다. 『전쟁과 평화』에도 사랑 이야기가 있지만 나라의 운명과 역사에 더 큰 방점을 찍었기에 톨스토이는 자신의 첫 대작을 소설로 간주하지 않은 것이다. 『전쟁과 평화』는 '로만'이라는 틀에 가두기에는 너무나도 큰 작품이다.

20 예브도키모바(Evdokimova)는 안나의 이야기를 '불륜 소설'로, 그에 반해 레빈의 이야기는 플라톤식 '철학 소설'로 보면서 두 주인공이 서로 다른 장르를 대변한다고 본다(137-143). 한편 이상룡은 『안나 카레니나』를 개체 중심적 서술과 목적 지향적 담론이라는 대립 명제로 해석하며 후자가 레빈의 목소리를 통해 제시된다고 본다(165-184).

부)가 결혼 생활의 여러 모습을 변주해내며[21] 그를 통해 작가는 시공을 뛰어넘는 인간의 본질을 탐구한다.

그러나 『안나 카레니나』를 논하면서 안나의 불륜을 빼놓을 수는 없다. 『안나 카레니나』가 인기를 구가하는 첫째 이유도 안나의 정열적이고 비극적인 사랑(불륜)이고, 가장 많이 오해를 사는 지점도 안나의 정열적이고 비극적인 사랑이기 때문이다. 안나를 대하는 독자들 사이의 가장 흔한 해석은 안나가 위선자들의 사회에서 솔직하게 자신의 그릇된 사랑을 인정하고 그로 인해 박해받아 죽음에 이르게 된다는, 소위 희생자 코드다. 대표적으로 쉬클롭스키는 "안나를 기차 바퀴로 내모는 것은 신이 아니라 사람들이다"(131)라고 일갈한다. 이 독법에 따르면 안나의 두 남자, 즉 남편 카레닌과 애인 브론스키는 둘 다 안나의 사랑을 받을 자격이 없는 나쁜 남자다. 어떤 독자는 안나의 죽음에서 작가의 여성 혐오증을 읽어내기도 한다. 불륜이 잘못이기는 하지만 죽을죄는 아니건만 아름답고 용기 있는 여성을 죽게 만든 비정한 작가가 톨스토이라는 식이다. 그런데 정말 그런가? 톨스토이의 안나가 파멸하는 이유는 정말 사교계의 위선 때문인가? 안나의 죄는 없는가?

톨스토이는 안나를 통해 여성의 사랑을 정면으로 다룬다. 전작에서도 나타샤를 대표로 해서 여성의 사랑과 결혼을 다뤘지만, 역시 『전쟁과 평화』에서는 러시아의 운명이 나타샤의 운명에 우선한다. 국가의 존망이 걸린 전쟁과 평화의 시기를 가로지르며 여주인공 나타샤는 13살 소녀에서 시작해 28세까지 그려진다. 에필로그에서 나타샤는 아이 넷을 낳은 결혼 8년 차 유부녀다. 여주인공의 나이로 볼 때 『안나 카레니나』는 나타샤가 멈춘 언저

21 안나의 가족은 와해되고 돌리-오블론스키의 가족은 이혼 위기를 넘긴 후 쇼윈도 부부를 유지한다. 레빈-키티 부부만이 행복한 가정을 이룬다.

리에서 시작한다. 1870년대를 배경으로 4년여에 걸쳐 전개되는 소설 『안나 카레니나』에 처음 등장할 시점에 안나는 결혼한 지 8년 된 유부녀다. 정확한 나이는 언급되지 않지만 19세기 러시아에서 여자의 결혼 적령기가 10대 말에서 20대 초였음을 고려할 때 안나의 나이는 20대 후반일 것으로 추정된다(참고로 소설의 1부를 기준으로 레빈은 32세, 키티는 18세다. 그리고 키티는 20세에 레빈과 결혼한다). 『전쟁과 평화』에서는 나타샤가 결혼에 이르기까지의 삶이 주가 되고 결혼한 후 행복한 모습이 그려지지만, 『안나 카레니나』의 안나는 별문제가 없던 결혼 생활이 불행한 결혼이 되면서 파국을 맞는 이야기의 주인공이다.

여성 문제의 관점에서 볼 때 『안나 카레니나』와 『전쟁과 평화』의 차이는 무엇일까? 사실 나타샤도 안나처럼 딴눈을 판다. 약혼자가 있으면서도 딴 남자의 유혹에 빠져 같이 야반도주하려고 한다(이를 눈치챈 주위 사람들의 저지로 실패할 뿐이다). 그러나 나타샤는 파혼은 당하지만 파멸하지 않는다. 반대로 안나는 남편을 두고 딴 남자와 사랑에 빠져 도망친다. 그리고 그 끝은 죽음이다. 대체 무엇 때문에 이 차이가 생기는 것일까? 사회의 문제인가? 물론 제도를 무시할 수 없다. 여성의 인권이 한결 신장된 21세기와 달리 19세기 러시아에서는 종교의 영향력이 무척 컸고 당연히 러시아 정교회는 결혼을 신이 맺어준 신성한 계율로 여겼다. 더 나아가 『안나 카레니나』가 묘사하듯 이혼은 사회의 손가락질을 받는 창피한 사건이고 이혼하기도 매우 어려웠다(Murav 74-82). 그러나 안나가 파멸하는 진짜 이유는 사회와 결혼 제도에 반기를 들어서가 아니다. 톨스토이의 소설은 보기보다 간단하지 않다.

제목부터 문제가 있다. 왜 '안나 카레니나'인가? 소설의 주인공은 안나만이 아니다. 어느 면으로 보나 레빈도 주인공인데 왜 제목은 한 사람 이름만 내걸었을까? 소설의 첫 문장도 생각해보면 허점이 있다. 제인 오스틴이 쓴 『오만과 편견』의 첫 문장만큼이나 세계 문학사에서 유명한 『안나 카레니나』의 첫 문장은 다음과 같다. "행복한 가정은 서로 닮았지만 불행한 가정은 모두 저마다의 이유로 불행하다." 이 멋진 경구식 문장을 읽으면 톨스토이가 우리에게 삶의 진리 한 조각을 건네는 듯, 거장의 선물처럼 느껴진다. 그러나 정말 그런가? 소설을 반추해보면 의구심이 들 수밖에 없다. 불행한 가정은 정말로 서로 다른 이유로 불행한가? 도리어 반대 아닌가? 적어도 『안나 카레니나』에서 불행한 두 가정, 즉 안나와 오블론스키의 가정은 같은 이유로 불행하다. 두 가정 공히 부부 중 한 사람의 불륜으로 삐걱대는 것이다.

소설을 여는 순간부터 범상치 않은 기운을 내뿜는 제사(題辭)도 간단하지 않기는 마찬가지다. "복수는 나의 것이니, 내가 갚으리라." 짧고 강렬하다. 뜻도 명료해 보인다. 그러나 성경을 비롯해[22] 쇼펜하우어의 『의지와 표상으로서의 세계』에서 톨스토이가 영감을 받은 이 문구에 관해서 소설이 발표된 1870년대부터 지금까지도 의견이 분분하다. 많은 이들이 이 제사가 안나를 비난하는 사교계의 위선자들을 겨눈다고 본다. 혹자는 이 제사가 카레닌을 향한다고 보기도 한다(사다요시 110).

이에 덧붙여 또 다른 해석도 가능하다. 7부에 이르면 안나는 브론스키의 사랑이 식었다고 끊임없이 의심하고 괴로워하며 그에게 복수하겠다고 다짐한다.

> 그의 마음속에 그녀에 대한 사랑을 복구시킬 수 있는 유일한 방법이자, 그녀 마음속에서 악한 기운이 부추겨왔던, 그와의 싸움에서 그를 벌하고 승리할

22 구약의 「신명기」 32장 35절, 또 신약에서는 「로마서」 12장 19절에 등장한다.

수 있는 유일한 방법인 죽음이 분명하고도 생생하게 그녀에게 떠올랐다. 이제 아무려나 상관이 없었다. 보즈드비젠스코예에 가든 말든, 남편에게서 이혼을 받아내든 말든, 죄다 필요 없는 짓이었다. 필요한 건 단 하나, 그를 벌해야만 했다. (7부 26장, 3: 351) (강조는 역자 표시)[23]

안나의 자살은 그녀의 관점에서 보자면 브론스키에 가하는 복수인 셈이다. 브론스키가 죽은 안나의 얼굴에서 읽은 마지막 메시지도 복수다. 브론스키는 안나의 감기지 않은 눈에서 마치 "그들이 싸울 때 했던 끔찍한 말, 즉 그가 후회하게 될 거라는 말을 내뱉는 듯한 표정"(8부 5장, 3: 405)을 본다.

『백치』의 나스타샤가 로고진의 손을 빌려 세상과 자신에게 복수한다면 안나는 자신을 죽임으로써 브론스키를 벌하고자 하는 것이다. 그렇게 본다면 제사에 나온 문구는 신의 역할을 가로채려 한 안나를 대상으로 한다고 볼 여지도 준다. 물론 이와 같은 불명료성은 뜻을 흐트러뜨리기보다는 도리어 다양한 해석을 가능하게 하면서 독서를 더욱 풍요롭게 하는 데 기여한다. 어쨌든 『안나 카레니나』가 첫인상과는 달리 명징하지 않은 구석이 군데군데 있음은 특기할 만하다.

그 점은 소설의 핵심을 이루는 안나의 사랑에도 적용된다. 안나의 사랑은 명백히 불륜이지만 독자는 안나에게 매료되고 더 나아가 연민을 느낀다. 그녀의 매력은 한둘이 아니고 그건 아름다운 외모에만 국한되지도 않는다. 안나는 솔직하고 당당하며 자기 잘못에 대해 수치심을 느낄 줄도 안다. 브론스키의 아이를 낳다가 죽음의 문턱에서 참회하며 남편에게 용서를

23 인용문은 필자의 펭귄클래식 번역본을 사용하고 괄호 안에는 먼저 소설의 부와 장을, 그리고 이어서 한국어 번역본의 권과 쪽수를 표시한다.

비는 안나의 모습에는 사람을 감동시키는 진정성이 있다.

그런데 대체 왜 안나가 죽어야만 할까? 안나의 사랑이 죽을 만큼 큰 죄인가? 우리 모두가 다 진정한 사랑을 만나 결혼한다는 보장도 없고, 어떤 이에게는 안타깝지만 결혼한 후에야 운명적인 사랑이 찾아오기도 하는 것 아닌가? 그런데 톨스토이는 꼭 그렇게 안나를 기차 밑으로 던져 버려야 했을까? 자유연애는 물론이고 이혼마저도 더 이상 큰 허물이 아닌 요즘 시대에 톨스토이가 고루해 보이는 건 당연하다.[24]

더구나 소설에 등장하는 수많은 인물 중 안나가 최악은 아니다. 소설 속에는 온갖 불륜 남녀가 나온다. 당장 그녀의 오빠부터가 외도를 밥 먹듯 하는 파렴치한이다. 당당하기까지 하다. 10년 넘게 같이 살며 줄줄이 아이를 낳은 아내의 성적 매력이 떨어지기 때문에 어쩔 수 없다고 말한다. 그러나 그렇다고 아내를 버리지는 않을 것이며 도리어 혼인을 유지하기 위해 때로 외도를 해줘야 한다는 논리를 내세우며 양심의 가책 없이 명랑하게 살아간다. 그 와중에 아내가 지참금으로 가지고 온 재산까지 축내면서 말이다.

그의 아내 돌리는 귀족 가문의 딸로 친정이 탄탄하지만 감히 이혼할 엄두를 내지 못한다. 처음 남편의 외도를 알게 됐을 때는 이혼을 운운하며 집안을 "뒤죽박죽"으로 만들지만(돌리의 마음을 돌리기 위해 안나가 모스크바에 오면서 소설이 시작된다) 아이들을 이유로, 또 남편에 대한 사랑이 아직 남아 있다는 이유로 그녀는 안나에게 기꺼이 설득당한다. 돌리가 말하는 이유도 다 사실이지만 그에 더해 여성의 이혼에 가해지는 가혹한 사회의 시선도 무시할 수 없다. 또한 남편 말대로 이미 성적 매력이 사라진, 게다가 아이까지 줄줄이 딸린 30대 유부녀가 이혼녀가 되어 다시 제대로 된 결혼을 할 수

24 이 문단을 포함해 앞의 다섯 문단은 윤새라(2011a, 472-474)와 겹치는 내용임을 밝혀둔다.

있을 것인가. 이미 청춘은 가버린 것이다. 돌리는 커가는 아이들에게서 위안을 찾을 뿐이다.

안나의 오빠 외에도 소설에 그려진 사교계에는 불륜 남녀가 차고도 넘친다. 다만 그들은 사교계가 쳐놓은 선을 넘지 않는다. 절대로 불륜 관계를 공식화하지는 않는 것이다. 그 룰을 지키는 한에서는 불륜이 도리어 장려된다. 매력 있는 사람이라는 뜻이기 때문이다. 그러한 사교계의 위선을 깨고 안나는 가정을 떠난다. 신의 계율과 사교계의 규칙을 깨는 것이다. 그 결과 안나는 사회의 냉대를 받게 된다. 그에 대해 독자는 안나와 함께 분노하고 사교계를 비난한다. 안나보다 훨씬 더 질이 나쁜 불륜 남녀들은 그대로 살아가는데 왜 톨스토이는 안나만 벌하는가 말이다.

중요한 것은『안나 카레니나』는 소설이지 도덕 교과서가 아니라는 사실이다. 우리 삶이 그렇듯 선한 행동이 늘 보상을 받지도, 악한 행동이 늘 벌을 받지도 않는다. 우리 삶은 선악에 따라, 혹은 잘잘못의 경중에 따라 기계적으로 잘 살고 못 살고가 갈리지 않는다. 올바르게 살려는 노력도 그게 꼭 가시적인 대가가 따르기 때문이 아니라 우리 마음의 정언적 명령 때문이듯, 열심히 최선을 다해서 살아도 불가항력으로 스러지는 경우도 있다. 삶의 가치를 저울질하는 최후의 판관은 결국 각자의 양심, 그리고 절대자에게 있을 것이다.

분명한 것은 톨스토이의 관심은 나쁜 사람을 벌하는 데 있지 않다는 사실이다. 그보다 그가 관심을 둔 쪽은 바른길을 갈 수도, 또 반대로 그릇된 길로 빠질 수도 있는 보통 사람이 삶의 의미를 찾아가는 과정이다. 그렇기 때문에 그는 안나의 오빠처럼 철저히 속물인 사람은 주인공으로 삼지 않는다. 수준이 너무 처참해서 작가의 관심을 받을 자격도 없는 것이다. 톨스토이에게 안나의 비극은 자존감이 있고 생명력이 넘치던 사람이 잘못된 길에 들어서서 결국 막다른 골목에 이른다는 것이다. 대체 어디서, 어디서부터 잘못된 것일까?

레빈을 보면 안나의 비극은 한층 더 선명해진다. 작가가 제목을 잘못 붙였다는 말이 나올 정도로(Morson 2007, 37) 『안나 카레니나』의 주인공은 안나만이 아니다. 콘스탄틴 레빈이라는 주인공이 한 명 더 있는데 레빈의 이야기는 소설 전체에 걸쳐 안나의 이야기와 함께 나란히, 같은 비중으로 전개된다. 이미 많은 평자가 논한 바와 같이 콘스탄틴 레빈은 작가 톨스토이의 분신이다. 레빈(Levin)이란 이름부터 작가의 이름 레프(Lev)에 어미만 붙여 만들었을 뿐만 아니라 레빈의 이야기 자체가 톨스토이의 전기에 바탕을 두고 있는 부분이 많다.

그러나 무엇보다도 톨스토이와 레빈을 묶어주는 요소는 삶에 대한 기본 태도다. 여러 단점과 실패에도 불구하고 삶의 의미를 찾고자 부단히 정진하는 레빈은 작가를 닮았다. 레빈과 톨스토이가 추구한 좋은 삶은 곧 바른 삶이다. 시골에서 직접 노동에 참여하며, 반듯한 가정을 이루고 아이를 키우는 삶, 아주 단순하지만 당시 러시아 귀족들에게서는 쉽게 찾아볼 수 없는 삶이다. 레빈은 자신이 있는 곳에 대한 자각과 책임감이 강한 데다가 더불어 사는 사람들과 튼튼한 유대감을 쌓아 나간다. 아내와 자식뿐만 아니라 시골 농부들과도 계속해서 씨름하면서 소통하려고 노력한다. 또한 육체의 삶 외에 정신의 삶에도 깊이 침잠해 들어간다. 소설이 끝날 때까지도 레빈은 삶과 죽음에 대한 완벽한 답을 얻지 못하고 아내가 자신을 이해하지 못한다고 느낀다. 그러나 결코 탐구를 멈추지 않는다. 그렇게 레빈은 일상생활 속에서 구도의 길을 간다.

안나는 어떤가. 소설 초반부에는 그처럼 생기발랄하고 품위 있던 여인이 앞의 인용문에서 보듯 나중에는 복수심에 불타는 질투의 화신으로 전락한다. 처음에는 불륜 때문에 양심의 가책을 느끼며 괴로워하지만 나중에는 오로지 브론스키의 사랑만을 갈구하는 신세가 된다. 거듭되는 좌절에도 불구하고 계속해서 삶과 부딪치는 레빈에 비해 안나는 세계로부터 점점 더 단절된다. 그녀는 브론스키의 아이를 출산한 후 위선에 찌든 사교계를 버리고 애인과 이탈리아로 밀월여행을 떠난다. 이탈리아에서 브론스키는 화가 흉내를 내며 시간을 때우지만 결국 석 달여 만에 무료함을 견디지 못하고 러시아로 돌아온다. 그러나 바로 도시로 가지 않고 시골로 가는데 거기서는 시골 지주 흉내를 낸다. 그렇지만 그 흉내 내기의 즐거움도 오래 가지 않아서 결국 그들은 페테르부르크로 돌아간다. 그들은 불타는 사랑으로 사교계를 초월할 수 있으리라 생각했으나 그건 오판이자 오만이었던 것이다. 사람은 사랑만으로 살지 않는다. 익숙한 페테르부르크에서 이제 안나는 완전히 달라진 자신의 처지를 실감한다. 안나는 '타락한 여자'인 것이다. 너무나 익숙한 곳, 그리고 낯익은 사람들 사이에서 그녀는 이제 모욕을 견디며 유배나 다름없는 생활을 하게 된다. 그 불행한 상황에 대해 안나는 브론스키를 탓하고 불행의 대가로 그의 사랑을 강요한다. 강요된 사랑이 어찌 사랑일 수 있으랴. 그러니 한때 지극했던 사랑마저도 파탄이 나는 건 불 보듯 뻔한 노릇이다.

그러므로 안나의 죄는 단순한 불륜이 아니다. 불륜에서 시작됐다 할지라도 그 자체가 안나를 파멸로 내몬 것은 아니다. 톨스토이가 바라본 안나의 죄는 그보다 훨씬 더 근본적인 삶의 양식의 문제다. 안나는 허위의 덫에 빠져 자신에게 있던 고결함을 버리고, 그로 말미암아 인간다운 본성을 잃는 것이다. 레빈이 치열하게 삶과 죽음의 문제를 고민하고 그러면서 성숙해갈 때 안나는 정반대의 길을 간다. 사회관계를 단절하고 고립되어 브론스키에게만 모든 것을 걸고 그로 인해 브론스키를 옥죄게 되었을 때 그것은 이미 사랑이 아니라 집착이 되어버린다. 집착은 상대방은 물론 자신도 구원하지 못한다.

안나에게도 기회는 몇 번 있었다. 카레닌이 진정으로 그녀와 브론스키를 용서했을 때, 또 브론스키와의 사이에 낳은 딸과 함께 새로운 가정을 꾸릴 수도 있었다. 그러나 그녀는 기회를 놓친다. 죽을지도 모르는 상황에서는 카레닌과 진심으로 화해하지만 죽을 고비를 넘기고 나서는 기만을 택한다. 애인과 떠남으로써 상황을 회피하는 것이다. 게다가 법적으로 인정받는 가정을 꾸리고 싶어 하는 브론스키의 희망을 외면한다. 남편에게 남겨두고 온 아들을 이유로 들지만 사실 마음 깊은 곳에는 결혼하지 않고 연인 관계로 남아 있고 싶다는 욕망이 읽히기도 한다. 그런 욕망이 내재되어 있기에 안나는 사랑하는 남자와의 사이에서 태어난 딸을 돌보지 않는 것이다.[25] 딸은 곧 자신이 연인이 아니라 엄마라는 사실을 일깨우기에. 그래서 그녀는 더 이상의 임신을 거부한다. 출산은 몸매를 망가뜨리고, 미모를 잃으면 브론스키와의 연애에 지장이 생긴다는 이유에서다. 위험하지만, 그래서 한층 더 달콤한 불륜의 연애에 안나는 중독되어 버린 것이다.[26] 브론스키와의 관계가 예전 같지 않아졌을 때에야 안나는 남편과의 이혼을 추진하지만 한때 이혼을 해주겠다던 카레닌의 마음이 변한 후다.

안나의 위태로운 사랑놀이에 비추어 레빈의 사랑과 결혼, 그리고 이어

25 그렇게 어머니에게 외면받은 안나의 딸 이름은 공교롭게도 '안나 카레니나'다. 안나가 브론스키와 결혼하지 않은 상태에서 낳은 딸이라 법적으로는 카레닌의 딸이기 때문에 카레닌의 성을 따르는 것이다(어머니 안나와 딸 안나의 이름에서 부칭만 다르다). 소설에서 안나의 딸 안나에게 가장 애정을 보이는 이도 카레닌이다. 안나가 산욕열로 사경을 헤맬 때 갓난아기를 돌보며 카레닌은 따뜻한 사랑을 느낀다. 카레닌이 안나가 믿는 것처럼 비정하기만 한 사람이 아니라는 증거다.

26 이런 맥락에서 메레쥐콥스키는 안나가 브론스키와 처음 만났을 때부터 마지막 죽음의 순간까지 "사랑한다, 오직 사랑만 한다"(120)라고 꼬집는다.

지는 가정생활은 건실하기 짝이 없다. 톨스토이 자신의 실제 경험이 많이 반영된 레빈의 결혼 생활은 작가가 평생 화두로 삼았던 테마 중 하나인 '가정의 행복'을 구현한다. 또한 안나가 연애의 쾌락에 중독되어 점점 더 자신을 속이고 합리화하며 파멸의 길로 내달을 때 레빈은 그 반대편에서 바른 생활 사나이로 소설의 균형을 맞춘다. 구스타프슨(Gustafson)은 이를 "안나의 이야기는 증오로 끝나고 레빈의 이야기는 사랑으로 끝난다"라고 해석한다(142). 하지만 안나와 레빈, 이 짝패는 일반적으로 독자의 마음에서 작가의 의도와는 다르게 한쪽으로 무게 중심이 기운다. 안나 쪽으로 몰리는 쏠림 현상이 어찌나 심한지 영화 각색에서 아예 레빈 이야기를 통째로 빼버리는 경우도 종종 있다. 그 배후에는 현대 문명의 속성이 버티고 있다.[27] 낭만적이고 열정적인 사랑을 동경하는 현대인들은 당연히 레빈의 투박하지만 건강한 사랑보다는 비록 불륜일지라도 극적이며 화려한 안나의 사랑에 끌리기 마련이다. 안나에게 부정적인 견해를 취했던 톨스토이조차도 자신의 창조물에 깊이 빠져들었을 정도로 톨스토이의 작품에서 안나의 매력은 타의 추종을 불허한다. 그러나 독자들이 작가의 의도, 즉 안나의 죄를 쉽게 파악하지 못한다는 사실은 어떻게 해석해야 할까? 톨스토이의 실패일까, 아니면 현대인의 실패일까?[28]

『백치』의 나스타샤처럼 안나도 내연녀로 '타락한 여자'라는 오명을 얻지만 나스타샤와 달리 주홍 글씨는 안나에게 수치심을 안기지 않는다. 굴욕감은 있으나 수치심은 아니다. 나스타샤가 15세의 어린 나이에 후견인에

27 이 점이 모슨(2007)이 주장하는 바다.

28 이 단락을 비롯해 앞의 일곱 단락은 윤새라(2011a, 474-478)와 중복됨을 밝힌다.

게 성폭행을 당한 데 반해[29] 안나는 자신의 선택으로 결정한 길일뿐만 아니라, 사교계의 일원으로 상류층의 위선을 익히 알기에 자신이 주위 사람들보다 차라리 솔직하다고, 즉 정신적으로 우월하다고 생각한다. 더구나 안나는 주홍 글씨 때문에 당하는 모욕을 무기로 자신의 사랑을 더욱더 드라마틱하게 여긴다.[30] 자신이 비련의 여인이며 운명적인 사랑 때문에 고초를 겪는다는 믿음을 자신에게 또 브론스키에게 지속적으로 주입한다. 불륜 관계 때문에 굴욕을 당할 것이 뻔하기에 공식 석상에 가지 말라는 브론스키의 만류에도 불구하고 안나는 세상을 향해 도발하듯 극장에 가고 예상된 상황에 부닥친다. 사교계 인사들은 그녀를 대놓고 무시한다. 독자는 안나에게 안타까움을, 또 사교계 사람들의 위선에 분노를 느끼지만 충분히 예견된 모욕을 기꺼이 당하러 사람들 앞에 나선 안나의 결정은 의아하기도 하고 무모하기도 하다. 세상에 대한 항거인 듯 보이지만 자학적으로 굴욕을 즐기는 것처럼 보이기도 한다. 얼마 전까지도 정숙한 귀부인으로 칭송받던 자신이 감수해야 하는 굴욕을 운명적 사랑에 대한 비극적 희생으로 이해하는 듯한 혐의가 포착된다.

수치심이 없듯이 안나는 남편에 대한 죄책감도 죽음의 고비에서 벗어나며 함께 벗어던진다. 남편에게 한 '고해성사'와 함께 사라져버린 것이다. 죽음의 문턱에서 돌아온 안나는 그 후 육체의 욕망을 실현하는 것을 최우

29 성폭행으로부터 나스타샤의 의사에 반한 인생행로가 펼쳐진다. 그래서 후견인이 나스타샤에게 개인 교사를 붙여 좋은 교육을 받게 하고 풍족한 생활을 하게 해주어도 그녀는 행복하지 않다. 그녀는 '빵'으로 회유되지 않는다. 그녀에게 '자유 의지'는 '빵'보다 훨씬 중요하다.

30 슬론(Sloane)은 안나에게서 자신의 삶을 소설처럼 만들고 싶어 하는 욕망을 읽어낸다(125). 브론스키를 만난 후 마음이 흔들린 안나가 페테르부르크의 집으로 돌아가는 길에 기차 안에서 영국 소설을 읽으며 보이는 반응은 안나가 단지 소설을 읽는 데서 만족하지 않고 소설을 직접 살고 싶어 한다는 점을 암시한다. 자기 삶을 드라마틱한 소설처럼 만들고 싶어 하는 욕망이 엿보이는 것이다.

선으로 삼아 살아가게 된다. 어차피 죽을 인생, 하고 싶은 걸 하면서 살자는 듯이. 실제로 브론스키와 떠난 유럽 여행에서 그녀는 남편에 대한 죄책감이 아니라 너무 행복해서 죄책감을 느낄 정도다.

> 안나는 남편에게서 해방되어 빠르게 건강을 회복하던 중에 처음에는 용서가 안 될 정도로 행복하고 삶의 기쁨에 충만해 있었다. 남편이 불행하다는 사실을 상기한다고 해도 행복에 금이 가진 않았다. [중략]
> '내가 그이의 불행을 초래한 건 어쩔 수 없었어.' 그녀는 생각했다. '하지만 난 그 불행을 이용하지 않겠어. 그리고 나 역시 괴롭고, 괴로워할 것이고, 나는 무엇보다 소중히 여기는 걸 잃었는걸. 명예로운 이름과 아들을 잃었잖아. 내가 잘못을 저질렀으니 행복을 원치는 않아. 이혼하지도 않고 멸시를 참고 아들과의 이별을 견딜 거야.' 그러나 아무리 진심으로 고통을 원한다 할지라도 그녀는 고통스럽지 않았다. [중략]
> 생에 대한 욕구는 건강이 회복되면서 더 강렬해졌으며 삶의 조건도 새롭고 즐겁기만 해서 안나는 자신이 용서가 안 될 정도로 행복했다. (5부 8장, 2: 394-395)

『백치』의 '타락한 여인' 나스타샤와 비교할 때 톨스토이의 '타락한 여인' 안나는 뚜렷한 차이를 드러낸다. 도스토옙스키가 나스타샤에게서 도도한 정신과 타락한 육체를 한 사람 안에서 구현했다면 톨스토이는 정신과 육체를 하나로 보았다. 정신이 바르지 못하면 육체 역시 추하게 변질된다는 점을 안나 카레니나는 여실히 보여준다. 안나의 비극은 단순히 죽음이 아니다. 기차 아래 몸을 던져 자살한 사건은 육체의 죽음일 뿐이다. 안나의 죽음은 이미 그 전에 일어난다. 오윈(Orwin)은 안나의 정신적 죽음이 육체의 죽음을 초래한다고 해석한다(1993, 186). 정숙한 여인이었을 때의 안나, 그러니까 소설 초반의 안나와 소설 후반의 안나를 비교해보자. 먼저 소설에 처음 등장했을 때 안나의 모습이다. 외도 사실을 들켜서 곤경에 처한 오빠를 도와주러 모스크바에 온 안나는 젊고 잘생긴 브론스키와 마주친다. 다음은 브론스키와 안나가 처음 만나는 유명한 기차역 장면이다.

> 브론스키는 차장을 따라 객차 안으로 들어가다가 기차에서 내리는 귀부인에게 길을 내주기 위해 입구에서 잠깐 멈춰 섰다. 사교계 절도가 몸에 밴 브론스키는 겉모습만 흘끗 보고도 그녀가 상류층 귀부인임을 확신할 수 있었다. 그는 목례를 하고 객차 안으로 들어가려 했지만 그녀를 한 번 더 봐야 할 필요성을 느꼈다. 그녀의 미모가 대단해서도, 몸에서 세련되고 소박한 우아함이 풍겨서도 아니었다. 다정다감한 그녀의 얼굴에 유난히 상냥하면서도 부드러운 표정이 감돌았기 때문이다. [중략] 이 짧은 시선에서 브론스키는 억눌린 활기를 알아차릴 수 있었다. 그 활기는 그녀의 얼굴에서 춤추었고 반짝이는 눈 사이에서 너울거렸으며, 붉은 입술을 곡선 모양으로 만든 알아볼 듯 말 듯 한 미소 속에도 감돌았다. 어떤 충만한 감정이 존재를 채우고 넘치는 듯, 그녀의 뜻과 상관없이 눈길의 반짝임과 미소에 드러나는 것 같았다. 그녀는 눈에 나타났던 환한 빛을 일부러 껐다. 하지만 그 빛은 그녀의 의지에 반해 보일락 말락 한 미소 속에서 다시 켜졌다. (1부 18장, 1: 140-141)

『백치』의 나스타샤의 눈부신 미모는 사진으로도 전달이 되지만 안나의 진정한 아름다움은 사진으로는 포착할 수 없다. 안나의 미모의 핵심은 인형 같은 아름다움이 아니라 매력이기 때문이다. 얼굴에 떠올랐다 사라지는 활기, 살아 움직이는 생기 넘치는 매력. 여기서도 다시 한번 두 작가의 핵심적인 차이가 확인된다. 도스토옙스키의 나스타샤 사진은 성상화처럼 순간을 영원으로 고정시킨다. 그러나 톨스토이에게 아름다움은 흘러가는 시간 속에서만 감지된다. 고정시킬 수 없는 것이다.

그러나 그 아름다움은 열정에 탐닉하며 브론스키에 대한 독점욕이 점차 커지며 사라진다. 아니, 사라지는 정도가 아니라 추해지는 지경에까지 이른다. 질투에 사로잡힌 안나가 브론스키의 눈에 어떻게 비치는지는 다음의 인용문이 적나라하게 묘사한다.

> 그녀는 처음에 보았던 모습과는 딴판이었다. 정신적으로나 육체적으로 나쁜 쪽으로 변해 있었다. 살이 많이 쪘고, 여배우 얘기를 할 때는 악한 표정이 떠올라 얼굴이 일그러졌다. 그는 꽃의 아름다움에 끌려 꽃을 꺾어 죽여버리고 그 꽃에서 예전 아름다움을 좀처럼 찾아보지 못하는 사람처럼, 자신이 꺾은 후 시들어가는 꽃을 보듯 그녀를 바라보았다. (4부 3장, 2: 217)

소설에 처음 등장했던 때의 안나와 비교하면 동일인인가 싶을 정도로 놀라운 변화가 아닐 수 없다.

더 나아가 안나는 브론스키와의 관계가 권태기에 접어들자 연인의 마음을 처음처럼 사로잡으려고 필사적으로 노력한다. 아들을 원하는 그의 뜻과는 반대로 몸매를 유지하기 위해 피임을 하고(19세기 후반에는 파격적인 일이었다)[31] 그의 말 상대가 되기 위해 그의 관심사를 세심하게 챙기고(그 와중

31 카레닌과의 사이에서 낳은 아들을 소중하게 여기는 안나가 사랑하는 남자 브론스키와의 사이에서 낳은 딸은 외면하는 현상의 저변에는 아이가 미모를 망가뜨리는 주범이라는 그녀의 인식이 깔려 있다. 브론스키가 아이를 더 갖자고 말할 때마다 안나는 신경이 곤두선다. "그는 아이를 갖고 싶어 하는데 안나는 자신의 미모가 더 이상 중요하지 않게 되었기 때문이라고 해석했다"(7부 25장, 3: 345).

에 그와의 사이에서 낳은 딸에게는 거의 신경을 쓰지 않는다) 외모를 치장하는 데 엄청난 돈과 시간을 쏟아붓는다. 브론스키와 처음으로 춤추던 무도회장에 단순하기 이를 데 없는 검정 드레스를 입고 나타났던 안나는 정작 그와 함께 살면서는 집, 그것도 시골 영지에서도 하루에 몇 번씩 값비싼 옷으로 갈아입는다. 그런데 그처럼 애를 쓰면 쓸수록 그녀의 아름다움의 근원이었던 너울대며 생기 넘치던 매력은 사라지는 역설이 나타난다.

안나가 망가진 이유는 간단히 말해 그녀의 중심이 더 이상 자신이 아니기 때문이다. 자신에게 당당했던 안나가 아니라 애인에게 매달리는, 그래서 도리어 그에게 부담이 되는 존재가 되어 버렸기 때문이다. 안나는 대놓고 브론스키에게 그가 자신의 전부라고, 그러니 자신을 책임져야 한다고 말한다. 애인이든 누구든 좋은 관계를 위해서는 먼저 자기 자신을 지켜야 하고 적당한 거리를 유지해야 한다는 진리를 톨스토이는 안나의 예에서도 보여준다. 또 다른 관점에서 말하면, 연인의 마음이 식을까 걱정하는 안나의 괴로운 마음이 얼굴에 그대로 드러나는 것이다. 톨스토이에게는 그릇된 육체의 욕망이 고통을 초래하고 그 괴로움은 다시 육체에도 고스란히 반영되는 것으로 이어진다. 소설에 등장하는 안나의 마지막 모습이 브론스키가 기억하는 시체라는 사실은 톨스토이의 우주에서는 필연적이다.

도스토옙스키의 경우, 고통이 연민을 불러일으키고, 정신의 고결함을 반영하며 구원의 필요충분조건인 데 반해 톨스토이는 고통을 다른 각도에서 조망하는 것이다. 안나의 예에서 보듯 잘못된 근원에서 비롯된 심적 고통은 육체마저 망가뜨린다. 도스토옙스키가 타락한 여자를 통해 육체와 정신의 어긋남, 즉 비록 몸은 더럽혀졌어도 정신의 고양과 고통이 자아내는 영혼의 울림에 주목했다면, 톨스토이는 정신과 육체의 조응을 강조한다.

제4장

§

도스토옙스키의 아름다움과 톨스토이의 선

『백치』를 관통하는 단어 중 하나는 단연코 '아름다움'이다. 『백치』 하면 자주 인용되는 유명한 말이 "아름다움이 세상을 구원하리라"(*mir spaset krasota*)다. 그런데 여기서 반드시 짚고 넘어갈 점이 있다. 인용한 문장은 소설의 주인공이 직접 한 말이 아니다. 소설 안에서 미시킨이 직접 위의 말을 발화하는 적은 없다. 작품 전체에 걸쳐 위의 말이 나오는 장면이 두 번 있지만 둘 다 다른 사람이 미시킨과 연관 지어 말할 뿐이다. 구체적으로 살펴보면, 한 번은 이폴릿이 사람들이 모인 자리에서 다른 사람에게 들었다면서 미시킨이 그런 말을 했다고 말한다. 이폴릿의 말은 이렇다. "'공작님, '아름다움'이 세상을 구할 거라고 말한 적이 있죠? 여러분!' 그는 큰 목소리로 모두에게 외쳤다. '공작이 아름다움이 이 세상을 구원할 거라고 확신한답니다!'"(3부 5장). 다른 한 번은 사교계 인사들에게 미시킨을 아글라야의 결혼 상대로 인사시키는 모임을 앞두고 아글라야가 미시킨에게 주의를 주는 말에 등장한다.

"잘 들어둬요. 딱 한 번만 말할 거니까." 마침내 아글라야가 참지 못하고 말했다. "만일 당신이 사형이나 러시아의 경제 상황, '아름다움이 세상을 구원한다'는 등의 말을 꺼내면, 그럼… 난 기쁘게 웃어주겠어요. 그렇지만… 미리 경고하겠는데 그런 후에 내 눈앞에 나타날 생각 말아요." (4부 6장)

미시킨이 한 말이라고 전달되거나 미시킨이 할 법한 말의 예로 들먹여질 뿐 정작 미시킨이 제 입으로 말하는 장면은 소설에 없는 것이다. 그렇다고 미시킨이 아름다움을 전혀 언급하지 않는 것은 아니다. '아름다움'에 대해 미시킨이 직접 하는 말은 이것이다. "아름다움은 수수께끼입니다"(*Krasota-zagadka*, 1부 7장). 그리고 바로 앞에 이런 말도 한다. "아름다움은 평가하기 어렵습니다"(*Krasotu trudno sudit'*, 1부 7장).

"아름다움이 세상을 구원한다"라는 말은 짧고 멋져서 『안나 카레니나』의 유명한 첫 문장처럼 『백치』를 대표하는 문장처럼 되어 버렸다. 그 배경에는 작가가 주인공 미시킨을 예수 그리스도를 본떠 "전적으로 아름다운 사람"(*polozhitel'no prekrasnyi chelovek*)으로 창조하고자 한 창작 의도도 자리 잡고 있다. 그러나 여기에는 주의 깊게 살펴볼 몇 가지 사항이 있다. 먼저 "전적으로 아름다운 사람"과 "아름다움이 세상을 구원한다"(*mir spaset krasota*)에 쓰인 "아름답다"라는 표현이 원어인 러시아어로 다른 단어가 사용되었다는 점이 간과되어 왔다. "아름다움이 세상을 구한다"에 쓰인 '크라소타'(*krasota*)는 그 의미가 시각적 아름다움에 국한된다.

한편, "전적으로 아름다운 사람"의 원어 표현은 외국어로 딱 떨어지지 않는 말이다. 한국어로 옮길 때도 '전적으로 아름다운 사람' 외에도 '긍정적으로 아름다운 사람, 전적으로 선한/좋은 사람' 등이 사용된다. 영어로도 여러 표현이 사용된다.[32] 특히 두 번째 단어 '프레크라스니'(*prekrasnyi*)가 문제다. 이 말은 통상 '아름다운'과 '훌륭한'이란 뜻을 동시에 지니는데 러시아어의 '아름다운'이 다른 언어의 '아름다운'과 일대일로 대응하지 않음에 주의해야 한다. 노어 단어 '프레크라스니'는 단순히 미(美), 그러니까 아름다움만을 의미하지 않는다. 아름다움만을 가리키는 말은 '크라소타'라고 따로 있다. "아름다움이 세상을 구한다"라거나 나스타샤나 아글라야의 아름다움을 표현할 때 쓰인 단어다. 간단히 말해 외적인 아름다움을 지칭하는 말이다. 모든 언어가 그렇듯 이 두 단어도 시대에 따라 뜻이 어느 정도 변화하지만, 소설이 쓰인 19세기 러시아에서 '크라소타'(형용사형으로는 '크라시비'[*krasivyi*])는 시각적인 아름다움에 국한되어 사용되었다는 사실이 중요하다. 톨스토이는 예술을 논하며 '크라시비'의 원래 용례와 의미가 시각적 아름다움에만 한정되지만 서구의 영향으로 개념이 변화하는 추세를 언급한 바 있다(Blank 69-73).

그에 반해 '프레크라스니'는 시각적인 아름다움에만 머무르지 않고, 그보다 훨씬 포괄적으로 내면의 아름다움까지도 아우르는 말이다. 이는 곧 '선'(善)의 개념과도 겹친다. 다시 한번 강조하지만, '크라소타'라는 단어는 '선'의 개념이 포함되지 않은 '아름다움'이다. 따라서 도스토옙스키가 『백치』의 미시킨을 구상하면서 쓴 표현은 주인공의 본질이 아름다움이며 더 정확히는 그 아름다움에 선이 내재해 있음을 가리킨다. 도스토옙스키가 미시킨을 통해 의미한 바는 선을 담은, 아니 선하기에 아름다운 인물인 것이다. 작가가 "전적으로 아름다운 사람"의 결정판으로 예수를 든 것을 보면 그 사실은 명백해진다. 이런 맥락에서 영미권에서도 이 문구를 "positively

32 "positively fine man"이라거나 "absolutely beautiful man" 등이 쓰인다.

good man"이라고 번역하기도 한다.[33]

따라서 미시킨이 체현하는 아름다움(*prekrasnyi*)에 견주어 보면 시각적인 아름다움(*krasota*)은 내면의 아름다움을 담보하지 않는다. 그렇기 때문에 겉으로 보기에 아름다운 사람이 내면도 아름답다는 보장은 없는 셈이고, 그런 맥락에서 미시킨은 아글라야의 놀라운 미모에 감탄하면서도 "아름다움은 판단하기 어렵다"라고 말한다. 실제로 미시킨은 나스타샤의 아름다움과 아글라야의 아름다움에 감탄하지만 두려움도 함께 느낀다. 아글라야의 미모를 평해달라는 부탁에 "기막힌 미인"이라면서 미시킨은 "너무 아름다워서 쳐다보기가 두려울 정도"라고 덧붙인다. 미시킨은 아름다움(*krasota*)에 매혹과 두려움을 동시에 느낀다. 또한 절세 미녀 나스타샤를 평할 때도 이미 앞에서 인용했지만 다시 상기하자면 이렇게 말한다. "모르겠는 것은, 이 여자는 선한가요? 아, 제발 선했으면! 그럼 모든 게 구원받을 겁니다"(*Akh, kaby dobra! Vse bylo by spaseno!*, 1부 3장). 여기서 도스토옙스키가 생각하는 선과 구원의 관계가 명확히 드러난다. 다른 인물의 입을 통해 미시킨의 말 혹은 생각이라고 전해지는 "아름다움이 세상을 구할 것이다"보다는 주인공 본인의 입을 통해, 또 작가의 표현에 기초해 가늠할 수 있는 것이다. 『백치』에서 도스토옙스키가 진정으로 추구한 아름다움은 눈에 보이는 시각적인 아름다움이 아니라 고결한 예수를 닮은 내면의 아름다움이자 선, 다시 말해 선이 깃든 아름다움으로, 선과 미가 어우러진 혼합체다.

그런데 도스토옙스키가 미시킨이란 인물을 통해 그려내고자 한 '아름다움', 그러니까 선이 깃든 아름다움의 정체는 무엇일까? 바꾸어 말하자면

33 가령, 베리(Burry: 107-138)를 보라.

미시킨의 선함은 어디에서 비롯되는 것일까? 도스토옙스키가 미시킨에게 불어넣은 선을 담지한 아름다움의 요소는 복합적이다. 앞에서 언급했듯이 도스토옙스키는 그리스도를 염두에 두고 미시킨을 구상했지만 결과물은 우리가 으레 생각하는 성인(聖人)과는 퍽 다르다. 소설 제목부터 그에게 따라붙는 표현이 '백치'라는 점이 그렇다. 도스토옙스키는 미시킨을 때로는 조롱받는 사람으로 만들었다. 그렇다면 질문을 조금 바꾸어보자. 도스토옙스키의 작품에서 백치가 아름다운 이유는 무엇일까?

미시킨이 지닌 특징 중 으뜸은 어린아이와도 같은 천진난만함이다. 다르게 말하자면 미시킨의 순수함에는 자아, 즉 에고(ego)가 없다. 자아 혹은 자격지심이 없기에 남들의 시선을 의식하지 않는다. 당연히 굳이 점잖은 언행에 신경을 쓰지도 않고 이는 곧잘 타인의 (비)웃음을 사게 된다. 사람은 대개가 다 타인을 의식하고 어느 정도 계산된 행동을 하는데 미시킨은 그런 관습에서 벗어나 있기 때문이다. 그러나 이러한 미시킨의 행동 양식은 러시아 정교의 특징으로 흔히 거론되는 '케노시스'(*kenosis*)의 본질에 닿아 있다. 케노시스란 그리스 및 러시아 정교 신학의 핵심 개념 중 하나로, 인간이 신의 신성한 의지를 그대로 받아들일 수 있도록 자신을 비운 상태로 만드는 것을 일컫는다. 간단히 말해, '자기 비움'이다.[34] 예수 그리스도의 본보기를 따라 부귀영화나 권력과 같은 세속적인 욕망을 멀리하고, 그 때문에 주변의 몰이해로 조롱당하고 핍박받을지라도 변함없이 자신을 낮추고 그

34 이 비움은 곧 채움으로 이어진다. 자신을 비움으로써 그 빈 자리에 타인을 받아들일 수 있고, 그로써 타인과 공감하고 연대할 수 있다는 점에서 케노시스는 "자신을 비우는 자기 부정의 개념이자 역설적으로는 자기 긍정이 되는 윤리적 개념"이다(조주관 2007, 226). 도스토옙스키가 수용한 케노시스의 특성에 관해 더 자세한 사항은 지올콥스키(Ziolkowski)를 참조하시오.

리스도가 가르친 사랑을 실천하는 것이다.[35]

미시킨은 바로 그 자질로 만나는 사람들을 무장 해제시킨다. 소설 첫 부분에서 미시킨과 같은 기차를 탄 로고진은 면전에서 대놓고 그를 '백치'라고 부르면서도 그의 때 묻지 않은 순수함에 끌린다. 비슷한 현상이 페테르부르크에 도착한 미시킨이 가는 곳마다 되풀이된다. 그의 남루한 행색에 경계의 눈길을 보내는 예판친 가의 집사도 미시킨과 몇 마디를 나누자마자 경계심을 풀고, 예판친 가족도 초면인 그를 금세 호의적으로 받아들인다.

미시킨은 타인의 시선을 의식하지 않고 말하고 행동한다. 진짜 백치라서가 아니라 주위 사람들이 자신을 백치라고 여긴다는 것을 알면서도 그로 인해 자존심이 다치지 않기 때문에 개의치 않는 것이다. 때로 자신을 지나치게 무시하는 사람에게는 바로 그 자리에서 솔직하게 불편한 감정을 표현하고 그러지 말라고 요구하기도 한다. 미시킨은 타인과의 관계에서 자기 자아보다는 타인을 동등한 인간으로 대하는 데에 더 큰 관심을 쏟는다. 그 와중에 자연스럽게 아이 같은 순수함과 인간에 대한 진심 어린 애정이 드러나고 그 결과 미시킨과 교류하는 이들은 오랫동안 잊고 살던 순수한 내면의 목소리를 듣게 된다. 그래서 그들은 미시킨이 백치 같다고 비웃으면서도 마음 한구석이 깨어나는 놀라움과 감동을 느끼는 것이다.

그러나 미시킨도 때로 자기 내부에서 솟아나는 어두운 의혹과 싸운다. 로고진이 자신을 살해하려 들지도 모른다고 의심하기도 하고, 자신이

35 예수의 가르침대로 타인을 형제로 여겨 사랑하다가 크나큰 고통 속에 처형을 당하는 경우도 생긴다. 러시아 기독교에서는 종교적인 이유로 순교하지 않았더라도 저항하지 않고 죽임을 당한 보리스와 글렙이 성인으로 시성된 예도 있다. 심지어 러시아의 마지막 황제인 니콜라이 2세와 그 가족도 성인으로 추대되었을 정도다. 논란이 있기는 했지만 그들이 2000년에 공식적으로 러시아 정교회의 성인, 그중에서도 '수난자'(*mucheniki*, passion-bearers)로 인정받은 이유는 그들이 겪은 큰 고통 때문이다. 이와 같은 예에서 알 수 있듯이 러시아인들에게 크나큰 고통은 성스러움의 한 요소로 인식되기도 한다.

마냥 착하기만 한 사람이 아님을 스스로 잘 알고 있다. 첫 만남에서 예판치나 부인이 미시킨에게 "당신은 굉장히 선한 사람인가 봐요"라고 말하자 그는 바로 다음과 같이 대답한다. "때론 착하지 않습니다"(1부 5장). 그렇지만 미시킨은 노력한다. 자기 내부를 떠도는 어두운 의심을 몰아내려 하고 타인도 순수함을 되찾기를 바란다. 궁극적으로 그는 모두가 사랑을 통해 자기완성에 이르기를, 세상이 조화로워지기를 꿈꾼다. 이는 소설 후반부에 이르면 개개인의 범위를 벗어나 러시아의 사명으로까지 확장된다. 그리스도처럼 이웃을 형제처럼 사랑하는 삶. 누구도 인간의 존엄성을 훼손당하지 않고 모욕받지 않는 삶. 인생의 순간순간을 소중히 여기고 세상의 모든 사물에 깃든 아름다움을 인식하고 그로부터 행복을 느끼는 삶. 미시킨은 개인으로도 또 러시아라는 공동체로서도 그와 같은 이상을 추구할 것을 호소한다.

『안나 카레니나』에서도 아름다움과 선에 대한 톨스토이의 고민과 탐색을 찾아볼 수 있다. 『백치』와 비교하자면 『안나 카레니나』는 아름다움과 선 사이에서 독자에게 혼란을 주지 않는다. 아름다움보다는 선(*dobro*)을 우선시하는 경향이 뚜렷하다. 평생에 걸쳐 윤리적 삶을 목표로 정진한 톨스토이의 생애를 떠올리면 당연하기도 하다. 『백치』에서 도스토옙스키가 가장 중요하게 여기는 아름다움이 내면의 선과 중첩되는 성질의 것(*prekrasnyi*)이라면 『안나 카레니나』에서 눈에 띄는 아름다움은 '매력'(*prelest'*)이다. 이미 앞에서도 논했지만, 안나는 아름답기는 하지만 절세미인과는 거리가 있다. 그녀의 아름다움은 나스타샤처럼 사진으로 고정시킬 수 있는 미모가 아니다. 안나의 아름다움은 움직일 때 드러나는 생기에 있다. 그것은 브론스키에게는 보이고 남편 카레닌에게는 보이지 않으며, 브론스키와 안나의 첫 만남이 묘사하듯 나타났다가도 사라지는, 살아 움직이는 생물과도 같은 것이다.

휘트콤(Whitcomb)은 『안나 카레니나』 소설 전체에서 '매력'의 어근을 가진 단어(명사와 형용사)가 87회 이상 쓰였다고 지적하면서 쓰임새를 살펴본다(214-226). 그 고찰을 통해 휘트콤은 『안나 카레니나』에서 톨스토이가 사용한 '매력'은 기만적인 성질을 가졌다고 결론 내린다. 가령 브론스키와 스티바를 위시해 사교계 인물들은 일상적이고도 상투적으로 '매력'이란 단어를 남발한다. 그러나 그들의 삶에서 '매력' 또 '매력적인' 것은 가볍기만 하다. 진지하게 대하지 않기 때문이다. 그들은 별생각 없이 쉽게 감탄하고, 감탄할 거리는 도처에 널렸다. 그에 반해 레빈은 키티를 생각하며 '매력적인'이란 단어를 자주 붙이는데 도리어 결혼 후 사용이 줄어든다. 같은 평론가의 해석에 따르면 결혼 전 키티를 상상할 때는 '매력'이 사용되지만 키티와의 생활이 현실이 되면서는 그 현실에 충실하기 때문이라는 것이다. 다시 말해, 레빈은 휘발성이 강한 '매력'에 중독되지 않고 현실에 굳건히 발을 디디고 살아간다.

『안나 카레니나』에서는 안나와 레빈이 나누어서 각각 '매력'과 '선'을 대표한다고 보인다. 더 확장시켜보면 안나의 매력은 그 매력에 매료된 브론스키를 만나며 열정적인 사랑의 드라마를 추구하고, 반대로 레빈이 지향하는 선은 지루해 보이지만 성실한 삶으로 이어진다. 따라서 안나의 정열이 사랑 중에서도 가장 짜릿한, 금지된 사랑(불륜)과 통하는 것도 어찌 보면 자연스럽다. 또한 사랑에 모든 걸 걸었기에 사랑이 식었을 때 안나에게는 돌아갈 곳도 남은 것도 없기에 그 열정의 끝이 파멸이라는 점도 필연적이다. 사랑이 실패하자 삶도 끝나는 것이다.

그에 반해 소설에서 안나의 대립항으로 설정된 레빈은 실패와 자살 충동에도 굴하지 않고 묵묵하게 주어진 삶을 걸어가며 가정의 행복을 일구어 간다. 원하던 결혼을 하고 첫 아이를 낳으며 행복한 가정생활을 영위해도 레빈은 계속해서 진리를 추구한다. 『안나 카레니나』의 마지막을 장식하는 것은 안나가 아니라 레빈이다. 유명한 안나의 자살 장면은 총 8부로 구성된 소설의 7부에 나온다. 즉, 안나가 죽고 나서도 소설은 끝나지 않는다. 8부가 다른 부에 비해 길이가 확연히 짧기 때문에(3분의 2 정도의 길이다), 또 8부가 안나의 자살 후 두 달이 지난 시점에 주요 인물들의 근황을 서술한다는 점에서 에필로그로 치부되기도 하지만 작가는 8부를 에필로그로 명명하지 않았다. 8부는 그 나름의 뚜렷한 존재 의의가 있다.[36] 7부가 안나의 자살로 끝나면서 극적인 효과를 내지만 거기서 소설이 끝난다면 결코 톨스토이가 아니다. 톨스토이가 독자에게 말하고자 하는 바가 반면교사 격인 안나를 통해 우회적으로 전달된다면 레빈을 통해서는 직설적으로 전달된다. 8부에 묘사된 레빈의 삶에는 톨스토이 자신이 삶에 대해 취한 태도가 투영되어 있다. 이 측면에서 주목할 점은 레빈의 깨달음이다.

가정의 행복에도 불구하고 인생의 참된 의미가 무엇인지 찾는 레빈은 대학에서 자연과학을 전공한 이력에 걸맞게 이성에 의존해 여러 학문을 섭렵하지만 결국 초월자, 즉 신을 받아들이게 된다. 오랜 성찰 끝에 이성으로는 설명이 불가능한 진리가 있음을 수긍하고 이를 신에게서 찾게 되는 것이다. 레빈에게 "신에 대한 믿음과 인간의 유일한 사명인 선에 대한 믿음"은 같은 것이다. 레빈의 결론은 선하게 사는 것이며 이는 그에게 곧 신앙이기도 하다. 그는 다음과 같이 되뇐다. "그래, 신이 존재한다는 한 가지 분명하고 확실한 증거는, 바로 선의 법칙이다. 그건 세상에 현시되어 드러나고, 난 내 안에서 그걸 느낀다"(8부 19장, 3: 467-468). 동일 선상에서 『안나 카레니나』

36 이에 대해서는 윤새라(2011b)를 참조하시오.

의 대단원은 레빈의 깨달음으로 마무리된다.

> '이 새로운 감정은 내가 꿈꾼 것처럼 나를 바꾸지도 행복하게 하지도, 갑자기 세상을 밝히지도 않았지만, 이건 내가 아들에게 느끼는 감정과 같다. 깜짝 놀라는 일은 역시 아니었던 거다. 그러나 이게 믿음인지 아닌지는 모르겠지만 이 감정 역시 눈치채지 못한 사이에 고뇌와 함께 찾아들어 마음속에 굳게 자리를 잡았다.'
>
> '계속해서 난 마부 이반에게 화를 내고, 계속해서 논쟁을 하고, 느닷없이 내 생각을 말할 테고, 내 마음의 가장 고결한 부분과 다른 사람들 (아내까지도 포함해서) 사이에는 계속해서 벽이 존재할 거고, 계속해서 내 자신의 공포를 이유로 아내를 힐난하고 그렇게 한 걸 후회할 거고, 내가 왜 기도를 하는지 이성으로는 계속해서 이해하지 못하면서도 기도를 하겠지. 그러나 내 삶은 이제, 내 삶 전체는 내게 무슨 일이 일어나는가와는 상관없이, 매 순간이 예전처럼 무의미하지 않을 뿐만 아니라 선의 확실한 의미를 지닌다. 그리고 난 그걸 삶 속에 불어넣을 힘이 있다!' (8부 19장, 3: 469-470) (강조는 필자 표시)

레빈은 8부에 서술된 하루 동안 깨달음을 두 번 얻는다. 첫 번째는 농부들의 말에서 진정한 삶이란 이성을 따라 살아서는 안 되고 "진리를 위해, 신을 위해"(8부 12장, 3: 431) 선하게 살아야 한다는 점이다. 깨달음을 실천하기 위해 레빈은 가족과 싸우지 않고 주변 사람들 모두를 친절하고 상냥하게 대하겠다고 다짐한다. 그러나 친지들과 모인 자리에서 러시아-터키 전쟁을 두고 논쟁이 벌어지자 전쟁을 찬성하는 형과 충돌하고 기분이 상한다. 그를 고양시켰던 각성은 하루도 지나지 않아 효력을 잃는 듯 보인다. 그러나 레빈은 좌절하지 않는다. 대신 번잡한 일상에 뛰어들어 가족을 챙기는 가운데 두 번째로 각성한다. 위에 인용한 부분이 바로 같은 날 두 번째로 그에게 찾아든 깨달음의 상념이다.

아내를 도와 태어난 지 얼마 안 된 아들을 씻기고 나온 레빈은 밤하늘을 올려다보며 아침에 깨달았던 신과 선의 법칙을 다시 일깨우는 것이다(하늘을 바라보며 선한 삶을 다짐하는 레빈의 모습은 "하늘을 우러러 한 점 부끄럼이 없기를" 바라던 윤동주와도 다르지 않다). 레빈은 현실과 이상 사이의 간극을 인정하고 그 위에서 선을 추구하겠다고 다짐한다. 그렇기에 이제 레빈의 깨달음은 훨씬 더 일상생활에서 지속 가능한 변화를 수반할 것이다.[37]

여기서 『안나 카레니나』의 마지막 문단에 다섯 번이나 반복해서 쓰인 단어 "계속해서"(*tak zhe*)에 주목할 필요가 있다.[38] 레빈은 확실히 안다. 선의 힘을 확신하지만 자신이 "계속해서" 주변 사람들과 마찰을 빚고 계속해서 소통에 문제를 겪을 것임을. 다시 말해, 레빈은 자신의 한계를 인정한다. 또 타인과의 간격을 인정한다. 그러나 중요한 것은 이제 레빈이 그 불완전성에도 실망하지 않고, 또 흔들리지 않고, 선을 행하는 삶을 살아갈 거라는 자각이다. "이 각성이 8부에 서술된 하루 동안 두 번 반복된다는 사실은 시사하는 바가 크다. 비록 이 깨달음이 소설의 대미를 장식한다고 해도 레빈의 삶에서 이 각성이 마지막이 아닐 것을 암시하기 때문이다"(윤새라 2011a, 492). 안나의 소설은 끝나도 레빈의 삶은 끝나지 않는다.[39] "레빈은 '계속해서' 비슷한 좌절을 겪고 '계속해서' 비슷한 깨달음으로 자신을 곧추세울 것이다. 전혀 드라마틱하지 않은 레빈의 삶, 바로 거기에 레빈의 힘이 있다"(윤

37 앞 단락과 이 단락은 윤새라(2011b, 26-27)의 수정이다.

38 원문에 쓰인 러시아어 표현은 사실 '그처럼'이 더 정확한 번역이다. 그러나 한국어로 번역할 때 뜻을 해치지 않으면서도 좀 더 매끄러운 표현인 '계속해서'를 선택했다.

39 오원도 정확히 이 점을 지적한다(2012, 277).

새라 2011a, 492). 『안나 카레니나』는 선에 대한 레빈의 성찰로 끝나고 이는 바로 톨스토이가 인간의 삶에서 가장 중요한 요소로 본 것이 실천하는 선이라는 사실을 가리킨다.

제5장

§

두 우주의 접근

시공간과 주인공

두 대가의 장편소설 세계가 진화해가는 궤적이 반대 방향, 즉 톨스토이는 광활함으로 시작해 수축해 가고 도스토옙스키는 반대로 점차 확장되어 간다고 보는 필자의 관점에서 볼 때 두 번째 대작, 『백치』와 『안나 카레니나』는 다른 소설 쌍보다 공통점이 많을 수밖에 없다. 반대 방향으로 움직이는 진화의 중간 지점이기 때문에 도스토옙스키는 첫 소설보다 넓어지고 톨스토이는 좁아져서 서로 가까워진다. 두 소설의 시공간 배경을 살펴보면 그 점이 명백히 드러난다.

『백치』는 『죄와 벌』에 비해 시간 폭이 꽤 넓어진다. 『죄와 벌』은 7월의 백야를 배경으로 시작해 주인공이 살인을 고백하고 자수할 때까지 보름 남짓밖에 지나지 않는다. 그런데 『백치』는 11월 말의 하루에 휘몰아치는 사건들로 1부를 채운 후[40] 반년이 지난 시점으로 훌쩍 뛰어넘는다. 이로써 『백

40 『백치』와 『죄와 벌』의 도입부도 닮은 구석이 있다. 『백치』는 "11월 말, 해빙기, 오전 아홉 시 즈음

치』가 품은 시간 폭은 『죄와 벌』의 보름에서 반년 이상으로 확 넓어진다. 한편 『안나 카레니나』와 『전쟁과 평화』를 비교해보면 반대되는 경향이 발견된다. 대하 역사 소설인 『전쟁과 평화』는 (에필로그를 넣지 않으면) 1805년부터 1813년까지 8년이란 기간을 담았다. 그런데 『안나 카레니나』는 다루는 시간이 4년을 조금 넘긴다.[41] 시간 길이로 말하자면 반토막이 난 셈이다.

반대되는 흐름을 타면서 두 대가의 두 번째 대작은 시간대 면에서 서로에게 가장 접근한 지점에 위치한다. 도스토옙스키의 소설로 보자면 보름에서 반년은 큰 팽창이고, 톨스토이 소설에서 8년에서 4년으로의 변화는 큰 축소다. 무엇보다 첫 번째 소설 쌍에서 보름(『죄와 벌』)과 8년(『전쟁과 평화』)으로 벌어져 있던 시간 차이가 두 번째 소설 쌍에서 반년(『백치』)과 4년(『안나 카레니나』)으로 좁혀진 것이다. 이후 살펴볼 마지막 소설 쌍인 『카라마조프 형제들』과 『부활』에서는 다시 시간대가 30년과 1년 미만으로 간격을 대폭 벌린다.

공간 활용도 두 번째 장편소설끼리 비슷하다. 『안나 카레니나』와 『백치』가 둘 다 러시아와 유럽을 포함한다는 점에서 그렇다. 전작에서 톨스토이는 러시아의 두 수도(페테르부르크와 모스크바) 및 시골 영지는 물론 나폴레옹과 러시아가 싸우는 유럽의 여러 전장을 소설에 끌어들였다. 시간뿐 아니라 공간 면에서도 대하 역사 서사의 폭을 유감없이 보여준 작품이 『전

에"로 시작한다. 『죄와 벌』의 첫 문장처럼 시간을 최대한 구체적으로 명시하는 것이다. 문장 구조도 놀라우리만치 흡사하다. 비교를 위해 인용하자면 『죄와 벌』의 첫 문장은 다음과 같다. "7월 초, 아주 더운 때, 저녁 무렵에." 몇 월인지, 그때 날씨, 그리고 그날의 시간대를 차례대로 적시한다. 마치 시간의 좌표가 정해져야만 이야기의 실타래가 풀려나오는 원리가 도스토옙스키에게 있었던 것처럼 생각될 정도다.

41 크리스티안(Christian)은 4년을 조금 못 채운다고 계산했다(1967, 207). 하지만 나보코프는 치밀한 분석을 바탕으로 『안나 카레니나』가 1872년 2월 11일(구력) 오전 8시에 시작해서 1876년 7월에 끝난다고 추정한다(190-194). 안나의 자살은 1876년 5월에 발생한다.

쟁과 평화』다. 후속작 『안나 카레니나』도 공간 배경이 러시아의 두 수도와 시골 영지, 그리고 유럽으로 기본 얼개는 같지만 성격이 다르다. 『전쟁과 평화』에 등장하는 공간들이 조국의 운명을 결정짓는 거대 담론의 층위를 포함한다면 『안나 카레니나』의 공간들은 개인의 영역으로 국한된다. 더구나 유럽은 그야말로 당시 귀족들이 개인적으로 유럽을 소비한 방식을 그대로 따른다.

러시아인들에게 유럽을 포함해 외국 여행은 19세기 전반기까지만 해도 제한적이었다. 정부의 허가가 없으면 러시아 바깥으로 나갈 수 없었다. 일례로, 러시아의 국민 시인 푸쉬킨은 유럽에 가보고 싶어 했지만 번번이 신청을 거부당해 결국 평생 유럽 땅을 밟아보지 못했다. 그러나 19세기 후반기에는 소위 해외여행이 자유화되었다. 재력이 되는 러시아 귀족들에게 유럽은 옆 동네나 마찬가지가 되었다. 러시아 귀족들이 유럽을 방문하는 주목적은 여행과 요양이었다.[42] 『안나 카레니나』에 그려지는 유럽 여행은 크게 키티의 요양과 안나의 여행이다. 키티는 브론스키에게 '버림받은' 후 병을 얻고 이를 치료하기 위해 부모와 독일 온천으로 요양을 떠난다. 한편 안나는 브론스키의 아이를 출산하고 산욕열로 죽을 뻔한 고비를 넘긴 후 브론스키와 이탈리아로 '밀월여행'을 떠난다. 키티의 여행은 몸과 마음을

42 19세기 후반기 러시아 문학의 트로이카인 투르게네프, 도스토옙스키, 톨스토이는 유럽 경험에서도 흥미로운 차이를 보인다. 셋 중 유일한 친유럽파인 투르게네프는 유럽에서 살다시피 했다. 도스토옙스키는 시베리아 유형에서 돌아온 후 1862년 첫 유럽 여행을 시작으로 몇 차례 여행을 통해 유럽에 대한 반감을 갖게 된다. 『겨울에 쓴 여름 인상기』(1863)는 작가가 유럽 여행에서 느끼고 사유한 내용을 기록한 기행문이다. 도스토옙스키는 유럽이 정신적으로 타락했다고 경멸했지만 말년에 건강이 악화된 후에는 의사의 권유에 따라 독일의 온천장 엠스에 자주 다녔다. 톨스토이의 경우는 또 다르다. 그는 평생 단 두 번밖에 유럽 여행을 하지 않았고 그 두 번도 결혼 전, 그러니까 35세가 되기 이전이었다. 톨스토이도 직접 경험한 유럽을 높이 평가하지 않았으나 도스토옙스키처럼 맹렬한 반감을 표출하는 기행문을 출판하지는 않았다.

치료하는 결과를 낳지만 안나의 유럽 여행은 착한 자아가 죽고 나쁜 안나가 그녀를 지배하는 분기점이 된다. 다시 말해, 키티가 유럽 여행을 통해 생명력을 회복한다면 안나는 돌이킬 수 없는 미망의 길로 접어든다(Yoon 91-100). 유럽 여행은 두 여주인공의 생에서 삶과 죽음의 향배를 가르는 역할을 하는 것이다.

이에 더해 레빈도 유럽 여행을 한다. 그의 유럽 방문은 개인 여행 외에 특별한 목적을 띤다. 자신이 쓰던 저서에 도움이 될 자료와 인사들을 만나기 위해 떠난 일종의 출장이다. 특이하게도 레빈의 여행은 두 여주인공의 유럽 여행과 달리 자세한 서술이 소설에 나오지 않는다. 그러나 유럽으로 떠나기 전후로 레빈이 판이한 모습, 즉 떠나기 전에는 죽음에 한 발을 걸친 우울함이 주요 정조였다면 유럽에서 돌아와서는 곰 사냥을 즐기며 다시 생명력이 넘치는 기운을 보여주는 데서 레빈에게 유럽 방문이 키티의 경우와 마찬가지로 치료 효과를 냈다고 해석할 수 있다. 레빈의 유럽 여행은 그의 존재론적이고 지적인 성장을 견인한다(Yoon 100-104). 실제로 유럽에서 돌아온 레빈과 키티는 다시 만나게 되고 자연스레 결혼에 골인한다. 그리고 자연스럽고도 행복한 가정생활이 이어진다. 이처럼 『안나 카레니나』에 등장하는 공간 배경의 기본 골격은 표면상으로는 전작과 큰 차이가 없어 보여도, 『전쟁과 평화』가 나라와 개인의 역사를 유기적으로 접목시킨 데 반해 『안나 카레니나』는 공간 활용을 가정의 행/불행에만 국한시키는 경향성을 보인다.

『백치』의 무대도 『안나 카레니나』처럼 러시아와 유럽을 모두 포함한다. 그런데 전작과 비교해보면 공간 활용에서 발견되는 도스토옙스키 작품의 변화가 한층 더 괄목할 만하다. 전작 『죄와 벌』에서는 유럽이 전혀 그려지지 않았다. 에필로그를 제외하고 본이야기의 공간 배경은 오로지 페테르부르크 한곳으로 집중된다. 인물들의 말 속에 지방이 언급되기도 하지만[43] 소설의 기본 줄거리 진행은 결코 페테르부르크를 벗어나지 않는다. 그런데 바로 다음 작품인 『백치』는 공간의 테두리를 넓힌다. 기본적으로 페테르부르크가 다시금 전면에 부각되지만 그것도 1부에 국한되고 2부부터는 주무대가 파블롭스크로 옮겨간다.

파블롭스크는 페테르부르크의 위성 도시 중 하나로 제정 러시아 시절 귀족 및 중산층의 별장 촌으로 유명했다. 수도에 사는 귀족들은 여름이면 더위에 더해 악취까지 진동하는 도시를 피해 근교의 별장으로 옮겨가고는 했다.[44] 긴 휴가를 낼 수 있는 경우는 아예 크림반도나 외국 등 먼 곳으로 떠나지만, 수도에서 일해야 할 때는 낮에는 페테르부르크에서 일하고 퇴근 후에는 교외 열차를 타고 한 시간 정도 걸리는 근교 도시의 별장으로 가는 식이었다. 아글라야의 예판친 가족도 여름을 맞아 페테르부르크에서 30km 떨어진 파블롭스크 별장으로 옮겨가고 부친은 두 도시를 오가며 업무와 가정을 돌본다. 『백치』에서 남자들이 페테르부르크와 파블롭스크를 오가는 모습에는 그런 사회적, 문화적 맥락이 깔려 있다. 따라서 파블롭스크는 크게 보면 페테르부르크의 일부라고 할 수 있지만 위와 같은 이유로 『죄와 벌』이 그려낸 몽유병자의 도시 같은 페테르부르크와 전혀 다른 세계다.[45]

실제로 『백치』에 묘사된 파블롭스크는 여름을 배경으로 해서 신록이

43 예를 들어, 시골에서 상경한 주인공의 어머니와 여동생, 그녀를 따라온 구혼자들의 말과 편지를 통해 러시아의 지방이 소설 속으로 흘러들어온다.

44 전작의 주인공 라스콜리니코프는 가난한 자퇴생이라 당연히 여름에도 따로 갈 곳이 없다. 마르멜라도프 가족 등 다른 인물들도 다 빈민층이라 같은 이유로 무더위에도 불구하고 도시에 남아 있는 것이다.

45 파블롭스크의 역사 및 자연과 건축의 특징에 대해서는 매시(Massie)를 참고하시오.

우거진 싱그러운 자연이 주요 이미지로 각인된다.[46] 결핵으로 죽어가는 이폴릿에게 미시킨은 (파블롭스크의) 나무를 보러 오라고 초대하는데, 이폴릿은 이것을 (페테르부르크의) 담장에 대비시킨다. 담장과 나무가 만드는 대비는 생명의 유무에서 비롯된다. 이 대비는 희미하지만 나스타샤의 죽음에도 적용된다. 주인공과 결혼식장에 가던 나스타샤가 로고진과 도망친 후 실종되자 미시킨은 그녀를 찾으러 파블롭스크에서 페테르부르크로 간다. 결국 그녀는 페테르부르크에 있는 로고진의 집에서 시체로 발견된다. 푸르른 나무로 가득한 파블롭스크에서 미시킨이 꿈꿨던 조화로운 세계는 물거품이 된다.

『백치』는 페테르부르크와 파블롭스크, 두 도시를 기본 공간 배경 축으로 하지만 그 외에도 중요한 공간이 하나 더 있다. 스위스가 바로 그 유의미한 무대다. 스위스는 1부에서 미시킨의 이야기로 먼저 등장한다. 러시아로 돌아오기 전 4년을 지낸 스위스는 주인공을 이해하는 데 핵심적인 전사(前史)로 기능한다.[47] 스위스 생활 중 특히 주목할 부분은 마리와 아이들이다. 남자에게 농락당하고 마을에서 아이들에게까지 천대를 받는 마리를 미시킨이 따뜻하게 감싸면서 아이들이 변화한다. 아이들의 선한 본성이 깨어나 미시킨과 마리, 그리고 아이들 간에 서로를 아끼며 사랑하는 분위기가 생기는 것이다. 이 일화는 바로 러시아판 마리인 나스타샤와 연결되며 나스타샤에게 미시킨이 갖는 감정을 이해하도록 돕는다. 나스타샤가 겪는 지극한 고통에 대한 연민인 것이다. 미시킨 스스로 자신의 감정이 무엇인지

46 파블롭스크는 영국식 정원을 본떠 공원을 조성한 것으로 유명한데, 영국식 정원의 특징이 사람의 손길을 줄이고 자연 그대로의 모습을 최대한 간직하려는 경향이다(이병훈 411; Roosevelt 82).

47 이와 관련해 더 자세한 내용은 윤새라(2017, 271-277)를 참조하시오.

안다. 로고진에게 그는 나스타샤를 "사랑으로 사랑하는 게 아니라 연민으로 사랑한다"라고 말한다(2부 3장). 또 라돔스키에게 고백한바, 나스타샤를 "진정으로, 그리고 전적으로 사랑"하지만 그 사랑은 "불쌍하고 아픈 아이에 대한 애착 같은 것"이다(4부 10장).

스위스는 미시킨의 말에만 머무르지 않는다. 미시킨의 말로 소환되는 과거 이야기에 그치지 않고 소설의 마지막 장의 무대로 등장한다. 이때 『백치』의 마지막 장은 에필로그가 아니다. 어엿한 소설의 본이야기다. 에필로그와 비슷한 기능을 담당하기는 하지만 작가는 스위스 부분을 에필로그로 분리시키지 않았다. 대신 절충안인 '결말'(*zakliuchenie*)이라는 제목을 다는 정도로 해서 본이야기에 편입시켰다. '결말'은 크게 두 부분으로 나뉜다. 먼저, 주요 인물들이 파국 후 어떻게 됐는지를 간략히 정리한다. 나스타샤를 살해한 로고진은 재판에서 시베리아 유형을 선고받고 아글라야는 폴란드 귀족 혁명가(그런데 사기꾼으로 밝혀진다)와 결혼해 가족과 연을 끊는다. 다시 백치가 된 미시킨은 스위스의 병원으로 돌아간다. 이처럼 말로 전달되는 후일담에 이어서, 보여주는 장면으로 소설이 마무리된다. 마지막 장면에서는 유럽을 방문한 예판치나 부인이 라돔스키의 안내로 스위스 병원에 있는 주인공을 찾아간다. 이 마지막 만남에서 예판치나 부인은 자신을 알아보지 못하는 미시킨을 보고 마음 아파한다. 소설은 예판치나 부인이 라돔스키에게 건네는 말로 끝난다.

> "정열은 인제 그만, 이제 이성을 찾을 때요. 이 모든 것, 여기 이 외국들, 그리고 당신이 말하는 이 모든 유럽, 이건 그냥 거대한 환상이거든, 외국에 있는 우리도 모두 거대한 환상이고… 내 말을 기억해요, 당신도 스스로 보게 될 테니까!" 그녀는 예브게니 파블로비치와 헤어지면서 거의 분노에 차서 이렇

게 말을 맺었다. (4부 12장)

위에 인용한 소설의 마지막 문단을 보면 "전적으로 아름다운/선한 사람"을 그리고자 했던 도스토옙스키의 구상이 원래 의도에 더해 다른 요소와 결합했음을 알 수 있다. 외국(유럽)을 환상이라고 비판하는 예판치나 부인의 말에는 그에 대한 대립항으로 조국인 러시아가 전제된다. 미시킨은 물론 러시아를 떠나 유럽에 무한정 체류 중인 러시아 귀족 예브게니 파블로비치 라돔스키에게 이성을 찾으라고 분노에 찬 독설을 퍼붓는 예판치나 부인의 말은 곧 작가의 말이라고 보아도 무방하다. 도스토옙스키는 두 번째 대작에서 공간의 경계를 확장시키는 데에서 더 나아가 유럽에 대한 러시아의 우월성을 거론함으로써 국가 차원의 담론에까지 나아간다.

어찌 보면 미시킨의 오류는 스위스의 경험을 러시아에서 되풀이하려고 했던 데 있다. 스위스 시골에서 주인공은 아가페적 사랑을 실현했고[48] 이를 러시아에서도 재현하려고 노력했던 게다.[49] 하지만 결과는 실패다. 페테르부르크에서 그의 사랑은 나스타샤의 죽음으로 귀결된다. 페테르부르크는 스위스가 아니다. 녹음이 우거진 아름다운 파블롭스크가 스위스의 자연을[50] 연상시킬지 몰라도 역시 페테르부르크의 강력한 자장에서 벗어나지 못한다. 러시아의 마리인 나스타샤는 스위스의 마리와 달리 오만하다.

48 미시킨이 바랐던 대로 아가페적 사랑이 실현됐다는 점에서 스테파냔(Stepanian)은 스위스가 미시킨에게 '지상낙원'(*rai*)이었다고 해석한다(113).

49 파블롭스크의 별장들이 "스위스풍"이라는 점도 우연이 아니다. 스위스와 파블롭스크 간의 연관성이 암시되는 것이다(Finke 189).

50 메드니스(Mednis)는 도스토옙스키 소설에 등장하는 스위스가 근본적으로 목가적이거나 비목가적인 코드로 작용한다고 본다.

이폴릿이 보여주듯 러시아의 아이들은 스위스의 아이들과 달리 위험한 사상에 젖어 있다(이 위험한 사상에 감염된 아이들이 나이가 들어 '악령'이 되고 이는 『백치』의 다음 소설 『악령』의 주제다). 미시킨 혼자 힘으로는 역부족이다(선한 사람은 혼자가 아니라 '형제'와 함께 힘을 합쳐야 미래의 희망을 찾을 수 있다는 점이 마지막 대작 『카라마조프 형제들』이 전하는 메시지다).

두 작가의 두 번째 소설은 이처럼 둘 다 러시아와 유럽을 공간 배경으로 포함한다는 공통분모와 함께 차이점 또한 노정한다. 톨스토이의 작품에는 기본적으로 공간이 내포하는 의미의 위계질서가 있다. 시골이 도시에 비해 도덕적 우위를 점하는 구도가 흔히 발견된다. 톨스토이가 보기에 시골은 성실하게 농사를 지어 생산하는 정직한 곳이지만 도시는 몸을 놀려 일하기보다는 머리에 의존하고 잉여물을 필요보다도 많이 소비하는 쾌락의 장소다.[51] 그러나 그와 같은 기본 구도보다 더 중요한 것은 인물들의 태도, 살아가는 방식이다. 안나도 한동안 레빈처럼 시골 영지에서 생활하지만 그녀와 브론스키는 시골 영주를 흉내 내는 데 불과하다. 그리고 그것도 흥미가 있는 동안만 유효한 취미 생활이다. 어느 정도 시간이 지나고 시골 생활이 무료해지자 그들은 도시로 돌아간다. 그에 비해 도스토옙스키의 경우는 유럽에 대한 혐오감이 강해서인지 유럽, 특히 가톨릭 문명권을 적으로 보는 경향이 강하다. 러시아를 위협하고 타락시키는 타자로 유럽을 간주하고, 그에 맞선 러시아의 위대한 사명을 강조한다. 이와 같은 구체적인 차이에도 불구하고 도스토옙스키와 톨스토이의 두 번째 대작 『백치』와 『안

51 「바보 이반」에는 톨스토이가 악에 대해 가지고 있던 견해가 우화적으로 전달된다. 악마는 농부들에게 나타나 몸을 쓰지 않고 머리를 써서 일하는 방법을 가르쳐주겠다고 유혹한다. 그러나 이반을 위시해 '바보'들은 이해하지 못한다. 악마는 몇 날 며칠 말만 하다가 결국 주린 배를 움켜쥐고 쓰러져서 머리를 다친다.

나 카레니나』가 공간 활용 면에서도 다른 쌍보다 가장 근접한 양상을 보인다는 점은 특기할 만하다.

마지막으로 두 작품의 주인공 구성을 살펴보자. 먼저, 두 소설이 약속이나 한 듯 주인공을 제목으로 삼았다는 점이 눈에 띈다. 『안나 카레니나』는 설명이 필요하지 않을 정도로 명백하게 주인공이 누구인지를 명시하고 『백치』도 주인공 미시킨 공작을 가리킨다. 그런데 소설을 읽어보면 주인공 문제가 그렇게 간단하지 않다는 사실이 드러난다. 『안나 카레니나』의 주인공은 안나만이 아니다. 레빈도 주인공이다. 그 점은 플롯의 구성이 여실히 증명한다. 기본적으로 『안나 카레니나』는 교차 구성으로 이야기가 진행된다.[52] 안나의 이야기가 나오고 이어서 레빈의 이야기가 뒤따른다. 또 레빈의 이야기가 어느 정도 전개된 후에는 안나에게로 돌아가는 식이다. 따라서 제목과 달리 톨스토이의 두 번째 대작은 주인공 두 명을 기본 축으로 회전한다. 『안나 카레니나』는 2인 공동 주인공 체제다.

한편 『백치』는 미시킨을 단독 주인공으로 내세우면서도 전작과는 사뭇 다른 구도를 시도한다. 『죄와 벌』에서는 비중 면에서 단독 주인공인 라스콜리니프와 비견될 인물이 전혀 없었지만 『백치』에서는 미시킨과 견줄 만한 인물이 있다. 그것도 여자 주인공이다. 이미 앞에서 논한 바와 같이 『백치』는 도스토옙스키의 장편소설 세계에서 보기 드물게 여성이 부각된다. 특히 11월 27일 하루 동안 일어나는 사건을 다룬 1부에서는 4년의 스위스 생활을 끝내고 돌아온 미시킨이 전반부를 이끌지만 곧 나스타샤에게

52 슐처(Schultze)는 소설에서 일관되게 발견되는 안나 이야기와 레빈 이야기의 교차 구성을 고찰한다. 그런데 슐처는 소설의 마지막인 8부를 레빈의 이야기로 규정한다(43). 안나가 7부에서 죽은 후 8부는 오롯이 레빈의 이야기로만 채워진다는 이유다. 그러나 윤새라(2011b)는 8부가 레빈만의 이야기가 아니라는 점을 다각도에서 논증한다.

로 이목이 집중된다. 선하지만 유약한 남자 주인공에 비해 기가 센 나스타샤가 사건을 주도하는 형세다. 어디로 튈지 모르는 나스타샤가 어떤 결정을 하고 어떤 행동을 할지 독자는 물론 등장인물들도 숨을 죽이고 지켜본다. 또한 2부부터는 아글라야가 치고 나와 뚜렷한 개성과 매력으로 나스타샤와 호각세를 이룬다. 그에 더해 로고진도 주인공 대열에 합류한다. 주목할 점은 로고진은 미시킨의 분신이 아니라는 사실이다. 미시킨과 로고진은 각각 밝음과 어두움을 대변한다. 그리고 그 둘이 의형제를 맺음으로써 서로가 결여한 측면을 보완한다는 사실을 시사한다(이 구도는 이후 『카라마조프 형제들』에서 좀 더 분화하고 진화해 삼 형제로 형상화된다). 『죄와 벌』의 중심이 라스콜리니코프 단 한 명이었던 데 비해 『백치』의 주인공은 제목만 봐서는 역시 또 단독 주인공 체제 같지만 실상은 그렇게 단순하지 않다.

『백치』의 이야기는 두 남녀의 이중 삼각관계를 기반으로 풀려나간다. 나스타샤가 두 남자(미시킨과 로로진)와 일차 삼각관계를 이루고, 미시킨이 두 여자(나스타샤와 아글라야)와 이차 삼각관계를 형성한다. 미시킨을 두고 연적 관계를 형성하는 두 여자는 근본적으로 타락한 여자와 순결한 처녀라는 대비로 맞선다. 『안나 카레니나』도 양대 주인공인 안나와 레빈이 브론스키를 고리로 이중 삼각관계에 얽혀든다. 안나는 두 알렉세이(남편 알렉세이 카레닌과 애인 알렉세이 브론스키) 사이에서 열정을 선택하고 키티도 잠깐이나마 브론스키와 레빈 사이에서 삼각관계의 일원이 된다. 그리고 두 여주인공인 안나와 키티도 타락한 여자와 순결한 처녀의 대립 구도를 형성한다.[53]

53 자신에게 새겨진 주홍 글씨를 한순간도 잊지 못하고 고통스러워하는 나스타샤는 양갓집 규수인 아글라야를 이상형으로 바라보지만, 결정적인 순간 아글라야에게 모욕을 당하자 가차 없이 복수한다. 안나와 키티의 경우도 반전이 있다. 처음에는 정숙하고 품위 있는 안나를 키티가 우러러보지만 나중에 안나가 불륜녀가 되어 찾아오자 만나기를 꺼린다. 그 사실을 눈치챈 안나는 심한 모욕감을 느

이와 같이 흡사한 주인공 구성과 인물 관계는 도스토옙스키와 톨스토이의 다른 소설 쌍에서는 발견되지 않는다. 시공간 배경의 활용 면에서도 두 작품은 다른 소설 쌍에 비해 비슷하다. 구성상으로도 두 소설 다 따로 에필로그를 두지 않고 소설을 끝낸다. 더 나아가, 앞에서 논한 바와 같이 테마 면에서도 두 소설은 '타락한 여자'를 통해 당대 여성 문제를 다뤘다는 점에서도 가깝고, 사회를 탓하기보다는 여주인공의 내재적 결함을 탐구했다는 점에서도 가깝다. 또 여기서는 논하지 않았지만, 철도와 기차 모티프가 큰 역할을 한다는 점에서도 두 소설은 가깝다. 도스토옙스키와 톨스토이의 우주가 서로에게 가장 근접한 모습을 『백치』와 『안나 카레니나』를 통해 볼 수 있는 것이다.

끼며 떠나고, 그 길은 곧 안나가 몸을 던지는 기차역으로 이어진다.

Ф Ё Д О Р

М И Х А Й Л О В И Ч

Д О С Т О Е В С К И Й

И

Л Е В

Н И К О Л А Е В И Ч

Т О Л С Т О Й

제4부

§

『카라마조프 형제들』 vs 『부활』:

뒤바뀐 시작과 끝

제1장

§

역사적 맥락

1864년 사법 개혁과 소설

두 작가는 마지막 장편소설에서도 다시 만나고 헤어진다. 먼저 만나는 지점부터 살펴보자. 『카라마조프 형제들』과 『부활』에서 두 작가는 약속이나 한 듯 법과 정의의 문제를 다룬다. 그리고 두 소설 다 구체적인 법정 장면을 꽤 정교하게 재현한다.[1] 사실 도스토옙스키의 경우 법은 새롭지 않다. 소설에서 흔히 강력 범죄인 살인이 벌어지기 때문에 그에 대한 처벌 문제도 늘 따라 나온다. 대표적인 예가 『죄와 벌』이다. 제목 자체가 웅변하듯 이 소설은 주인공이 죄를 저지르고 그에 따르는 벌이 무엇인지를 탐구한다(이 때 주인공에게 내리는 벌은 정신적 벌과 법적 처벌로 나뉜다. 작가는 당연히 전자에 치중한다). 『백치』에서도 여주인공을 살해한 로고진이 시베리아 유형을 선고

1 한 러시아 평론가는 혁명 전 러시아 사법 체계를 기억하는 사람이 거의 없는 현대 러시아에서 두 소설이 역사적으로도 현재와 과거를 잇는 귀중한 기억의 가교 역할을 한다고 평한다(Pomerants 235).

받는다.[2] 도스토옙스키는 마지막 작품에서도 또다시 살인 사건, 그것도 패륜인 부친 살해라는 자극적인 소재를 들고나와서 죄와 벌의 문제를 제기한다.

이전 소설들인 『죄와 벌』과 『백치』와의 차이라면 우선 『카라마조프 형제들』에서는 재판 장면이 매우 길고 상세하게 묘사되는 데 있다. 『죄와 벌』과 『백치』에서는 살인범의 재판이 에필로그에서 짤막하게 기술될 뿐이다. 그러나 열두 편으로 구성된 『카라마조프 형제들』은 에필로그 직전, 그러니까 소설의 본이야기가 끝나는 12편을 통째로 드미트리의 재판을 기술하는 데 바친다. 때로는 화자의 개입도 최소화하고 아예 검사의 논고와 변호사의 변론을 그대로 직접 인용하듯 옮긴다.[3]

흥미로운 점은 『카라마조프 형제들』의 사건이 벌어지는 시기다. 소설 속에서 화자는 표도르 카라마조프가 13년 전에 살해됐다고 말한다. 소설이 연재되기 시작한 해는 1879년이다. 따라서 그 13년 전은 1866년이다. 바로 『죄와 벌』이 발표된 해다. 또한 『죄와 벌』에 특정 연도가 명시되지는 않았으나 당대를 그렸다고 이해되는 것을 고려하면 『죄와 벌』 역시 1866년을 시간 배경으로 한다. 그런데 같은 해를 무대로 한 소설 두 편 중 하나(『죄와 벌』)에는 재판 장면이 짧게 기술되고 지나가는 데 반해 『카라마조프 형

2 한편 『악령』은 좀 다르다. 혁명가 네차예프가 꾸민 살인 사건을 토대로 창작된 『악령』에서도 살인이 벌어지지만 주동자는 도주하고 주인공은 자살하면서 소설이 끝난다. 도스토옙스키의 소설 중 가장 암울한 작품이다.

3 소설에서 화자는 여러 면모를 띤다. 카라마조프 가족과 같은 도시에 사는 주민으로 설정된 화자는 어떤 때는 전지적 작가 시점에서 서술하고 어떤 때는 제한된 정보를 가진 관찰자 시점을 취한다. 그런데 재판 장면에서는 후자의 입장으로 보고 들은 것만 그대로 전달하는 방식을 택한다. 여기에는 작가 도스토옙스키의 전략이 개입되었다고 보인다. 화자가 따로 해석을 붙이지 않고 객관적으로 기술함으로써 재판의 희극성, 그러니까 구경거리처럼 전개되는 재판의 불완전성이 한층 더 부각되고 이는 곧 작가가 독자에게 전달하고자 하는 바다.

제들』에서는[4] 세밀하게 재판을 재현하는 차이는 어디에서 비롯되는 것일까? 우선 그럴 수밖에 없는 현실적 이유가 있다. 1866년은 1864년에 사법 개혁이 시행된 지 겨우 2년이 지난 후다.

이미 언급했듯이, 사법 개혁은 러시아에서 개혁 군주로 불리는 알렉산드르 2세가 1861년부터 1874년까지 사회 전방위에 걸쳐 단행한 대개혁의 일환이다. 알렉산드르 2세는 아버지 니콜라이 1세의 뒤를 이어 1855년에 즉위했는데 선대와는 반대되는 정치를 했다. 1825년부터 30년간 러시아를 통치한 니콜라이 1세의 치세는 한마디로 반동의 시대였다. 시작부터 귀족 봉기(데카브리스트 난)를 진압하며 피를 흘린 니콜라이 1세는 통치 기간 내내 철저한 탄압으로 일관했다. 검열은 일상사였다. 사회는 경직되었다. 공포정치에 기초한 전제 군주정의 종착역이 실패임은 필연이다. 크림 전쟁(1853-1856)에서의 패배는 대내외적으로 러시아의 후진성을 여실히 보여주는 상징적 사건이었다. 알렉산드르 2세는 러시아 사회를 재건하기 위해 1861년 농노제 철폐를 시작으로 광범위한 개혁 프로그램을 가동했다. 1864년 사법 개혁이 뒤따랐다.

1864년에 도입된 새로운 사법 제도는 근대화와 민주화를 특징으로 한다. 이전의 러시아 재판에서 농노는 제외되었다. 농노란 단어 자체가 가리키듯 그들은 농부이자 노예로서 귀족의 소유물이었다. 귀족의 재산은 집 몇 채, 땅 몇 평이 아니라 농노가 몇 명인지로 가늠되었다.[5] 러시아에서 농

4 도스토옙스키 전집으로 가장 권위 있는 30권짜리 나우카 출판사본을 기준으로 『죄와 벌』에서는 재판에 대한 서술이 단 세 쪽에 그친다. 그에 반해 『카라마조프 형제들』에서 재판 장면은 12편 전체이며 총 90쪽에 달한다.

5 예를 들어 톨스토이의 어머니가 결혼할 때 소유한 재산은 툴라와 오룔 일대의 남자 농노 800명이었다(Troyat 10).

노제가 폐지된 1861년은 미국에서 링컨 대통령이 남북 전쟁 와중에 노예 해방을 선언한 1863년으로부터 불과 2년 전이다. 러시아 지식인들이 오랫동안 조국의 가장 부끄러운 제도로 농노제를 거론한 것도 무리가 아니다. 농노제 철폐와 사법 개혁으로 러시아 인구의 가장 큰 부분을 차지하던 농민도 사법 제도의 혜택을 받게 되었고, 이는 그 자체만으로도 러시아의 진보를 의미한다.

사법 개혁에서 눈에 띄는 또 다른 점은 배심원 제도 도입이다. 더불어 검사와 변호사가 논고와 변론을 하고 그를 들은 배심원이 평결하는 유럽의 선진 방식이 러시아에서도 시행되었다. 또한 이전에는 일반인의 방청이 허용되지 않았지만 1864년 사법 개혁으로 가능하게 되었다. 닫힌 법정에서 열린 법정으로의 변화다. 재판관과 배심원은 물론 일반 방청객 앞에서 벌어지는 검사의 논고와 변호사의 변론은 요즘 유행하는 미국 법정 드라마에 익숙한 한국 독자에게도 낯설지 않다. 그래서 『카라마조프 형제들』과 『부활』의 법정 장면을 읽으며 특별히 새롭다거나 특이하다는 느낌을 받지 않을지도 모르지만, 역사적 맥락에서 보면 1864년에 단행된 사법 개혁으로 바뀐 새로운 법정의 모습인 것이다.

그런데 앞서 언급했듯 『죄와 벌』이 집필된 1866년이라면 사법 개혁이 단행된 지 단 2년 후다. 고작 2년 만에 제도가 정착될 리 만무하다. 고로 1866년은 작가가 새로 도입된 사법 개혁의 실제 상황을 제대로 파악할 만한 시간적 여유가 없는 때였다. 한편 『카라마조프 형제들』이 쓰이고 연재된 1879년은 10여 년이 지나면서 새로운 사법 제도의 장단점이 드러나고도 남는 때다. 당대 사회에서 벌어지는 사건, 특히 살인 사건을 곧 동시대의 문제가 무엇인지 보여주는 척도로 받아들인 도스토옙스키는 재판에도 지대한 관심을 보였다. 저명한 법조인 코니와 가깝게 교류하며 그와 사법 개혁 및 도시와 지방에 따라 다른 양태를 보이는 배심원 재판에 대해 의견을 나눴다. 또 코니의 영향으로 중요한 재판들을 직접 참관했고 그에 대해 논픽션으로 『작가 일기』에 글을 써서 의견을 개진하고 여론을 움직였다. 크로넨버그, 코르닐로바 재판이 대표적이다. 『카라마조프 형제들』에 서술된 드미트리의 법정 장면도 코니에게 자문을 구했다(Lantz 219). 그래서 같은 1866년을 시간 배경으로 하면서도 『죄와 벌』에서는 재판 장면이 짧게 지나가지만 『카라마조프 형제들』에서는 길고도 자세하게 서술된다.

간단히 말해서, 도스토옙스키는 사법 개혁이 시행된 초기에는 개혁된 재판을 비롯해 사법 제도에 호의적이었으나 실제로 재판을 관찰하면서 점차 실망한다. 재판이 신성하기는커녕 청중 앞에서 벌어지는 구경거리로 전락해서 법조인들이 언변을 대결하는 무대가 되어버린 현상을 개탄스러워했다. 특히 배심원 제도하에서 율사들이 진실을 찾아 정의를 구현하기보다는 재판에서 이기기 위해 배심원들의 마음을 움직이는 데 더 큰 노력을 기울이는 현실에 우려를 금치 못했다.

한편, 톨스토이는 도스토옙스키와 비교할 때 법에 일찍부터 관심을 보인 작가는 아니다. 『전쟁과 평화』나 『안나 카레니나』에서 재판은 그려지지 않는다.[6] 그러나 친하게 알고 지내던 법조인 코니가 들려준 이야기가[7] 바탕이 된 『부활』에는 법정 장면이 비중 있게 서술되고 여기에서 작가가 사법

6 『안나 카레니나』에는 재판 장면은 없지만 법에 대한 관심이 전혀 없는 것은 아니다. 카레닌 부부의 이혼을 둘러싸고 당시 러시아에서 법적으로 이혼이 어떻게 성립되는지가 등장인물들의 대화는 물론 카레닌이 변호사를 방문하는 장면에서도 설명된다.

7 도스토옙스키와 교류한 바로 그 코니다. 코니는 도스토옙스키와는 물론 톨스토이와도 가깝게 지냈다. 톨스토이가 『부활』을 쓰게 된 계기도 코니다. 코니가 들려준 이야기, 즉 어느 상류층 남자가 배심원으로 참석한 재판에서 예전에 유혹했다가 버린 여자를 피고인으로 만난 기막힌 실화가 톨스토이에게 영감을 준 것이다. 톨스토이 집안에서는 그 이야기를 '코니 이야기'라고 불렀다. 이처럼 두 거장의 마지막 장편은 코니에게 큰 빚을 지고 있다.

제도에 보내는 차가운 시선이 감지된다. 톨스토이 역시 당시 사법 제도를 신뢰하지 않았다. 그의 엄정한 눈으로 보기에 재판은 허점투성이였다. 이처럼 1864년 사법 개혁으로 달라진 러시아 법정의 모습에 도스토옙스키와 톨스토이 둘 다 비판적인 태도를 보였다는 지점에서 두 작가는 만난다. 그러나 그러한 공통점 밑으로 여러 차이가 발견된다. 소설의 기법과 구성을 비롯해 의미론, 더 나아가 불완전한 사법 제도를 극복하는 방법에서도 다른 견해를 드러낸다. 이어지는 장에서는 두 문호가 마지막 장편에서 재현한 법정의 모습을 고찰하면서 그들이 재판에서 주목한 바와 비판한 점, 또 그에 대한 해결책으로 무엇을 제시하는지를 먼저 살펴본다.

제2장

§

법과 정의[8]

인간의 오심을 넘어

구성의 시학: 재판은 어디 있는가

『카라마조프 형제들』과 『부활』에서 재판은 '운명적인 날'로 기능한다. 『카라마조프 형제들』에서 드미트리는 부친 살해의 누명을 뒤집어쓴 채 시베리아 유형을 선고받고, 『부활』에서도 여주인공 카튜샤가 고객을 독살했다는 누명을 쓰고 역시 시베리아 유형을 가게 된다. 무고한 사람이 시베리아 유형을 선고받는 오심을 그린다는 점에서 두 소설은 닮았다. 하지만 구성상 도스토옙스키가 작품의 끄트머리에 반전을 담은 재판을 배치함으로써 독자에게 대단원의 파국적 충격을 준다면 톨스토이는 재판을 출발점으로 활용해 이야기의 물꼬를 튼다.

구체적으로, 『카라마조프 형제들』은 에필로그를 제외하고 소설의 마

8 이 장은 윤새라(2017b)를 수정 보완한 것이다.

지막 편 전체가 재판 서술로 채워진다. 분량도 전체 12편 중 가장 길다. 부친 살해로 기소된 드미트리의 재판이 도스토옙스키의 마지막 걸작의 대미를 장식하는 셈이다. 한편 『부활』에서는 재판이 정반대 위치에 자리한다. 소설은 재판일로부터 시작한다. 남녀 주인공이 재판일을 어떻게 시작하는지를 기술한 후 본격적으로 재판이 서술된다. 그리고 그로부터 모든 것이 시작된다. 배심원으로 참석한 네흘류도프가 첫사랑이었던, 그러나 이제 살인자로 피고석에 선 카튜샤를 알아보면서 두 사람의 인생행로가 바뀐다.

밀러는 『카라마조프 형제들』에서 12편 오심이 "플롯상 가장 중심에서 먼" 부분이라고 평한다(1992, 125). 재판에서 다뤄지는 내용 중 그 전에 독자에게 제시되지 않은 새로운 사실이 거의 없기 때문이다. 새로운 사실은 동네 의사가 드미트리가 어릴 적에 준 호두 한 줌 일화 정도뿐, 청중을 놀라게 한 스메르댜코프의 자살을 비롯해 카테리나가 제출해서 재판을 일대 파국으로 몰고 가는 "수학적 증거"인 드미트리의 편지 등도 독자는 이미 12편 이전에 접한 사실이다. 심지어 이반이 재판정에 나타나 자신이 살인을 교사했다면서 진실을 밝히는 것도 이미 11편에서 스메르댜코프와 대화한 후 다짐한 내용이기도 하다. 이런 관점에서 밀러의 지적은 일리가 있다고 하겠다. 그러나 12편 재판의 새로움은 독자도 아는 진실, 즉 드미트리가 부친을 살해하지 않았다는 진실이 법적으로 부정되고 그에 따라 무고한 인물이 아버지의 핏값을 치르게 된다는 반전에 있다. 또한 새로움보다 더 중요한 것이 있다. 독자는 오심에 이르는 과정을 따라가며 사건의 전모가 똑똑한 율사들에 의해 어떻게 왜곡되는지를 목격하게 된다.

그에 비추어 『부활』의 재판 장면이 갖는 플롯상의 중요성은 다른 데서 발견된다. 『부활』에서는 1부에 서술되는 오심이 소설의 플롯을 추동하는 가장 핵심적인 사건이기 때문이다. 오심이 없었다면 『부활』의 이야기는 전혀 다른 방향으로 흘러갔을 것이다. 무엇보다도 여주인공이 시베리아 유형을 가지 않을 것이고, 더 나아가 재판에서 제대로 무죄 판결이 내려졌다면 네흘류도프도 양심의 가책을 훨씬 덜 받고 아예 카튜샤 앞에 나서지 않을 수도 있었을 것이다. 이처럼 두 소설에서 재판 장면이 플롯상 담당하는 역할은 차이를 보인다. 다시 말해, 『카라마조프 형제들』에서 드미트리의 재판은 검사와 변호사, 그리고 증인들 사이에서 엎치락뒤치락하며 손에 땀을 쥐게 하는 한 편의 드라마처럼 펼쳐지다가 마지막에 청중의 예상을 뒤엎는 판결로 방청객은 물론 독자에게도 놀라움을 선사한다. 재판을 소설의 끝자락에 둔 것은 극적인 효과를 극대화하는 배치인 셈이다. 그에 비해 톨스토이는 소설에서 가장 드라마틱한 장면이랄 수 있는 옛 연인과의 기구하고도 운명적인 재회를 소설 맨 앞에 배치해서 내러티브를 동기화(*motivirovka*)한다. 도스토옙스키가 카라마조프 가족이 빚어내는 비극의 클라이맥스이자 파국의 종착점으로 법정 장면을 그린다면, 톨스토이는 재판을 네흘류도프와 카튜샤의 '부활' 혹은 새 인생의 시작점으로 설정한다.

재판정 인물들: 법은 어떻게 정의를 외면하는가

두 소설이 무대로 삼는 시간 배경은 10년 넘게 차이가 난다. 『카라마조프 형제들』의 재판 장면은 소설이 연재된 시기인 1879년으로부터 13년 전으로 거슬러 올라간 시점, 즉 1866년에 시간 좌표를 두고 있고 『부활』은 188○년이 시간 배경이므로 둘 사이에는 10년이 넘는 시간이 가로지른다. 『카라마조프 형제들』은 사법 개혁이 시행된 초창기의 재판정을 상정하고 『부활』은 어느 정도 개혁이 안정기에 들어선 시점인 셈이다. 그러나 1864년을 기점으로 단행된 사법 개혁의 골격은 유지되어서 두 소설이 기술하는 배심원 참여 재판 과정은 다르지 않다. 두 작품은 공통적으로 재판의 기본 흐름, 즉 증인들의 증언, 검사 논고, 변호인 변론 후 배심원들이 숙의를 거쳐 판결을 내리는 과정으로 진행된다. 두 소설이 차이를 보이는 지점은 어떤 부분을 강조하느냐로, 이는 화자의 시점 차이에서 비롯된다. 『부활』은 재판에 배심원으로 참여하는 주인공 네흘류도프의 시선을 좇기 때문에 배심원들 사이에 벌어지는 숙의 과정이 세밀하게 서술되지만, 『카라마조프 형제들』의 화자는 방청객 중 한 명이라 배심원들의 토론 내용은 알 길이 없고, 따라서 독자에게도 공개되지 않는다. 근본적으로 이와 같은 차이는 재판을 서술하는 시점이 『부활』의 경우는 내부자(배심원인 주인공을 중심에 둔 전지적 작가 시점)이고 『카라마조프 형제들』은 외부자라는 데서 기인한다.

또한 작가의 시각 역시 모종의 역할을 한다. 두 작품 다 배심원 재판을 기술하지만 도스토옙스키의 관점과는 다른 톨스토이 고유의 시각이 재판에 등장하는 작중 인물을 선택하는 데서도 엿보이는 것이다. 대표적으로 도스토옙스키의 재판 묘사에는 없고 톨스토이의 소설에는 있는 인물이 교회 사제다. 증인의 증언 전에 꼭 선행되어야 하는 절차가 증인 선서로, 당시 제정 러시아 법정에서는 러시아 국교인 정교회 신부가 입회했다. 도스토옙스키는 그 관례를 묘사하지 않고 지나가지만 톨스토이는 신부의 위선을 강조하기 위해 신부와 선서를 부각시킨다.

> 사십육 년간 성직을 수행해온 사제는 삼 년 후에는 자신도 얼마 전 이 마을 사제장이 그랬듯 봉직 50주년 기념식을 치를 수 있을 거라 생각하고 있었다. 이 법원이 개원할 때부터 이곳에서 일해온 그는, 자신이 선서를 인도한 사람이 수만 명에 이른다는 것, 또한 말년까지 이렇게 교회와 조국, 가족

을 위해 일하고 있다는 것에 자부심이 있었다. 특히 가족 앞으로 집 외에도 3만 루블이 넘는 유산을 남겨줄 작정이었다. 성경은 선서를 금지하고 있지만, 법정에서 성경의 이름으로 선서를 받는 일이 잘못되었다는 생각은 한 번도 해본 적이 없었다. 양심의 가책은커녕 이따금 상류층과 친해질 수 있는 이 일이 그는 좋았다. 그는 모자에 큰 꽃을 단 노부인 사건으로 단번에 1만 루블을 챙긴 변호사를 몹시 존경했고, 조금 전 그 저명한 변호사와 인사를 나눠 우쭐해져 있었다. (1부 8장, 1: 49-50)[9]

위선을 혐오하고 폭로하는 톨스토이의 경향성은 『부활』에 서술된 재판 장면을 관통하는 핵심이기도 하다. 피고들의 운명이 걸린 재판에서 재판장은 불륜을 즐기기 위해 의무를 방기한다. 구체적으로, 배심원의 판결이 잘못된 것이 자신이 제대로 주의 사항을 알려주지 않았기 때문임에도 불륜 상대와의 밀회 시간에 늦어질까 염려해 서둘러 재판을 마치려고 실수를 바로잡지 않는 것이다. 카튜샤가 무죄라고 생각하면서도 말이다. 또한 배석 판사 한 사람은 일신상의 이유로 재판에 상습 지각하는 것은 예사고, 다른 판사는 가정불화로 아내가 저녁 식사를 차려주지 않을 거라는 생각에 사로잡혀 심리에 부정적인 의견을 내놓는다. 공사 구분을 못 하는 것이다. 사법 체계의 구멍은 판사들에만 국한되지 않는다. 검사는 야심에 사로잡혀 사건을 자기 이익에 맞게 왜곡하는 만행도 서슴지 않는다. 배심원들도 허세와 욕심으로 진실을 그르치는 데 일조한다. 배심원 몇은 카튜샤의 무죄를 주장하지만 그중 한 명은 카튜샤의 풍만한 육체에 마음을 빼앗긴

9 『부활』 인용은 괄호 안에 먼저 부와 장을 밝히고 문학동네에서 출간된 백승무 번역본 정보를 이어서 표시하기로 한다. 원칙적으로 백승무의 번역을 따르지만 필요할 경우 필자의 번역으로 바꾸었음을 밝힌다.

것이 자명하고, 배심원 대표는 이를 못마땅하게 여겨서 그에 맞선다. 두 사람 다 해당 사안을 객관적으로 공평하게 따지기보다는 사감에 사로잡혀서 으르렁대고, 이에 피고인의 운명이 결정되는 비극이 발생한다.

한편 도스토옙스키는 『카라마조프 형제들』에서 검사와 변호인 간의 팽팽한 대결에 초점을 맞춘다. 증인 신문에서 시작해 검사의 논고, 변호인의 변론으로 진행되는 재판에서 증인 신문도 거의 검사와 변호인의 신문 내용을 직접 인용하는 방식으로 진행된다. 그뿐만 아니라 검사와 변호인의 연설도 각각 네 장(章)을 할애해 그들의 말을 화자의 개입을 최소로 제한한 채 독자에게 직접 전달한다.

이를 톨스토이와 비교해보면 흥미로운 점이 드러난다. 『부활』에서는 변호인의 역할이 거의 없다. 그럴 수밖에 없는 것이 카튜샤의 변호인은 국선 변호사로 피고인을 변호할 능력도 의지도 없다. 그는 듣는 사람이 민망할 정도의 변론을 하는 데 그친다. 함께 기소된 유곽 종사자 두 명이 따로 사비를 들여 변호사를 임명한 데 반해 카튜샤는 경제적 형편이 좋지 않아 변호사를 고용하지 못한 까닭이다. 같은 맥락에서, 높은 수임료를 받은 『카라마조프 형제들』의 변호인은 놀라운 실력을 뽐낸다. 드미트리의 변론을 위해 그의 약혼자 카테리나 이바노브나가 명성이 자자한 변호사 페튜코비치를 거액의 수임료를 주고 수도에서 초청해온다. 변호사는 처음 방문한 도시에서 짧은 시간 안에 사건의 전모를 파악해내는 경탄할 만한 수완을 보인다. 스코토프리코넵스크에서 살아온 검사 이폴릿 키릴로비치가 진심으로 드미트리의 유죄를 확신한 탓에 진실에 다가가지 못하는 데 반해 변호사 페튜코비치는 놀라울 정도로 예리하고 정확하게 스메르댜코프의 범행을 재구성해낸다.

구체적으로, 스메르댜코프를 두 법조인은 정반대로 해석한다. 검사는 거듭 반복해서 스메르댜코프를 “병약한 백치”에 겁쟁이라고 지칭하며 그를 비하하고 평가 절하한다. 더 나아가 검사가 드미트리의 유죄를 확신하는 것은 스메르댜코프가 준비한 시나리오가 제대로 먹혔기 때문이다. 즉, 질투에 눈이 먼 드미트리가 돈을 노리고 살인을 저질렀으며 문제의 봉투에 실제로 돈이 들었는지 확인하기 위해 봉투를 열어본 후 돈만 취하고 봉투는 방바닥에 버리고 떠났다는 가설을 검사는 의심하지 않고 받아들임으로써 치명적인 오판을 범한다. 변호사는 다르다. 스메르댜코프는 변호사에게도 검사에게 준 것과 똑같은 정보를 흘리면서 자신이 원하는 방향으로 해석을 유도하지만 변호사는 스메르댜코프의 의중을 간파한다. 변호사는 스메르댜코프를 다음과 같이 평한다.

> 그[스메르댜코프]가 저에게 불러일으킨 인상은 완전히 다른 것이었습니다. 몸이 허약하다는 것은 사실이었지만 성격이나 마음에서는, 오 아니올시다, 이 자는 절대로 검사 측이 단정 지은 것처럼 그렇게 허약한 사람이 아니었습니다. 특히 저는 그에게서 겁이라는 것을, 검사가 우리에게 그토록 특징적으로 묘사해 준 그런 겁쟁이 같은 면을 전혀 발견하지 못했습니다. 한편, 순진무구한 측면도 전혀 찾아볼 수 없었고, 오히려 제가 발견한 것은 순진함 밑에 감춰진 무서울 정도로 의심이 많은 성격, 그리고 극히 많은 것을 꿰뚫어 볼 수 있는 지적 능력이었습니다. [중략] 그의 집을 떠날 때 저는 이 존재가 그야말로 표독스러운 데다가 이루 헤아릴 수 없을 만큼 강한 야심이 있고 불같은 복수심과 질투심에 사로잡혀 있다는 확신을 하게 됐습니다. (12편 12장, 3: 479-480)[10]

10 『카라마조프 형제들』 인용은 괄호 안에 먼저 편과 장을 밝히고 민음사에서 출간된 김연경 번

변호사야말로 스메르댜코프를 정확히 꿰뚫어 본 것이다. 그렇지만 그는 진실을 목전에 두고 방향을 틀어버린다. 스메르댜코프의 생각과 의중, 법조인까지 쥐락펴락하는 지능적인 수법까지 간파하며 그의 범죄 행각을 추리해 내고서는, 갑자기 "어쩔 수 없이 피고가 친부 살해죄를 범했다고 가정해봅시다"(12편 12장, 3: 486)라고 변론의 물줄기를 바꾸며 드미트리가 아버지를 살해했더라도 그건 부친 살해가 아니라는 기상천외한 논지를 전개한다.

변호사의 주장을 요약하면, 표도르 카라마조프가 아들을 방기하고, 아들이 정당하게 상속할 모친의 유산을 착복하고, 그것도 모자라 아들의 연인까지 가로채려 하는 등의 만행을 저지른 사실을 고려하면 도저히 아버지라고 할 수 없으며, 아버지가 아니라면 친부 살해도 없었다는 것이다. 다시 말해, 표도르 카라마조프는 생물학적으로만 아버지일 뿐 "진정한 아버지"가 아니라는 주장이다. 페튜코비치는 단지 육신을 주었다는 이유만으로 아버지를 사랑해야 한다면 이는 신비주의일 뿐 이성적인 행동이 아니라고 열변을 토한다.

> 비록 나의 아버지가 아이들에게 불한당이나 다름없는 악당이라 할지라도 나를 낳아주었다는 이유만으로도 어쨌거나 나의 아버지다, 하고 주장하는 측도 있습니다. 하지만 이런 뜻으로 해석하는 것은 이미, 말하자면, 신비주의적인 것으로서 저로선 이성으로 이해하지도 못하겠거니와 그런 믿음을 통해, 아니 더 정확히 말해서 믿으니까 그냥 받아들일 수 있을 따름이니, 이건 이성으론 이해할 수 없지만 종교에 의해 믿도록 강요받는 다른 많은 것과 마찬가지가 되는 거죠. (12편 13장, 3: 494)

역본의 권과 쪽수를 명시한다.

이로써 변호사는 검사의 종교적 "신비주의"에 맞서, 그의 표현에 따르면 "이성과 상식"에 의거해 드미트리가 설사 살인을 저질렀다고 해도 부친 살해가 아니라고 주장하고, 방청객들은 그의 뛰어난 언변에 감탄해서 환호를 보낸다. 한 방청객은 변호사의 주장을 간단히 직설적으로 이렇게 정리한다. "죽였다, 하지만 무죄다"(12편 14장, 3: 509).

그러나 탁월한 재능을 가진 변호사, 그리고 그에 열광하는 청중과 달리 작가의 시선은 더할 나위 없이 엄정하다. 장(章) 제목인 "사상의 간음자"(*preliubodei mysli*)가 그 점을 여실히 드러낸다. 드미트리가 아버지를 살해했다 해도 부친의 행실이 아버지라 하기 어려우니 부친 살해가 아니라는 변호사는 더 나아가 "아버지, 말해보세요. 내가 무엇을 위해서 아버지를 사랑해야 하는 거죠? 아버지, 내가 아버지를 사랑해야 한다는 걸 증명해 주실래요?"(12편 13장, 3: 496)라고 묻는 아들의 질문에 아버지가 답하고 증명해줘야 한다고, 그래야 진정한 아버지이며 그로써 진정한 가족이 된다고 주장한다. 작가는 이러한 변호사의 주장이 기술된 장을 "사상의 간음자"라고 부름으로써 견해를 명확히 밝히는 것이다. 변호사 이름도 우연이 아니다. 페튜코비치는 러시아어로 멍청이라는 뜻을 내포한다(Peace 281). 스메르댜코프의 범행을 제대로 추리해놓고서도 막판에 드미트리가 저지르지 않은 살인을 궤변으로 정당화하는 변호사의 모습은 도스토옙스키가 비판하는 사법 제도의 허점을 극명하게 전경화한다.

변호사 페튜코비치의 가장 큰 무기는 뛰어난 말솜씨다. 그는 변론은 물론이고 증인 신문도 검사가 한 말을 그대로 반복한 후 그를 뒤집음으로써 "양날의 칼"을 휘두르며 그 어느 진술도 증거가 없는 한 확실하지 않다는 사실을 강조한다. 이에 검사는 변호사의 변론을 "소설"이라고 항변하지만 소설을 읽으며 사건의 전모를 아는 독자가 판단하기에는 역설적이게도 바로 페튜코비치가 짜 맞춘 그 "소설"에 진실이 들어 있다. 소설과 진실 간의 경계는 모호하다. 여기서 드미트리의 재판과 오심은 소설의 본질에 대해서도 생각하게 한다. 일찍이 아리스토텔레스가 『시학』에서 지적했듯이 허구의 예술이 현실보다 더 본질에 가까울 때가 있는 법이다. 도스토옙스키의 예술이 '환상적 리얼리즘'이라 불리며, 작가 스스로 환상성이 더 핍진성 있는 리얼리티를 창조한다고 말한 것도 같은 맥락이다.

그러나 도스토옙스키는 또한 올바른 사상이 뒷받침되어야 진실에 다다를 수 있다고 믿었다. 페튜코비치가 도스토옙스키처럼 "소설" 기법을 잘 사용해서 진실에 가까이 갔지만 결국 진실을 밝히지 못하고 고꾸라진 이유가 바로 진실성을 결여했기 때문이다. 당시 유행한 이성 만능주의 사상에 편승해 부자 관계의 기본을 부정하는 변호사의 견강부회는 그가 그때까지 구축한 통찰력이 번뜩이는 변론을 일거에 망가뜨린다. 자신의 화려한 언변에 취해서 근원적인 도덕 윤리를 외면하고, 또 최소한의 정의감조차 상실한 채 아버지다운 아버지가 아니니 죽여도 괜찮다는 식의 궤변으로 진실도 놓치고 정의도 놓치는 것이다. 이로써 도스토옙스키는 사법 개혁으로 도입된 변호사 제도가 논고와 변론 과정에서 왜곡되는 점, 그래서 자칫 언변놀이로 귀결되는 현실을 강하게 비판한다. 톨스토이 역시 같은 우려와 비판 의식을 공유한다. 카튜샤의 사건 심리와 같은 날 열린 민사 소송 사건에서 "천재 변호사 때문에 불한당 같은 사업가에게 전 재산을 털리게 된 노부인"(1부 6장, 1: 42) 이야기를 삽입함으로써 톨스토이도 변호사의 수완에 진실이 외면되고 정의가 묻히는 현실을 지적한다.

두 소설에 등장하는 변호사의 위상과 역할은 천양지차인 데 반해 검사는 두 작품에서 모두 큰 비중을 차지한다. 먼저 도스토옙스키의 검사 이폴릿 키릴로비치는 이미 언급했다시피 스코토프리고넵스크에 사는 지방 검사로 본인의 실력이 늘 저평가된다는 울분에 차 있는 사람이다. 그래서 전국적인 관심이 집중된 드미트리의 사건을 맡아 자신의 능력을 논고에 쏟아붓는다. 검사의 논고에서 돋보이는 점은 그가 진심으로 드미트리의 유죄를 확신하고 정의를 실현하겠다는 사명감에 불탄다는 사실이다. 심리주의를 열렬히 신봉하는 이폴릿 키릴로비치는 논고에서 카라마조프의 특성을 언급하는 등 주요 인물들의 심리를 해석하고 사건의 개요를 설명하며 드미트리가 부친 살해를 저지른 정황을 재구성한다. 그러나 결론부터 말해, 그의 논고는 틀렸다. 카라마조프 집안사람들의 극단적인 양면성을 파악하는 것처럼 가끔 통찰력도 보여주지만, 문제는 증거라고 제시된 사안들을 비판적이고 총체적으로 해석하지 못하고 단면적으로 파악한다는 점이다. 분명한 능력의 한계인 셈이다. 예를 들어, "수학적 증거"로 제출된 드미트리의 편지도 정반대의 가능성은 고려하지 못한 채 액면 그대로 믿어버리는 식이다. 이런 경향은 12편 8장 "스메르댜코프에 대한 논고"에서 정점을 찍는다. 이반과의 대화에서 털어놓은 스메르댜코프의 말을 통해 이미 독자는 스메르댜코프의 증언이 얼마나 치밀하고 교묘하게 드미트리에게 불리하게 작용하도록 설계되었는지를 안다. 그러나 검사는 스메르댜코프의 간계에 말려들어 진실을 호도하는 데 앞장선다. 검사는 스메르댜코프를 순진하다고 묘사하지만 실제로 순진한 사람은 스메르댜코프가 아니라 바로 그 자신인 것이다.

그렇지만 도스토옙스키의 소설은 최종적으로 배심원단을 설득한 이가 초일류 변호사 페튜코비치가 아니라 시골의 무명 검사 이폴릿 키릴로비치라는 반전을 선사한다. 화자는 이를 다음과 같이 설명한다. "무엇보다도 그의 말이 승리를 거둔 것은 그것이 진실했기 때문이다. 즉, 그는 진실로 피고의 유죄를 믿었다. 막연히 타인의 주문이나 직무상의 의무감 때문에 '복수'를 호소하며 피고의 유죄를 주장한 것이 아니라 정말로 '사회를 구하려는' 소망에 전율하고 있었던 것이다"(12편 6장, 3: 386-387). 검사는 드미트리의 사건을 부친 살해로 믿고 이 사건이 가진 사회적 의미, 즉 "이 현상 자체, 그것의 분류, 그것을 우리의 사회적 토대의 산물 및 러시아적 요소의 한 특성으로 바라보는 시각"을 견지한다(12편 1장, 3: 317). 따라서 드미트리의 부친 살해가 의미하는 바, 다시 말해 당대 러시아 사회가 처한 정신적 파탄에 경종을 울리고자 하는 강한 소명 의식으로 드미트리의 유죄를 배심원과 판사 및 방청객들에게 호소하는 것이다.

> 이 순간 여러분은 우리의 신성한 법의 전당에 있다는 것을 상기하십시오. 여러분이 우리의 진리의 수호자임을, 우리 성스러운 러시아, 그것의 토대들, 그것의 가족, 그것의 모든 성스러운 것의 수호자임을 상기하십시오! 그렇습니다. 여러분은 지금 이 순간 러시아를 대표하여 이 자리에 있는 것이며, 따라서 우리의 선고는 이 법정뿐만 아니라 전 러시아를 향해 울려 퍼질 것이며 러시아 전체가 자신의 변호사이자 판관인 여러분의 말을 경청할 것이고 여러분이 내릴 선고에 기운을 얻거나 실망하게 될 것입니다, 러시아와 러시아의 기대를 괴롭히지 말아주십시오. (12편 9장, 3: 448)

변호사 페튜코비치가 사건의 진실에 거의 다 접근해놓고도 "사상의 간음자"가 되어 진실 대신 궤변을 늘어놓는 데 반해 이폴릿 키릴로비치는 진리를 수호하고 그를 통해 러시아를 구하고자 하는 간절한 사명감으로 논고를 펼친다.

이는 단순히 같은 작품에 등장하는 변호사 페튜코비치만이 아니라 『부활』의 검사와도 뚜렷이 대비되는 지점이다. 『부활』의 검사 브레베는 이름이 바로 알려주듯 러시아인이 아니라 독일인이다. 화자는 브레베가 귀화한 독일인으로서 열심히 러시아 정교를 믿는 보수주의자라는 점을 언급한다. 그리고 그의 성격과 경력을 다음과 같이 요약한다.

> 타고나길 좀 둔한 데다 학교를 수석으로 졸업하고 대학에서 로마법상의 지역권에 대한 논문으로 우수논문상까지 받은 것이 오히려 불행을 초래했다. 그 바람에 자부심과 자만심이 하늘을 찔렀고 (성공적인 여성 편력도 여기에 일조했다) 그 결과 그는 정말 바보처럼 되어버린 것이다. (1부 21장, 1: 114)

그의 논고는 이폴릿 키릴로비치와 마찬가지로 해당 사건에서 사회 전체의 병폐를 읽어내려는 시도지만 그 동기가 불순하다는 점에서 완전히 결이 다르다. 이폴릿 키릴로비치는 자신의 무능 탓에 진실을 보지 못한 채 진심으로 드미트리의 유죄를 믿지만 『부활』의 검사 브레베는 진실이나 정의 실현에는 조금도 관심이 없다. 그가 유념하는 것은 단 하나, 자기 분야에서 최고가 되는 것이고, 따라서 배당받는 사건은 모두 유죄 판결을 받아내는 걸 지상 최대 과제로 여긴다. 시시비비를 가려 정의를 추구해야 하는 장이 그에게는 성공을 추구하는 무대일 뿐이다. 그는 카튜샤 사건 심리 전날 밤 거하게 술자리를 갖고 그것으로도 부족해 유곽까지 다녀오느라 사건 조서를 제대로 살펴보지도 못했으면서 최신 유행 용어와 학설을 총동원해 청산유수로 한 시간이 넘게 열변을 토한다. 그의 논고에서 살인과 무관한 카튜샤는 "범죄의 가장 핵심적 주동자로서 가장 질 낮은 데카당스를 대표하는 인물"(1부 21장, 1: 115)이 되고, 살해된 호색한은 "러시아인 특유의 대범하고 강인한 성격의 소유자로, 그 순박함과 관대함 때문에 극도로 타락한 무리에게 희생"(1부 21장, 1: 115) 당했다고 제시된다.

이처럼 도스토옙스키의 검사는 진실을 밝히는 데 실패하지만 고의로 잘못을 저지르지는 않는다. 배심원도 마찬가지로 좁은 시야와 고집, 또 편견 때문에 잘못된 결정에 이를 뿐 오심임을 알면서 판결을 내리지는 않는다. 그러나 톨스토이의 법정에서 검사는 스스로 정의를 말살한다. 게다가 검사의 파렴치한 행보에 판사와 배심원까지 거든다. 배심원 몇을 제외하고 카튜샤를 재판하는 이들 전체가 다 그녀의 무죄를 인지하면서도 게으름과 위선 때문에 타인의 삶을 파괴하는 짓을 자행하고 또 묵인한다. 도스토옙스키의 재판정이 진실을 제대로 보지 못하는 아둔함이 지배하는 현장이라면, 톨스토이의 법정은 비양심적인 만행의 공간이다.

서술 전략: 오심은 어떻게 서술되는가

『카라마조프 형제들』에서 가장 긴 12편은 총 14장(章)에 걸쳐 이어지는데 정교한 필치로 기술된 드미트리의 재판 장면은 도스토옙스키 특유의 미학이 기저에 깔려 있다. 바로 '카니발화'(carnivalization)다. 도스토옙스키의 법정은 작가가 다른 작품에서도 흔히 그리는 일대 소동, 주요 등장인물이 거의 다 한자리에 모인 상태에서 벌어지는 희비극의 아수라장과 다름없다. 그로스만은 소설의 12편 "오심"이 몇몇 인물을 제외하고 소설에 등장했던 인물들이 총출동해 벌이는 유례없는 소동이라고 평한다(479). 『부활』의 재판 장면과 비교해보면 이 특징은 뚜렷해진다.

친부 살해라는 자극적인 살인 사건이 러시아 전역에 알려지고 관심을 끌면서 초일류 변호사 페튜코비치도 변론을 해달라는 초청을 수락한다. 이와 같은 전국적 관심에 지방 도시 스코토프리코넵스크가 들썩인다. 청중의 존재가 부각되는 배경이다. 방청석이 초만원을 이루는 데 머물지 않고 청중이 적극적으로 재판 과정에 반응하면서 그렇지 않아도 극적으로 흘러가는 재판은 연극이자 카니발이 된다. 방청객이 재판을 연극처럼 관람하지만, 또 한편으로는 즉각적이고 적극적으로 반응을 보인다는 점에서 재판정에 있는 모두가 참여한다. 이는 곧 카니발의 특징이기도 하다.[11]

반대로 『부활』에서 그려지는 독살 사건은 별다른 이목을 끌지 않은 사건이라 방청석도 한산하다. 그나마 법정에 온 예닐곱 명 정도 되는 방청객들도 법정의 엄숙함에 주눅이 들어 소곤대며 얘기한다. 논고와 변론, 그리고 예상치 않은 반전을 몰고 온 증인들의 증언에 큰 소리로 반응해서 판사의 경고가 거듭되는 『카라마조프 형제들』의 법정 모습과는 딴판이다. 사건의 실체를 재구성해 진실을 규명하려는 목적으로 제도화된 재판이건만 도스토옙스키의 펜으로 재현되는 재판은 카니발인 듯 코미디인 듯, 법정의 정숙함과는 거리가 멀다. 앞에서 논한 바와 같이 검사와 변호사는 서로 한 치도 물러서지 않고 팽팽하게 맞서며 자신의 주장을 펼치고, 그 와중에 드미트리가 아버지를 살해하지 않았다는 진실은 실종된다. 그런데 청중도 진실과 멀기는 마찬가지다.

11 모슨과 에머슨은 카니발의 제일 큰 특징으로 모두가 참여한다는 점을 꼽는다(459). 엄밀히 말해, 후기 바흐친이 철학적, 장르적 차원에서 논한 '카니발화'와 도스토옙스키의 소설에서 발견되는 카니발적인 장면과는 제법 거리가 있다. 실제로 문학의 카니발화를 고대 문화부터 훑으며 중요성을 역설한 바흐친의 논의에 드미트리의 재판은 포함되지 않는다. 계급에 구애받지 않고 모두가 광장에서 한데 엉킨다든지 대관식과 박탈, 삶과 죽음의 전도 현상 등 바흐친이 카니발에서 강조하는 몇 가지 핵심 사항이 적용되지 않기 때문인 듯하다. 그러나 카니발화된 공간이 반드시 광장에만 국한되는 것은 아니다. 바흐친 스스로 언급하듯 『백치』에서도 이볼긴 장군의 집에서 카니발화된 소란이 벌어진다(2002, 197-198). 『죄와 벌』의 마르멜라도프 추도연도 같은 맥락이다. 드미트리의 재판 장면도 바흐친이 언급한 카니발의 속성 중 '모독'의 카테고리가 잘 발현된 실내 카니발이라고 할 수 있다. 법정에 모인 각양각색의 방청객들이 재판의 진행 과정에 수시로 반응을 보이며 법정의 엄숙함을 모독하기 때문이다. 따라서 모든 참석자의 참여, 그리고 그로부터 발생하는 소란스러움과 위계질서의 파괴 등은 도스토옙스키의 소설에 흔히 등장하는 소동 장면이 카니발 요소를 지니고 있음을 보여준다.

도스토옙스키는 제삼자인 관찰자 화자를 내세워 그로 인해 필연적으로 파생되는 서술의 한계를 십분 활용한다. 일례로, 관찰자인 화자가 볼 수도 알 수도 없는 배심원 사이의 토론은 독자에게 공개되지 않는다. 반대로 화자가 직접 관찰할 수 있는 범위 내에서 벌어지는 일은 자세하게 묘사된다. 명성에 목마른 지방 검사와 수도에서 거액의 수임료를 받고 특별히 초빙되어 온 변호사 사이에서 벌어지는 공방은 화자의 개입이 거의 없다시피 한 상태로 장문의 직접 인용 방식으로 독자에게 중계된다. 그들의 강렬하고 멋진, 때로 사자후와도 같은 연설은 일차적으로는 법정에 모여든 대중을, 그리고 궁극적으로는 독자를 상대로 행해진다. 방청객들은 엎치락뒤치락 논쟁을 이어가는 검사와 변호사의 변론을 투사 간에 벌어지는 진검승부처럼 감상하며 추임새를 넣고, 피고가 유죄지만 무죄로 판결이 나리라 믿는다. 『부활』에서 청중의 존재감이 미미한 데 반해 『카라마조프 형제들』의 법정에서 청중은 주요 등장인물 중 하나라고 해도 무방할 만큼 재판의 카니발화에 큰 몫을 한다.

카니발화된 재판을 묘사함으로써 작가가 노리는 효과는 무엇일까? 무엇보다도 진실과 정의는 뒷전이고 법정을 볼거리로 대하는 청중의 태도에 작가는 비판적인 태도를 취한다. 게다가 페튜코비치의 예에서 보듯, 능력은 출중하나 이를 명성과 같은 사익 추구에 이용하는 법조인으로 인해 새로 도입된 변호사의 변론 등 사법 제도가 제 기능을 하지 못하고 악용될 수 있다는 사실에 우려를 표하는 것이다.

톨스토이 역시 누명을 뒤집어쓴 무고한 여인의 재판, 그리고 진실과 정의를 거스르는 재판 결과를 기술함으로써 법의 공정성에 심각한 결함이 있음을 폭로한다. 그러나 톨스토이가 문제를 제기하는 방식과 접근법은 사뭇 다르다. 쉬클롭스키를 비롯해 형식주의자들이 사랑한 작가답게 톨스토이가 서술한 법정 장면의 특징은 '낯설게하기' 기법으로 설명될 수 있다. 10년이 넘는 세월을 지나 우연히 법정에서 마주치게 된 카튜샤와 네흘류도프는 공식적으로는 피고인과 배심원이다. 그러나 톨스토이의 세계에서 그 위치는 뒤집힌다. 본인의 마음의 평화를 위해 잊고 살았던 첫사랑을 단번에 알아본 후 네흘류도프는 휴정 시간에 그동안 잊고 살았던 10년 전 기억을 떠올리고, 그 후 재판이 재개되며 법정으로 돌아갈 때 "자기가 재판을 하러 가는 게 아니고 재판을 받으러 끌려나가는 것 같은 공포를" 느끼게 된다(1부 19장, 1: 85). 죄의식에 사로잡혀 전전긍긍하는 이는 피고인 카튜샤가 아니라 배심원 네흘류도프다. 도스토옙스키의 법정이 혼돈의 카니발로 떠들썩한 볼거리가 진행되는 극장이 되는 데 반해 톨스토이의 법정은 죄인의 심정으로 재판을 낯설게 바라보는 네흘류도프의 심리에 집중한다.

3인칭 전지적 작가 시점을 취한 톨스토이는 형식주의 이론을 따르자면, 서술을 훨씬 더 '예술적'으로 만든다. 재판 장면의 중간에 꽤 긴 분량으로 네흘류도프의 회상 장면을 넣는 선택이 그에 일조한다. 화자는 재판의 흐름을 따라가다가 네흘류도프와 카튜샤의 과거를 1부 12장부터 18장, 즉 일곱 장(章)에 걸쳐 서술한다. 재판 장면이 총 20장(1부 5장부터 24장까지)을 차지하고 있으니 중간에 들어간 과거 회상 장면이 거의 3분의 1을 점한다. 이처럼 10년이 넘는 과거로 시계를 돌려 과거를 떠올리고 그 과거를 현재에 끌어들임으로써 그때까지 시간의 흐름을 따라 직진하던 서술이 지연되는 현상이 발생한다.[12] 주지하다시피 '지연'은 형식주의자들이 꼽은 산문 소설의 낯설게하기 기법 중 하나다. 문학을 예술로, 즉 일상 언어와는 다르게

12 형식주의자들이 논한 지연과 낯설게하기의 상관관계에 대해서는 권철근, 김희숙, 이덕형(75-76)을 참조하시오.

만드는 원리를 규명하고자 노력을 기울인 형식주의자들은 시의 경우는 은유 등을 활용해 지각의 자동화를 방지하는 시어의 특수성에서 시의 예술성을 찾았고, 소설의 경우는 대표적으로 '낯설게하기'가 같은 효과를 낸다고 보았다. 쉬클롭스키가 주장한 것처럼 "창조적 변형 행위는 우리 주위의 세계에 '밀도'를 부여함으로써 우리의 인식력을 날카롭게 해 준다"(브룩스 등 113쪽에서 재인용). 물론 『카라마조프 형제들』에서도 표도르 카라마조프의 살인 사건을 재구성하느라 사건이 일어난 몇 달 전을 거듭해서 복기하기는 하지만, 이는 재판의 속성상 당연한 요소고 법정에 있는 이들이 다 함께 듣는 일인 만큼 관찰자인 화자는 재판이 진행되며 들은 내용을 기술할 뿐이다.

그러나 『부활』에서는 네흘류도프만의 개인적 회고인데 이를 소설 내러티브에 삽입함으로써 외부로 드러나는 재판 상황과 주인공 내면에서 일어나는 내밀한 회고가 맞물리고, 이로써 독자의 독서 경험에 눈에 띄는 또 다른 변화가 일어난다. 먼저 위에서도 잠깐 지적한 바와 같이 피고와 재판하는 사람 간의 역전 현상이 가장 주목할 변화다. 네흘류도프의 과거를 알게 된 독자는 그가 귀족이라고 특별하게 대하는 뭇사람들(대다수 배심원과 재판장)과는 다른 시각을 갖게 된다. 네흘류도프 스스로 느끼듯 그가 카튜샤를 파멸시킨 근본 원인이라고 판단하게 되는 것이다. 또한 카튜샤도 회상 장면을 분기점으로 이전과는 다르게 보이게 된다. 회상 장면 전에는 사창가에서 방탕한 생활을 하다가 급기야는 살인 사건에 연루되어 죄인 신세로 전락한 창녀로 사내들의 시선을 잡아끄는 풍만한 육체가 부각되는 여인, 즉 재판이 이루어지는 그 시점의 부정적인 면모만 비춰졌다면 회상 장면 후로는 그녀에게 순수하고 발랄하던 처녀의 모습이 포개진다.

그뿐만이 아니라 재판에서 재판장이 배심원에게 당부하는 말도 낯설게하기의 한 표본이라 할 만하다.

> 사건 요약에 앞서 재판장은 부드럽고 편안한 어조로 배심원들에게 강도는 강도이고, 도둑질은 도둑질이며, 폐쇄 공간 절도는 폐쇄 공간 절도이고, 개방 공간 절도는 또한 어디까지나 개방 공간 절도라고, 한참이나 설명했다. [중략] 배심원들이 이러한 진실을 충분히 이해했다고 판단한 재판장은 곧 다음 진실을 설명하기 시작했다. 그는 사람을 죽음에 이르게 하는 행위가 살인이며, 당연히 독살도 살인 행위라고 설명했다. 배심원들이 이 진실까지도 이해했다는 생각이 들자 재판장은 다시 절도와 살인이 함께 벌어졌다면 절도죄와 살인죄가 동시에 성립한다고 설명했다. (1부 22장, 1: 120) (강조는 필자 표시)[13]

아무리 배심원단 구성이 다양하고 문맹자도 배심원이 될 수 있다고 해도[14] 위에 언급된 설명 내용은 복잡한 법을 다루는 재판정이라고 믿어지지 않을 정도로 어처구니가 없다. 여기서 위의 말이 재판장이 한 말 그대로를 직접 인용으로 옮긴 것이 아니라는 점에 주목할 필요가 있다. 『카라마조프 형제들』은 화자가 중요하게 간주한 내용을 대개 직접 인용으로 독자에게 전달한다. 그러나 위 인용문은 전지적 작가 시점에서 화자가 발화자인 재판장과 수용자인 독자 사이에 개입해 재판장의 말을 재가공해서, 즉 자신이 이해한 대로 간추린 것이다. 다시 말해, 재판장이 실제로 한 말은 위와 같이 실소를 자아낼 정도로 허무하지 않을 것이다. 그러나 화자가 이해하기에

13 한국어 번역본은 원문에서 거듭 사용된 '진실'(*istina*)이란 단어를 전혀 사용하지 않았다. 그러나 톨스토이가 이 단어를 세 번이나 반복해 사용함으로써 당시 재판의 문제점을 비꼬는 입장을 나타냈다고 보기 때문에 번역을 수정하고 그에 더해 강조로 표시한다.

14 당시 문맹은 배심원이 되는 데 결격 사유가 아니었다(Murav 56).

는 결국 위와 같이 정리될 법한 말이고, 이는 화자와 작가가 함께 공유하는 견해, 즉 사회로부터 큰 권위를 부여받은 재판이 표면상으로는 엄숙하지만 실상은 우스꽝스러울 정도로 어리석다는 점을 시사한다. 게다가 재판장이 하는 말이 세 번이나 반복해서 '진실'이라고 지칭된다. 재판장이 하는 말의 '진실'이 얼마나 허무한지를 짐짓 비꼬는 것이다. 판사들이 밝히는 '진실'이 고작 동어반복인 것이다. 위 인용문의 부조리함이 더욱 도드라지는 이유는, 나중에 화자가 지적하는 것처럼 위의 하나 마나 한 말을 장황하게 늘어놓느라고 재판장이 정작 중요한 주의 사항을 배심원들에게 전달하지 않아서 카튜샤의 판결에 결정적인 오심을 초래하기 때문이다.

이와 같이 톨스토이는 『부활』의 화자에게 전지적 시점을 부여해서 주인공의 내면에서 빚어지는 윤리적 갈등은 물론 판사들의 비속한 일상(불륜 상대와의 밀회나 집안 불화, 또 지병 문제), 그리고 그것이 피고인들의 인생이 걸린 재판에 어떤 영향을 주는지와 같은 청중의 눈에 띄지 않는 재판의 이면까지 속속들이 들추고, 더 나아가 겉으로 드러나는 재판 절차에서도 발견되는 여러 허점을 폭로함으로써 '신성한 법정'을 낯설게 만들고 법정의 허구를 드러낸다.

재판이 끝난 후: 오심은 어떻게 해결되는가

『카라마조프 형제들』이 다루는 부친 살해 사건의 전모, 그리고 누가 살인자인지는 검사와 변호사 간의 팽팽한 대결에서 윤곽이 드러난다. 그러나 여러 말이 난무하는 가운데 그것은 단지 또 하나의 말로 묻혀버린다. 주지하다시피 변호사 페튜코비치가 스메르댜코프가 진범이라는 진실에 가장 근접하지만, 검사는 이를 "소설"이라고 치부한다. 또한 페튜코비치 스스로 사건을 제대로 추리해놓고도 전격적으로 방향을 틀어 '아버지답지 않은 아버지를 죽인 것은 부친 살해가 아니다'라는 급진적이면서도 황당무계한 이론을 들고나오면서 진실은 다시 법의 그물을 빠져나간다. 사실 변호사가 스메르댜코프의 살인을 재구성할 수 있었던 배경은 재판에서의 맞수인 검사의 논고를 반박하기 위해서다. 검사가 내세운 주장을 하나하나 뒤집어도 역시 충분히 있었음 직한 일임을 논증하다가 스메르댜코프가 살인범이라는 사실, 그 가능성을 역설하게 된 것이다. 그렇지만 그 이후의 변론을 보면 변호사는 사실 드미트리가 아버지를 살해했다고 믿음을 알 수 있다. 그의 변론은 크게 두 부분으로 나뉜다. 먼저 검사의 논고를 반박하고, 그다음에는 입장을 선회해 드미트리가 살인자이기는 하지만 '이성'에 기초해 따져보면 살인이 아니라는 주장을 편다. 슈르(Schur)는 이 전환에서 페튜코비치의 "도덕적 기회주의와 무원칙성"이 나타난다고 진단한다(165).

작가는 『카라마조프 형제들』에서 사법 제도의 불완전성을 드러낸다. 검사는 드미트리의 유죄를 입증하기 위해 열과 성을 다해서 논고를 펼치지만 그의 말은 틀렸고, 변호사는 사건을 제대로 재구성해놓고도 부자 관계에 대한 급진적인 주장을 하느라 진실을 끝까지 파헤치지 못한다. 굳이 배심원의 판결까지 가지 않더라도, 재판 과정 자체만 보더라도 명백한 오류다.

그러면 진실은 어디서 찾아야 하는가? 아니, 그보다는 이렇게 질문해야 할 것이다. 진실은 무엇인가? 더 근본적으로, 누가 아버지를 죽였는지가 우리가 찾아야 하는 진실인가? 도스토옙스키가 조준한 진실은 무엇인가? 아마도 그가 찾은 진실은 카라마조프 사 형제가 경중의 차이가 있을 뿐 모두 직간접적으로 어느 정도 책임이 있다는 결론일 것이다. 사생아 스메르댜코프는 부친을 죽였다. 하지만 이반의 죄 역시 그에 못지않다는 것을 작가는 강조한다. 살인의 생각을 배다른 형제에게 불어넣은 공모자 혹은 실질적 주모자일 뿐만 아니라 살인이 실행되도록 무언의 허락을 한 자가 이반이다. 그 결과, 부친이 살해되고 스메르댜코프가 자살하며 다른 이복형은 시베리아 유형이라는 형벌을 받게 된다. 아버지가 죽은 후 이반이 보이는 반응은 『죄와 벌』의 라스콜리니코프와 다르지 않아서 그도 극심한 정신적 육체적 고통에 시달리다 거의 광인이 된다. 한편, 누명을 쓴 드미트리도 죄가 없다고 할 수 없다. 직접 살인을 하지 않았지만 그 역시 부친을 증오하고 죽일 생각을 했기 때문이다. 배심원단의 다수를 차지하는 농부들이 그를 유죄라고 본 것은 해당 부분의 제목이 드러내듯 "오심", 즉 법적인 실수다. 그러나 '법적'으로는 잘못된 결정이지만 '윤리적'으로는 맞는 선고라고 볼 수도 있다. 심지어 카라마조프 형제들 중 가장 순수하고 선한 알료샤마저도 양심의 가책에서 자유롭지 못하다.[15] 그 역시 큰 비극이 다가오고 있음을 어렴풋이 감지하고도 적극적으로 막지 않았다는 사실에 괴로워하며 자책한다. 이처럼 카라마조프 형제들은 정도의 차이는 있지만 모두 부친의 죽음 앞에 일정 부분 죄책감을 느낀다.

그러나 도스토옙스키는 일방적이지 않다. 부친 살해라는 패륜을 두고도 작가는 가족의 이야기를 다면적이고 입체적으로 풀어낸다. 아버지인 표도르 카라마조프에게도 아들들만큼, 아니 어찌 보면 아들들보다 더 큰 죄가 있다. 그의 죄는 소설의 앞부분에서 찾아볼 수 있다. 호색한에 음흉하며

15 알료샤의 죄와 관련해서는 알료샤 역시 아버지의 죽음에 책임이 있다고 보는 견해와 그가 스메르댜코프의 교묘한 농간 때문에 주의가 분산되어 비극을 미연에 막지 못했다는 해석이 있다. 대표적으로 모출스키가 전자를(878-888), 톰슨(Thompson)이 후자의 의견을 개진하고(195-200) 필자도 톰슨의 해석이 맞는다고 본다.

탐욕스러운 표도르 카라마조프는 한마디로 아버지란 이름만 걸쳤을 뿐 아버지라고 하기 어려울 정도로 자식들을 방기했다. 자식들을 낳기만 하고 기르지는 않았다. 그를 아비로 둔 자식들은 가정의 따뜻함도 알지 못하고 가정의 울타리 안에서 자라지도 못했다. 카라마조프 형제들은 해체된 가정에서 각자도생하며 성장한 것이다. 아버지는 아내가 죽으며 아들에게 남긴 유산을 가로채고, 그것도 모자라 아들의 여자를 탐한다. 이런 배경을 염두에 두면, 공유한 기억이 없는 아들들이 장성해 집으로 돌아왔을 때 비극이 싹트는 것은 당연해 보이기까지 한다(Fusso 179).

문제는 이처럼 모두에게 죄가 있을 때 정의는 무엇이며 정의가 어떻게 실현되느냐다. 『카라마조프 형제들』은 바로 그 지점에서 근본적인 질문을 던지며 부모와 자식이 존재하는 모든 시대, 모든 장소에서 공명한다. 서로에게 가장 가까운 존재이며, 그래서 애증의 관계가 되는 부모 자식. 그리고 나쁜 부모 아래서 자란 형제들이 어떻게 그 부모에 반응하고 세상과 만나는지. 『카라마조프 형제들』의 진정한 재판은 사법 제도가 정한 테두리 바깥에서 일어난다.

바로 그 지점, 즉 사법 제도가 실패한 곳에서 도스토옙스키는 다른 차원의 대안을 제시한다. 부친 살해의 진실이 제도권 내에서 제대로 규명되지 못했지만, 도스토옙스키는 이를 로젠쉴드(Rosenshield)의 표현을 빌리자면 "갱생의 플롯"(redemptive plot)으로 월경시킨다(235). 구체적으로, 드미트리가 부친의 죽음을 바랐다는 윤리적 책임을 통감하고, 오심이지만 벌을 받아들이면서 그의 정신적 부활이 시작되는 것이다. 자신의 파멸에 결정적인 역할을 한 카테리나와도 진심으로 서로 용서하며 화해한다. 더 나아가, 또 다른 중요한 월경이 알료샤와 함께 일어난다. 알료샤가 일류샤의 장례를 마치고 일명 일류샤의 바위 옆에서 아이들에게 행하는 연설은 형제애를 핵심으로 한다. 혹자는 부친 살해를 다룬 『카라마조프 형제들』의 마무리에 왜 카라마조프와는 직접적인 관계가 없는 아이들이 등장하느냐고 묻기도 한다. 그에 대한 답은 버만(Berman)이 역설하듯, 와해된 수직적 부자 관계에 대한 대안으로 작가가 형제 관계, 그것도 피를 나눈 형제에만 국한되는 것이 아닌 친족의 경계를 넘어서 타인과도 넓은 의미의 수평적 형제 관계를 맺음으로써 진정한 사랑을 사회에서 실현해야 한다는 믿음을 제시한다는 데서 찾을 수 있다(263-282). 이로써 재판에서 흉한 민낯을 드러낸 부자 관계의 파탄과 가족의 붕괴, 그리고 실패한 사법 제도의 정의 구현은 전혀 다른 차원, 즉 기독교적 형제애(brotherhood)에서 대안을 찾는다.

톨스토이의 『부활』도 표면상으로는 비슷하다. 카튜샤는 살인을 저지르지 않았다. 그러나 명백한 오심으로 인해 시베리아 유형에 처해진다. 드미트리 카라마조프와 같은 운명이다. 하지만 잘못된 판결에 이르게 된 사정을 살펴보면 두 소설의 재판은 결이 확연히 다르다. 도스토옙스키의 작품은 능력이 부족하지만 자신이 확신하는 바를 진심으로 주장하는 검사와 명민한 머리의 소유자지만 결국 도덕적 결함의 덫에 빠져 진실을 외면하는 변호사가 격돌하는 '볼거리'로 전락한 법정을 서술함으로써 인간의 제도가 얼마나 불완전한지를 그린다. 그러나 톨스토이의 작품에서 법조인들은 말할 수 없이 졸렬하다. 판사와 검사의 추악한 이면을 들추는 작가의 의도는 분명하다. 과연 그들이 죄인을, 그것도 누명을 쓴 무고한 사람을 법의 이름으로 벌할 자격이 있는가를 독자에게 질문하는 것이다. 이를 기초로 『부활』의 재판 장면은 소설의 제사인 "너희 가운데 죄 없는 자가 먼저 저 여자에게 돌을 던져라", 또 "어째서 너는 네 형제 눈의 티끌은 보면서 네 눈에 들어 있는 들보는 깨닫지 못하느냐?"와 조응한다.[16] 더구나 오심에 이르는 과정은 거듭된 실수의 연속이다. 검사는 본인의 명예를 위해 악의적으로 피고인을 죄인으로 몰아가고 배심원들은 숙의 내용을 정리할 때 큰 실수를 저지른다. 카튜샤가 피해자에게 독약을 준 것은 사실이나 독살 의도는 없었다는 점을 명시해야 하는데 그 내용을 빠뜨림으로써 카튜샤가 살인의 법적 책임을 떠안게 된다. 판사들은 배심원들의 실수를 바로 알아채지만 고치지 않는다. 잘못을 바로잡을 기회가 있음에도 재판부의 이미지가 나빠질까 봐, 또 장시간의 재판에 지친 탓에 정정하지 않고 한 사람의 인생을 파괴하는 것이다. 한 번의 실수는 그럴 수 있다고 해도 거듭되는 잘못, 또 더 나아가 실수임을 인식하고도 귀찮아서 바로잡지 않는 모습에 이르러서는 가히 인재(人災)라고 해도 지나침이 없다.

그런데 오심에 대처하는 톨스토이의 자세는 도스토옙스키가 『카라마조프 형제들』에서 제시하는 바와 본질적으로 다르다. 톨스토이의 주인공 네흘류도프는 오심을 정정하고자 동분서주하고 카튜샤를 따라 시베리아로 향하며, 결국 목적을 달성한다. 카튜샤의 사면을 받아내는 것이다. 잘못된 판결을 바로잡으려는 노력이 바로 『부활』이란 장편소설을 추동하는 힘이다. 따라서 톨스토이가 오심을 소설 초반에 배치한 것은 당연하다. 그리고 소설이 오심의 해결로 종결되는 것 역시 톨스토이 소설의 내적 필연성에 부합한다. 톨스토이는 재판의 문제는 사법 제도 내에서 해결해야 하고 또 해결이 가능하다고 본 것이다.[17] 여기에는 『부활』을 쓸 당시 전 세계적

16 『부활』은 합법적으로 행사되는 국가 폭력이 내포한 위험에 대한 경고이기도 하다.

17 네흘류도프는 오심을 바로잡기 위해 여러 방안을 강구하지만 결국 성공한 방법은 황제의 사면, 즉 최종 수단이다. 그만큼 당시 러시아 사법 제도가 경직되어 있었다는 방증일 터이다. 다른 한 편으로는 황제의 사면이 특수해 보일지 몰라도 사법 제도가 보장하는 방법이라는 점에서 네흘류도프

으로 존경받는 사상가의 반열에 오른 작가가 사회운동가로서 견지한 입장이 담겨 있다. 그는 사회 제도의 허점을 통렬히 비판하면서 동시에 주인공의 노력을 통해 그를 해결하는 모습을 보여준다.[18] 이런 맥락에서 사회소설로서 『부활』은 해피엔딩이다.[19] 『부활』을 톨스토이의 낙천적인 소설로 간주한 와시올렉의 견해도 같은 선상에 있다(1997, 200).

『부활』과 달리 오심이 본소설의 마지막에 배치되고 에필로그에서 형제들이 드미트리의 탈출을 상의하는 데서 드러나듯이, 도스토옙스키는 사법제도의 문제를 제도 내에서 풀려고 하지 않는다. 이 맥락에서 소설의 본사건이 수도원 회동으로부터 시작한다는 사실도 의미심장하다. 재판 장면보다는 규모가 작지만 수도원에서도 한바탕 소동이 벌어진다. 그리고 이미 거기서 조시마 장로는 드미트리의 운명을 예감하고 그가 미래에 겪을 고통에 경의를 표하며 허리를 굽혀 절을 한다. 조시마 장로는 직관적으로 미래를 직감하고 양심에 따라 행동한다. 그러나 사회의 엘리트라는 법조인들은 과거조

가 제도 내에서 오심을 바로잡는다는 사실은 분명하다.

18 톨스토이는 인간이 인간을 심판하고 벌하는 사법 제도에 기본적으로 비판적인 태도를 보였다. 소설에서 드러나는 것처럼, 심판하는 율사들이나 심판받는 이들이나 부도덕하기로는 피장파장이다. 정도의 차이, 그리고 법적인 죄와 도덕적인 죄의 차이일 뿐이다. 어떤 의미에서 톨스토이는 심판하는 자들에게 더 비판적이기도 하다. 배우고 가진 게 많은 기득권자들이 자신의 허물은 보지 못하면서 불운한 환경 탓에 죄를 지은 이들을 단죄하기에 더 위선적이라 보는 것이다. 그래서 톨스토이는 법을 집행하는 부도덕한 자들에게 분노하며 사법 제도에 회의감을 드러낸다. 그러나 그러한 기본 인식과 함께 오심은 수정할 수 있고 수정해야만 한다고 믿었고, 그 신념이 소설 속에 네흘류도프의 노력으로 형상화된 것이다.

19 한편 연애 소설의 측면에서 보자면 『부활』은 멜로드라마처럼 기막힌 우연으로 시작하지만 마무리는 상투적인 멜로드라마의 기대를 배반한다. 남녀 주인공이 결별하고 각자의 길을 가기 때문이다. 사실 이 소설은 연애 소설로 보기는 어렵다. 소설의 본사건인 재판 장면에서부터 네흘류도프가 카튜샤에게 품은 사랑이 과거에 머물 뿐, 더 이상 현재 진행형이 아니라는 사실이 분명하기 때문이다. 어떻게 보면 『부활』은 톨스토이판 '죄와 벌'이다. 네흘류도프가 첫사랑에게 저지른 죗값을 10년 후 치르게 되는 것이다.

차도 제대로 밝히지 못한다. 도스토옙스키의 소설에서 진실이 지배하는 곳은 법원이 아니라 수도원, 즉 인간의 법정이 아니라 신의 거처인 것이다.

『부활』에서 네흘류도프가 잘못을 바로잡는 노력은 사법 제도 내에서만 이루어지지 않는다. 오심을 정정하는 노력과 함께 그가 추구하는 또 다른 교정의 장이 있으니 이는 바로 그의 삶 자체를 대상으로 한다. 그는 군대에서 "동물적인 자아"에 탐닉하는 생활을 하며 이전에 그의 삶을 이끌었던 "정신적 자아"를 상실하고 방탕한 생활을 영위하지만, 법정에 선 카튜샤와 우연히 만나면서 자신의 삶을 전체적으로 성찰하고 원래 가지고 있던 고결한 성정을 되찾게 되는 것이다. 이는 비단 카튜샤와의 관계에서만이 아니라 오심을 고치려는 과정에서 네흘류도프가 여러 사회 모순에 각성하게 되고 토지 문제를 개혁하는 데서도 여실히 드러난다.[20] 카튜샤 역시 마찬가지다. 그녀 역시 살인을 저지르지는 않았지만 톨스토이가 보기에 죄가 없는 것은 아니다. 그녀의 죄는 바로 방탕한 생활에 빠져 선한 본성을 저버리고 타락했다는 데 있다. 『부활』은 본질적으로 본인들의 '죄'를 각성한 두 사람이 갱생의 길을 걷는 이야기다. 이때 '죄'는 사법적으로 처벌 대상이 되는 죄(crime)가 아니라 도덕 윤리상의 죄(sin)를 가리킨다. 즉, 두 사람은 법적으로는 죄인이 아니지만 윤리적으로는 죄인인 것이다. 그리고 톨스토이가 내리는 해결은 비교적 선명하다. 우선 법적 차원에서 보자면 네흘류도프의 부단한 노력으로 카튜샤의 누명이 벗겨지고 사면된다. 윤리적 차원에서도

20 토지 개혁은 개인 톨스토이의 인생에서만 아니라 작가 톨스토이에게도 중요한 테마였다. 초기작 『지주의 아침』에서 젊은 지주 네흘류도프가 토지 개혁을 시도하는 모습을 그렸던 톨스토이는 『부활』에서 다시 같은 문제를 제시하고, 30대가 된 네흘류도프는 괄목할 만한 성과를 낸다(윤새라 2014, 133-152). 이와 관련해 사회적 모순에 직면해 문제를 풀어나가려는 네흘류도프의 노력과 성과를 구스타프슨은 궁극적으로 인간관계(human relatedness)의 복원으로 해석한다(175).

두 사람은 과거의 죄 많은 생활과 절연하고 새로운 인생의 길에 들어선다. 카튜샤는 네흘류도프를 사랑하지만 그가 의무감 때문에 자신과 결혼하려 한다는 사실을 깨닫고 그를 놓아준다. 대신 그녀는 혁명가를 택한다. 그녀의 선택이 새로운 세계를 꿈꾸는 혁명가라는 사실은 시사하는 바가 크다. 네흘류도프 역시 구도에 응답을 얻는다. 그가 찾은 부활의 단초는 성경에 있다. 성서를 주체적으로 해석하고 그를 이정표 삼아 새로운 삶을 개척하려는 네흘류도프의 모습에는 작가 자신의 모습이 짙게 배어 있기도 하다.

『카라마조프 형제들』에서도 드미트리는 살인범이 아니지만, 즉 법적으로 죄가 없지만 윤리적인 죄를 통감하고 오심을 받아들인다. 그러나 도스토옙스키는 톨스토이와 달리 법적인 차원에서 결자해지를 시도하지 않는다. 카라마조프 형제들이 드미트리가 시베리아로 호송되는 도중 탈출을 계획하듯이, 다시 말해 판결을 뛰어넘으려 하듯이 작가도 사법 제도의 결함을 다른 차원으로 월경해 극복할 것을 제안한다. 에필로그는 정확히 그러한 의도를 반영한 산물이다. 3장으로 구성된 에필로그에서 앞의 두 장은 드미트리의 구출 계획과 카테리나 이바노브나와의 화해를 그리면서 드미트리를 중심으로 전개된다. 그러나 에필로그의 백미이자 소설의 대단원을 장식하는 이야기는 에필로그에서도 마지막 장인 3장 일류샤의 장례식과 그 후 바윗돌 옆에서의 조사(弔詞)다. 일류샤는 카라마조프와 피 한 방울 섞이지 않았지만 알료샤를 통해 친구들과 진정한 우정을 나눴다는 점에서 이 소설의 주인공 알료샤가 드디어 조시마 장로의 본보기를 따라 타인들 간의 사랑, 즉 형제애를 싹트게 하는 성인의 길에 들어섰음을 시사한다. 알료샤가 열두 아이들에게 진심에서 우러나와서 하는 소설의 마지막 연설은[21] 잭

21 페를리나(Perlina)는 일류샤의 장례식에서 조사로 제시되는 알료샤의 연설이 설교에 가깝다고

슨(Jackson)이 지적하듯 "정신적 일체감과 화합의 순간"이다(243). 한 가족의 비극과 오심이 전혀 다른 차원에서, 즉 타인들이 형제애로 결속될 수 있다는 비전을 통해 극복되는 셈이다.

이처럼 도스토옙스키와 톨스토이는 각자의 마지막 대작에서 누명을 뒤집어쓴 채 유죄 판결을 받는 인물의 재판 장면을 중심으로 법과 정의의 문제를 탐구한다. 살인죄로 법정에 서는 인물들이 살인에 대해서는 법적으로 무죄지만 윤리적으로는 결코 책임에서 자유롭지 않음을 도스토옙스키와 톨스토이가 강조하는 것도 닮은꼴이다. 또한 두 작품이 모두 재판을 상세히 서술하면서 재판을 통해 진실이 드러나기는커녕 도리어 무고한 사람에게 형벌이 확정되는 점을 보여주며 개혁된 사법 제도의 맹점을 폭로한다. 그러나 오심이 발생하게 되는 과정이 서로 다른 서술 전략, 즉 카니발화와 낯설게하기 기법을 통해 독자에게 전달되고, 오심의 해결 방안도 큰 차이를 보인다. 톨스토이가 법적 문제는 법적 문제로 일대일 대응을 통해 해결하는 동시에 남녀 주인공의 정신적 '부활'을 그린다면 도스토옙스키는 사법 제도의 모순을 다른 차원으로 극복하고자 한다. 비극으로 귀결되는 부자 관계의 문제에 근원적인 해결 방안, 즉 사랑을 바탕으로 한 화합의 인간관계를 제시하는 것이다.

결국 두 소설은 일차적으로는 기만된 정의를 다루지만 폭로와 비판에 그치지 않고 인간이 만든 불완전한 법 너머, 신의 긍휼한 가르침 안에서 진정한 정의를 추구하는 길을 찾는다. 그들은 인간의 유한한 시간 속에서 정신적 부활이라는 영원을 가리키는 것이다. 달리 말하면, 도스토옙스키와

평한다(192). 실제로 알료샤의 말에서는 조시마 장로의 말이 들린다. "알료샤의 말은 곧 조시마 장로의 말이다. 알료샤는 조시마 장로의 말을 받아들여 자신의 말로 바꾼 것이다"(Perlina 192).

톨스토이의 작품은 궁극적으로 인간의 규범 그 위에 있는 인간 양심의 불멸성을 가리키는 징표다.

제3장

§

뒤바뀐 시간의 미학

도스토옙스키의 팽창과 톨스토이의 수축

이제까지 논한 바와 같이 『카라마조프 형제들』과 『부활』은 공통적으로 법과 정의의 문제를 다룬다. 크게 보아서 인간의 법이 노출하는 한계와 그에 대한 해결책으로 양심을 제시한다는 점에서 겹친다. 그러나 구체적인 세부 사항에서는 여러 차이를 노정하고, 더 나아가 시공간과 주인공의 활용이란 측면에서는 뚜렷한 반대 양상을 보이며 훌쩍 어긋난다. 간단히 말해, 두 대가의 마지막 장편소설은 서로의 첫 소설을 닮았다.

도스토옙스키의 소설을 먼저 살펴보자. 『카라마조프 형제들』의 시간 활용은 얼핏 보기에는 첫 장편소설인 『죄와 벌』과 큰 차이가 없어 보인다. 『카라마조프 형제들』의 내러티브 대부분은 부친 살해 사건 앞뒤로 며칠 사이에 벌어지는 일을 기술하는 것으로 채워진다. 주요 사건 위주로 따져보면, 표도르 카라마조프가 살해되기 이틀 전 수도원에서 모임이 있고(2편-3편), 다음 날 조시마 장로가 세상을 떠난다(4편-6편). 그리고 삼 일째 되는 날 밤 표도르 카라마조프가 살해되고, 드미트리가 체포되어 신문받는 사건이 바로 잇달아 일어난다(7편-9편). 1부의 1편을 제외하고 1부부터 3부는 정확히 이런 시간 구획에 따라 나뉜다. 1부의 2편과 3편은 첫째 날을, 2부(4편-6편)는 2일 차를, 그리고 3부(7편-9편)는 그다음 날인 식이다. 이처럼 핵심 사건은 단 삼 일 정도에 휘몰아치듯 일어난다.『죄와 벌』을 논하며 이미 지적했듯이 이와 같은 집약적 시간은 도스토옙스키의 특징이다. 주인공의 인생에서 절대 잊히지 않을 극적인 며칠을 자세하게 서술한다. 그러나『카라마조프 형제들』은 작가의 원래 특징을 그대로 간직하면서도 그에 더해 시간의 확장을 꾀한다는 점에서 주목을 요한다.

먼저 10편에서 12편에 이르는 4부의 시간 배경은 부친 살해 사건이 일어나고 두 달이 지난 시점의 이틀간을 다룬다. 시간 배경이 두 달 후로 설정된 데에는 현실적인 이유가 작용했다고 보인다. 다큐멘터리를 방불케 할 정도로 자세하게 기록된 법정 장면(12편)을 생각하면 작가가 재판 서술에 들인 정성이 짐작된다. 도스토옙스키가 그처럼 중요하게 여긴 재판 장면을 소설에 포함시키기 위해서는 당연히 시간 배경이 그에 맞게 재판이 열린 시점으로 맞춰져야 하는 것이다. 그리고 그와 함께 이반과 스메르댜코프 간의 세 번에 걸친 만남이 플래시백 기법으로 서술되며 부친 살해 사건과 재판이 열리기 전 두 달 사이에 일어난 일도 회상 형식을 빌려 소설 속에 담긴다.

더 나아가 작가는 1편 "어느 집안의 역사"를 소설에 집어넣어 시간대를 한층 더 확장시킨다. 표도르 카라마조프의 초혼과 재혼을 기술함으로써『카라마조프 형제들』의 시간 범위는 (맏이 드미트리의 나이가 28세이므로) 거의 30년 전으로 훌쩍 넓혀진다. 여기까지는『악령』도 비슷한 양상을 띤다.『악령』도 주인공 스타브로긴의 몇 년 전 과거 행적을 서술하고, 더 나아가 그의 양아버지 격인 스테판 베르호벤스키의 젊은 시절을 끌어들임으로써 시간대를 확장시킨다. 사실 도스토옙스키는 첫 장편소설인『죄와 벌』이후 꾸준히 시간 범위를 넓히는 노선을 견지했다. 『백치』에서는 1부에서 단 하루 사이에 일어나는 사건을 서술한 후 갑자기 몇 달을 뛰어넘어 2부를 이어간다. 1부는 눈발이 흩날리는 겨울이지만 2부는 녹음이 우거진 여름이 시간 배경이다. 또 주인공이 스위스에서 보낸 4년이라든가 여주인공의 불행한 과거가 언급되며 시간대가 넓어진다. 그러나 이는 인물들을 이해하는 데 필요한 정보로 서술이 전개되는 중간중간, 적절한 곳에서 언급될 뿐이다.

그에 반해 『카라마조프 형제들』은 주목할 만한 변화를 선보인다. 시곗바늘을 약 30년 전으로 돌린 과거를 맨 앞인 1편에 배치해서 소설을 시작한다. 다른 작품에서는 과거로 시간대가 확장된다고 해도 그러한 에피소드들이 소설이 전개되는 와중에 여기저기 단편적으로 박혀 있다. 그런데 마지막 장편소설에서는 작가가 작정이나 한 듯이 과거를 출발점으로 해서 이야기를 풀어나간다.

그뿐만이 아니다. 『카라마조프 형제들』은 소설이 집필된 시점으로부터 13년 전에 일어난 사건(표도르 카라마조프의 살인 사건)을 다룬다는 점을 확실히 못박는다. 다시 말해, 1879년에 연재를 시작한 『카라마조프 형제들』의 본사건은 1866년을 시간 배경으로 하고, 더 나아가 1편은 그로부터도 30여 년까지 후퇴한 더 먼 과거를 다룬다. 즉, 표도르 카라마조프의 젊은 시절인 1830년대가 소설의 출발점인 셈이다. 도스토옙스키의 소설에서는 보기 드문 현상이다. 그의 다른 장편소설들은 모두 명확한 언급이 없어도 소설이 집필되고 발표된 시기가 곧 소설의 일차적인 시간 배경으로 상정된다. 언제나 현실 문제에 천착하며 시대의 맥박과 함께 호흡한 도스토옙스키의 소설은 다 당대를 시간 배경으로 한 현대 소설이다. 그런데 『카라마조프 형제들』은 다르다.

작가는 '역사'를 의식한다.[22] 『카라마조프 형제들』은 도스토옙스키 장편소설 중 가장 넓은 시간대를 품은 작품이다. 또한 작가의 다른 소설들과 달리 작품이 발표된 시점으로부터 거의 반세기에 육박하는 먼 과거까지 시선이 가닿는다. 이러한 점들을 고려하면 1편의 제목, "어느 가족의 역사"(*istoriia odnoi semeiki*/the history of a certain family)는 무척 의미심장하다. '이스토리야'(*istoriia*)라는 러시아어 단어는 '역사'라는 뜻과 '이야기'라는 뜻을 둘 다 지닌다. 역사 자체가 이야기에 기초하기 때문이다. 낱말을 보아도 노어와 영어 모두 단어 안에 'story'가 담겨 있다. 이런 중의성 때문에 1편의 제목을 번역할 때 "어느 가족의 이야기"가 될 수도 있고 "어느 가족의 역사"가 될 수도 있다. 실제로 영어 번역의 경우 역자에 따라 '이야기'(story)를 고르기도 하고 '역사'(history)를 선택하기도 한다. 한국어 번역은 김연경이 '역사'를 고르고 이대우와 김희숙 등 다른 역자들은 대부분 '내력'을 택했다. 한국어 역자들은 이야기보다는 역사를 선택한 셈이다.

물론 도스토옙스키는 이야기와 역사 중 어느 하나를 배척하지 않았겠으나 굳이 하나를 골라야 한다면 '역사'가 낫다고 본다. 도스토옙스키의 장편소설 세계가 진화하는 흐름을 고려하면 분명히 그렇다. 그는 갈수록 작가의 책임감을 무겁게 느끼며 거시적으로 조국의 운명을 바라보았다. 『작가 일기』는 그와 같은 작가의 소명 의식이 발현된 한 양태로, 도스토옙스키는 소설이라는 우회로가 아니라 사회 이슈에 직접 목소리를 내며 참여해서 여론을 이끌고자 했다. 그와 함께 작가는 러시아가 당시 처한 현실의 근본 문제를 가족의 해체라고 진단해서 그 원인과 해결책을 본인의 전문 분

22 왓텔(Wachtel)도 『카라마조프 형제들』을 역사와 결부시킨다. 그러나 그는 필자와 달리 『카라마조프 형제들』이 도스토옙스키가 역사에 대해 견지한 유토피아 철학의 알레고리적 표현이라는 주장을 하며 이를 '장르 간 대화'라는 관점에서 『작가 일기』와 함께 논한다(123-147).

야인 소설, 즉 『카라마조프 형제들』에서 탐구했다.

그 외에도 도스토옙스키가 톨스토이에게 가지고 있던 라이벌 의식도 그의 소설 세계가 진화한 방향을 설명하는 요소다. 주지하다시피 도스토옙스키는 톨스토이의 『전쟁과 평화』와 같은 대작을 쓰고 싶어 했다. 그와 같은 대작을 써야 진정한 대가의 반열에 오르고 톨스토이와 어깨를 나란히 할 수 있다고 생각했던 것이다. 다시 말해, 도스토옙스키가 쓰고 싶어 했던 걸작의 예는 『전쟁과 평화』, 즉 역사 소설이었다. 『전쟁과 평화』라는 대하 역사 소설이 보여준 폭과 깊이를 도스토옙스키는 갈망했다. 『카라마조프 형제들』은 도스토옙스키가 톨스토이의 첫 장편소설을 모델로 삼아 자기식으로 창조한 작품이라 할 만하다. 도스토옙스키가 보여준 최대치의 시간이 거기 담겨 있다. 게다가 그가 구상한 속편까지 생각하면 그 시간대는 한층 더 길어질 것이었다. 본인이 그려낸 최대 폭의 시간대와 40년도 더 거슬러 올라가는 과거를 통해 역사적 의미를 담지한 작품을 쓰고자 했기에 도스토옙스키가 1편의 제목에 '역사'를 붙였다고 볼 수 있다. 실제로 『카라마조프 형제들』은 원래 도스토옙스키가 『위대한 죄인의 역사(이야기)』(*Istoriia velikogo greshnika*)라는 제목으로 구상한 대하소설의 일부다.

이와 관련해 흥미로운 사실이 또 있다. 이미 앞에서 언급한 것처럼 톨스토이는 『전쟁과 평화』에서 원래 데카브리스트 난(1825년)을 그리려고 했지만, 그 사건을 제대로 이해하기 위해서는 러시아가 침략당한 나폴레옹 전쟁(1812년)으로 거슬러 올라가야 한다는 생각에 작품의 시간 배경을 바꾸었다. 1825년과 1812년의 차이가 정확히 13년이다. 도스토옙스키의 『카라마조프 형제들』이 "13년 전"에 일어난 사건을 다루는 것과 일치한다. 더구나 도스토옙스키가 소설의 서문 격인 "작가로부터"에서 분명히 밝히기를, 주인공 알료샤를 제대로 이해하기 위해서는 13년 전의 중요한 사건을 꼭 알아야 하기에 "주된 소설" 전에 『카라마조프 형제들』이 필요하다고 강조한다.[23] 이 역시 톨스토이가 진짜 다루고자 했던 1825년에서 1812년으로 시간 좌표를 이동시켜 『전쟁과 평화』를 쓴 이유와 같다.

도스토옙스키가 톨스토이의 첫 장편소설을 닮은 소설로 마지막을 장식한 데 반해, 톨스토이의 마지막 장편소설 『부활』은 그의 장편 중 도스토옙스키의 첫 주요 장편 『죄와 벌』에 가장 가깝다. 그 점은 시간 배경에서도 발견된다. 톨스토이가 발표한 세 장편소설 중 『부활』은 가장 간결하다. 살인 누명을 쓰고 유죄 판결을 받은 첫사랑 카튜샤를 주인공이 법정에서 우연히 만나는 날로부터 소설은 시작된다. 그리고 소설은 남자 주인공이 모든 일을 제치고 카튜샤의 구명 운동에 힘을 써서 결국 황제의 사면을 받아내는 것으로 마무리된다. 소설의 시간 흐름은 채 1년도 넘어가지 않는다.[24] 만물이 소생하는 봄에서 시작해 카튜샤가 시베리아로 이동하는 뜨거운 여름을 거쳐 몇 달 후 겨울의 초입에서 이야기가 끝난다. 『부활』의 시간대

23 "작가로부터"에서 도스토옙스키가 한 말은 다음과 같다. "주된 소설은 두 번째 것으로서—그것은 이미 우리 시대에, 바로 우리의 지금 이 현재 순간에 이른 내 주인공의 활동을 다룰 것이다. 첫 번째 소설은 십삼 년 전에 일어난 일을 다루고 있기 때문에 거의 소설이라고 할 수 없고 그저 내 주인공의 청소년기의 한순간을 포착하고 있을 따름이다. 그럼에도 이 첫 번째 소설이 없으면 안 되는데, 그렇게 되면 두 번째 소설 중 많은 것을 이해할 수 없을 것이기 때문이다"(작가로부터, 1: 13). 이 인용문에는 특기할 만한 점이 하나 더 있다. 작가는 이 소설이 "거의 소설이라고 할 수 없다"라면서 기존 소설과의 차별성을 언급한다. 주지하다시피 톨스토이의 『전쟁과 평화』도 기존 소설과는 매우 다르다. 톨스토이 자신도 그 점을 자각했기에 『전쟁과 평화』는 소설이 아닌 "책"(*kniga*)이며 두 번째 장편 『안나 카레니나』가 그의 "첫 소설"이라고 한 것이다.

24 당연히 길이도 톨스토이 장편소설 중 가장 짧다. 그런데 『부활』은 집필에 가장 오랜 시간이 걸린 장편이기도 하다. "코니 이야기"로부터 촉발된 이 소설을 톨스토이가 처음 쓰기 시작한 때는 1889년이다. 그리고 탈고해서 발표한 때는 무려 10년이 지난 1899년이다. 물론 10년을 꼬박 『부활』에만 매달린 것은 아니다. 1889년부터 쓰다가 1891년에 그만두고 몇 년을 묵혀뒀다가 1895년에 다시 쓰지만 이듬해에 중단했다. 톨스토이가 1898년에서 1899년 사이에 『부활』을 완성한 데는 현실적 이유가 있다. 자신과 정치적 신념이 비슷한 '두호보르'라는 종교 단체가 러시아 정부의 탄압을 피해 캐나다로 이주하는 것을 돕기 위해서였다. 작가는 『부활』의 인세를 두호보르 신자들에게 기부했다.

가 톨스토이의 장편치고 얼마나 짧은가는 『전쟁과 평화』와 비교해보면 뚜렷이 드러난다.

『전쟁과 평화』는 소설 분량만큼이나 유장한 시간대를 품고 있다. 여주인공인 나타샤는 발랄한 소녀에서 원숙한 어머니로 변모한다. 또한 1865년에 연재를 시작한 『전쟁과 평화』는 시간대를 1805년으로 설정했다. 당대 독자의 시선을 60년 전으로 보내는 것이다. 그에 더해 결정적으로 러시아의 근대사는 물론 민족사에서 가장 중요한 사건 중 하나인 나폴레옹 전쟁(러시아에서는 '조국 전쟁'이라고 불린다)을 그림으로써 소설은 원대함을 획득했다. 『전쟁과 평화』에서 개인의 역사는 조국의 역사와 불가분의 관계를 맺으며 흘러간다.

그러나 『전쟁과 평화』 이후 톨스토이 소설은 좁아져 간다. 『안나 카레니나』는 소설이 집필된 당대를 시간 배경으로 했다. 현대 소설이다. 소설이 1873년부터 1877년에 쓰였고, 작품에 그려진 사건은 1872년부터 1876년 사이에 일어난다. 『부활』도 마찬가지다. 게다가 톨스토이의 장편답지 않게 호흡이 짧다. 그나마 『안나 카레니나』는 안나의 '금지된 사랑'이 시작되고 끝나는 4년 정도의 기간을 담았지만, 『부활』의 사건 시간(회상 장면은 여기에 들어가지 않는다)은 한 해의 사이클도 마치지 못한다. 도스토옙스키의 첫 장편과 유사하다. 『죄와 벌』도 전체 이야기의 시간대가 1년을 약간 못 미치는 데서 끝난다. 본이야기에서 7월의 살인 사건을 전후해 보름 정도를 다루고 에필로그에서 시베리아의 봄을 배경으로 마무리된다. 여름에서 시작해 봄에 끝나니까 『부활』이 품은 시간대(세 계절)와 얼추 같다. 둘 다 한 계절이 모자라는 1년을 배경 시간대로 한다. 이런 점에서 『부활』은 『죄와 벌』을 연상시킨다. 그러나 톨스토이의 마지막 장편 『부활』이 도스토옙스키의 첫 장편 『죄와 벌』과 더욱더 유의미하게 접목되는 지점은 공간 배경이다.

제4장

§

시베리아

톨스토이의 마지막 장편과 도스토옙스키의 첫 대작

공간 배경이란 측면에서 볼 때 『부활』과 『죄와 벌』이 만나는 지점은 시베리아다. 두 작품이 시베리아를 배치한 곳도 같다. 그리고 의미도 같다. 시베리아는 소설의 끄트머리에 등장하며 주인공의 '부활'을 상징하는 갱생의 장소로 기능한다.[25]

주지하다시피 『죄와 벌』의 주인공 라스콜리니코프의 정신적 부활은 페테르부르크를 떠나 시베리아에 가서야 일어난다. 물론 시베리아가 자동적으로 새로운 삶을 열어주지는 않는다. 사실 시베리아에서 유형 생활을 하면서도 주인공은 초기에는 자기 죄를 끈질기게 부정한다. 본인의 잘못은 나폴레옹이나 다른 영웅호걸처럼 신념을 끝까지 밀어붙이지 못하고 중간에 그만뒀다는 데 있다뿐이지 초인론 사상 자체가 그릇되지는 않았다고

25 러시아 역사에서 시베리아가 갖는 의미에 대해서는 한정숙을 참고하시오. 특히 도스토옙스키의 시베리아 유형, 또 톨스토이의 친척이자 데카브리스트였던 세르게이 볼콘스키와 관련된 시베리아에 대해서는 같은 책 269-276쪽을 보시오.

스스로 거듭 강변한다. 그러나 부활절을 전후로 꿈을 꾸면서 상황이 반전된다. 사람들 모두가 자신이 초인이라고 확신해서 도덕규범을 어기며 살아가게 되면 필연적으로 세상이 아수라장이 되고 만다는 비전을 꿈에서 맞닥뜨리는 것이다. 명민한 주인공은 꿈의 의미를 바로 알아차린다. 그리고 본인이 고수하던 사상의 맹점을 직시하게 된다. 그 결과 그는 사상을 버리고 사람을 보게 된다. 그러자 자신을 따라 시베리아까지 온 소냐에 대한 사랑을 깨닫게 된다. 그로써 지식인 라스콜리니코프의 '부활'이 시작된다.

흥미로운 점은 이때 작가가 성경의 시공간을 닮은 성격을 시베리아에 부여한다는 사실이다. 주인공이 영적 부활에 준하는 감격스러운 순간에 소냐와 함께하는 장면을 도스토옙스키는 다음과 같이 묘사한다.

> 그날도 청명하고 따뜻했다. [중략] 라스콜리니코프는 헛간에서 나와 강기슭으로 가서, 헛간 옆에 쌓아 올린 통나무 위에 앉아, 광활하고 황량한 강을 바라보기 시작했다. 지대가 높은 강기슭에서는 탁 트인 주변 정경이 한눈에 들어왔다. 멀리 있는 맞은편 강가에서는 노랫소리가 가물가물 들려오고 있었다. 햇살을 듬뿍 받은 건너편 초원에서는 유목민들의 분여지가 검은 점처럼 희미하게 보였다. 그곳에는 자유가 있었고, 이곳 사람들과는 전혀 다른 사람들이 살고 있었다. 또한 그곳은 마치 시간마저 멈춰 버려서 아브라함과 그의 목축들의 시대가 아직 끝나지 않은 것 같았다. 라스콜리니코프는 꼼짝도 하지 않고 앉은 채 눈을 떼지 않고서 그곳을 바라보았다. 그의 생각은 몽상과 명상으로 이어졌다. 그는 아무것도 생각하지 않았지만, 어떤 애수가 그를 설레게 하고 마음을 아프게 했다.
>
> 그런데 갑자기 그의 옆에 소냐가 나타났다. 그녀는 살그머니 다가와서 그의 옆에 나란히 앉았다. 아직 이른 시간으로 아침의 냉기가 채 가시지 않았을

때였다. 그녀는 남루하고 낡은 외투를 입고 녹색 숄을 걸치고 있었다. 그녀의 얼굴은 아직 병색이 가시지 않아 핼쑥하고 창백했으며, 두 뺨도 여위어 있었다. 그녀는 상냥하고 기쁜 모습으로 그에게 미소 지었지만, 여느 때처럼 수줍게 손을 내밀었다.

그녀는 항상 그에게 수줍게 손을 내밀거나, 아니면 전혀 내밀지 않기도 했는데, 이는 그가 그 손을 뿌리칠까 봐 두렵기 때문인 것 같았다. 그는 언제나 혐오감에 싸여 그녀의 손을 잡는 것 같았다. 그리고 언제나 못마땅한 듯 그녀를 맞았으며, 때로는 그녀가 방문해 있는 동안에도 고집스럽게 입을 다물고 있었다. 그녀는 그가 두려운 나머지 깊은 슬픔에 빠진 적도 있었다. 그러나 지금 그들의 손은 떨어지지 않았다. 그는 빠른 시선으로 얼른 그녀를 보고는 아무 말도 하지 않고, 눈을 내리뜨고 땅만을 쳐다보았다. 그들은 단둘뿐, 아무도 그들을 보는 사람은 없었다. 호송병도 그때는 얼굴을 돌리고 있었다.

어떻게 그런 일이 일어났는지 그 자신도 알 수 없었지만, 불현듯 무언가 그를 사로잡아서 그녀의 발에 몸을 던지게 한 것 같았다. 그는 울면서 그녀의 무릎을 안았다. 처음 순간 그녀는 무섭도록 놀라서, 온 얼굴이 죽은 사람처럼 창백해졌다. 그녀는 자리에서 벌떡 일어나, 벌벌 떨면서 그를 바라보았다. 그러나 곧, 바로 그 순간에 그녀는 모든 것을 이해했다. 그녀의 눈에서는 무한한 행복감이 반짝이기 시작했다. 그녀는 이해했다. 그녀는 한 점의 의심도 하지 않았다. 그가 사랑하고 있다는 것, 그가 그녀를 무한하게 사랑하고 있다는 것을, 마침내 그 순간이 도래했다는 것을….

그들은 말을 하고 싶었지만, 할 수가 없었다. 눈물이 그들의 눈앞을 가렸다. 두 사람 모두 창백하고 여위어 있었다. 그러나 이 병들어 창백한 얼굴에서는 이미 새로워진 미래의 아침노을, 새로운 삶을 향한 완전한 부활의 서광이 빛나고 있었다. 그들을 부활시킨 것은 사랑이었고, 한 사람의 마음속에 다른 사람의 마음을 위한 삶의 무한한 원천이 간직되어 있었다.

그들은 참고 기다리기로 마음먹었다. 그들에게는 아직도 7년이 남아 있었다. 그때까지 얼마나 많은 참을 수 없는 고통이 있을 것이며, 얼마나 무한한 행복이 있을 것인가! 그러나 그는 부활했다. 그는 이것을 알았다. 그는 갱생한 자신의 온 존재로 그것을 완전히 느끼고 있었다. 그리고 그녀… 그녀는 오직 그의 삶을 자신의 삶으로 생각하고 살아오지 않았던가! (에필로그, 2: 806-808)

위 인용문에 보이듯 아브라함의 시간, 성경의 태곳적을 떠올리게 하는 시간이 언급된다. 돈과 권력을 숭상하며 가난이 인간을 피폐하게 만드는 페테르부르크와는 질적으로 완전히 다른 곳이 시베리아다. 유한한 인간의 삶을 돈과 권력에 대한 욕망으로 채우는 부박한 도시 페테르부르크에 반해 시베리아는 전혀 다른 시간의 결을 제시한다.

시베리아에서 정신적으로 부활한 라스콜리니코프와 그의 동반자 소냐에게 앞으로 남은 유형 기간 7년은 단 7일처럼 느껴진다.

7년, 〈겨우〉 7년! 행복이 시작되고 있던 이 무렵과 또 다른 순간마다 두 사람은 기꺼이 이 7년을 7일로 생각할 준비가 되어 있었다. 그는 새로운 삶이 거저 그에게 주어지지 않으리라는 것도, 그 삶을 비싼 값을 치르고 사야 한다는 것, 그를 위해서 앞으로 위대한 행적을 쌓아야 한다는 것도 미처 모르고 있을 정도였다.

그러나 이제 새로운 이야기, 한 사람이 점차로 소생되어 가는 이야기, 그가 점차로 새롭게 태어나는 이야기, 그가 점차로 한 세계에서 다른 세계로 옮겨 가는 이야기, 이제까지는 전혀 몰랐던 새로운 현실을 알게 되는 이야기가 시작되고 있다. 어쩌면 이것은 새로운 이야기의 주제가 되기에 충분할지 모르

겠지만, 지금 우리의 이야기는 이것으로 완결되었다. (에필로그, 2: 809-810) (강조는 필자 표시)

7년이 7일로 느껴지는 데 더해 주목할 단어가 있다. 라스콜리니코프의 미래를 예견하면서 한 문장 안에 세 번이나 사용된 "점차로"라는 단어다.[26] 단연코 해당 문장의 핵심어다. 주인공의 정신적 '부활'은 찰나의 순간에 일어날지라도 그 변화가 인간에게 실질적인 결과를 내기 위해서는 지속성을 담보해야 한다. 즉, 깨달음은 갑자기 찾아들지만 일상에서의 부단한 노력이 뒷받침되어야만 진정한 변화가 뿌리내리는 법이다. 바로 그 점을 작가는 "점차로"란 동일한 단어를 재차, 삼차 씀으로써 강조한다.

"점차로"의 중요성은 다른 관점에서 접근해도 설명된다. 클리거는 『죄와 벌』의 인물들을 크게 네 가지 유형으로 나눈다(228-245). 라스콜리니코프는 초인론을 바탕으로 혁명적인 변화를 꿈꾸는 인간이고(즉, 착실하게 학업을 마치고 취업해서 어려운 상황을 타개하려 하지 않고 살인 사건으로 단숨에 해결하려 한다), 소냐는 독실한 기독교 신자로서 부활을 열망한다. 나사로의 부활은 곧 그녀의 부활이다. 한편, 라주미힌과 포르피리는 계몽사상에 입각해 사회의 규범 안에서 건실한 시민이 되는 것을 지지한다. 마지막으로 루진은 신분 상승을 하겠다는 열망으로 커리어를 쌓아 부와 명예를 축적하고자 한다. 이 네 유형 중 시간관으로 따지자면 라스콜리니코프와 소냐는 급진적인 변화를 꿈꾼다는 점에서 비슷하고 다른 두 부류는 점진적인 시간관을 견지한다. 그러므로 시베리아에서 영적인 부활의 순간을 경험한 라스콜리니

26 정확히 말하자면 원문에 쓰인 단어는 "점진적인"(*postepennogo*)으로 형용사 형태다. 그러나 한국어로는 부사형이 더 자연스럽다고 판단되어 홍대화가 사용한 "점차로"를 따랐다.

코프가 이후 "점차로" 갱생하고 "점차로" 재탄생하며 "점차로" 변화할 것이라는 작가의 말은 결국 주인공의 미래가 정반대처럼 보이는 찰나와 지속성, 두 양태를 유기적으로 결합시킨다는 점을 시사한다(Kliger 242-244). 이는 곧 변화의 진정성을 의미한다. 따라서 소설의 마지막에 세 번이나 등장하는 "점차로"라는 단어의 중요성은 아무리 강조해도 지나치지 않다.[27]

그렇다면 네흘류도프의 시베리아는 어떤 모습으로 제시되는가? 무엇보다 흥미로운 점은 시베리아에서 직접 유형 생활을 한 도스토옙스키와 달리 톨스토이는 시베리아에 발도 디뎌본 적이 없다는 사실이다. 톨스토이에게 시베리아는 체험한 장소가 아니라 조사를 바탕으로 창조된 공간이다(McLean 84). 그럼에도 불구하고 톨스토이의 탁월한 시베리아 묘사는 찬사를 받았다. 일례로 체홉은 『부활』에서 시베리아 장면을 네흘류도프와 카튜샤의 이야기보다 낫다고 평했다. 『부활』의 시베리아는 무엇보다도 감옥의 실상을 꼼꼼하고도 세밀한 필치로 묘사한다. 죄수들이 처한 비위생적인 환경(가령, 어린아이가 똥통 옆에서 잔다)과 그들을 비인간적으로 다루는 냉담한 간수들(규정을 따른다는 이유로 아버지와 아이를 비정하게 갈라놓는다), "수백 수천의 핍박 받는 사람들"(3부 28장, 2: 389)인 다양한 죄수 군상 등은 이 소설에 논픽션을 떠올리게 하는 핍진성을 부여한다. 톨스토이의 주된 관심사는 『부활』 전체에 걸쳐 일관되게 인간의 제도가 지닌 불완전성과 사회악에 대한 비판이다.

도스토옙스키의 『죄와 벌』이 주인공의 내면세계, 즉 사상과 심리에 심혈을 기울인 데 반해 톨스토이의 『부활』은 사회 비판 소설의 성격을 강하

27 영어든 한국어든 외국어 번역은 대체로 원문에 쓰인 "점차로"를 세 번 중 한 번 이상 생략한다. 동어 반복이 불필요하다고 간주한 듯하다. 하지만 이는 "점차로"란 단어가 갖는 중요하기 이를 데 없는 의미를 생각할 때 잘못된 결정이다.

게 띤다. 이와 같은 차이에도 불구하고 톨스토이의 『부활』 역시 결국 마지막에는 주인공이 시베리아에서 정신적인 '부활'을 경험하며 마무리된다는 점은 이채롭다. 특히 『부활』의 마지막 문단은 『죄와 벌』을 놀랄 만큼 빼닮았다.

> 그날 밤을 기점으로 네흘류도프에게는 완전히 새로운 삶이 시작되었다. 그의 생활이 새로운 환경에 들어섰기 때문이 아니라 그 후로 일어난 모든 일이 그에게는 예전과 전혀 다른 의미를 지녔기 때문이다. 그의 새로운 인생의 시기가 어떻게 끝날지는 미래가 보여줄 것이다. (3부 28장, 2: 398) (강조는 필자 표시)

『죄와 벌』의 마지막 문단과 비교하면 유사성에 놀라지 않을 수 없다. 스타이너는 『부활』을 『죄와 벌』의 에필로그라고 볼 정도다(93). 주인공의 새로운 삶이 이제 시작된다. 그의 새로운 인생이 어떤 모습일지 작가는 예단하지 않는다. 그것은 "미래"(*budushchee*)의 몫이다(소설의 마지막 단어가 다름 아닌 "미래"다). 라스콜리니코프의 부활에 대한 도스토옙스키의 마무리도 새로운 이야기는 미래에 속한다고 하지 않았는가.

놀랍게 비슷하지만 네흘류도프의 '부활'은 라스콜리니코프의 '부활'과 몇 가지 측면에서 다르다. 먼저 네흘류도프의 부활은 혼자 겪는 경험이다. 『죄와 벌』에서 주인공의 정신적 부활이 소냐와 공유하는 행복한 경험인데 반해, 『부활』에서 네흘류도프는 카튜샤를 따라갔지만 시베리아에서 완전히 결별한다. 네흘류도프의 정신적 각성도 주인공이 혼자 남겨진 헛헛함을 달래기 위해 별생각 없이 성서를 집어 들면서 시작된다. 카튜샤를 돕겠다는 일념으로 시베리아까지 가서 결국 원하던 대로 황제의 사면을 받아냈지만, 그녀의 이별 선언으로 졸지에 혼자가 되어서 미래 계획을 전면 수

정해야 하는 상황에 처한 것이다. 그러나 네흘류도프의 마음을 더욱 어지럽히는 요인은 "또 다른 문제"로 그 내용은 다음과 같다.

> 그가 수개월 동안 행군에 동참하면서 보고 들은 그 끔찍한 죄악들은 사랑스러운 크릴초프를 죽음으로 내몰고 승전고를 울리며 사람들 위에 군림하고 있었다. 그 죄악을 격퇴할 가능성은 차치하고 격퇴할 방법을 찾아낼 가능성조차 없는 듯했다. (3부 28장, 2: 389)

그런 절망감을 안고 무심코 펼친 성서에서 네흘류도프는 예기치 않은 새로운 길을 발견한다. 바로 악을 물리칠 방법이 거기 적혀 있는 것이다. 성경을 읽는 주인공의 마음은 감동으로 물결친다.

라스콜리니코프의 부활도 기독교의 맥락 속에서 일어나지만 성경을 대하는 태도는 다르다. 라스콜리니코프는 소냐에게 성경책을 달라고 하거나 성서를 가지고만 있을 뿐 읽지는 않는다. 대신 성경의 핵심인 '부활'을 체험한다. 그에 반해 네흘류도프는 '산상수훈'을 비롯해 「마태복음」을 읽으며 자신의 해석을 덧붙임으로써 깨달음에 이른다. 예를 들면 이렇다.

> 14. 하늘에 계신 너희 아버지도 이와 같아서 그 어린아이 중 한 명도 죽는 것을 원치 않으신다.
>
> '그래. 하느님 아버지는 사람들이 죽는 것을 원하지 않는데도 이렇게 수백 수천 명이 죽어가고 있어. 그런데도 그들을 구원할 방법이 없다니.' 네흘류도프는 생각했다. 그는 계속 읽었다.
>
> [중략]
>
> 33. 내가 너를 불쌍히 여긴 것처럼 너도 당연히 네 친구를 불쌍히 여겨야 하

지 않겠느냐?

'아니, 정말 이게 다란 말인가?' 네흘류도프는 이 대목을 읽으면서 갑자기 큰 소리로 비명을 질렀다. 그러자 그의 존재 내부에 있는 목소리가 속삭였다. '그렇다. 이게 전부다.' (3부 28장, 2: 392-393)

네흘류도프가 읽는 성경 구절이 직접 인용으로 제시되고 그에 대한 주인공의 반응이 뒤따른다. 이로써 성서의 말과 네흘류도프의 말이 대화하는 셈이다. 성경 구절을 읽으며 즉각적이고 적극적으로 해석하는 톨스토이 주인공의 모습은, '나사로의 부활'을 중간에 여하한 분석도 개입시키지 않고 열띤 목소리로 읽어가는 도스토옙스키의 소냐와 뚜렷한 대비를 이룬다.

이처럼 네흘류도프의 '부활'은 인용문이 보여주듯 이성적 각성에 따른 것이다. 그에 반해 라스콜리니코프의 부활은 신비로운 체험이다. 이 차이는 두 작가가 기독교에 대해 견지한 입장에서 비롯된다. 톨스토이는 머리로 이해가 가지 않으면 믿지 못하는 사람이었다. 그는 네흘류도프처럼 성서의 구절마다 주해를 달고 이를 따로 책으로 펴내기도 했다. 도스토옙스키는 그리스도를 분석하려 들지 않았다. 믿음에 관한 작가의 입장은 『카라마조프 형제들』에 잘 나타난다. 이성적 인간인 이반이 이성으로 이해되지 않는 신을 비난하며[28] 「대심문관의 전설」로 강력한 반역을 꾀할 때 작가가 제시한 반론은 조시마 장로의 삶 자체다. 그러니까 논리에 논리로 맞서지 않고,

28 대학에서 자연과학을 전공한 이반이 카라마조프 삼 형제 중 가장 고등 교육을 받은 인물이며 이성적이라는 데는 이견이 없겠지만 그의 이성이 지닌 한계에 대해서도 짚고 넘어갈 필요가 있다. 이반의 이성주의는 선험적 과학 원칙보다는 자신이 본 경험칙에만 국한되는 맹점을 노출한다(Kaladiouk 417-438). 또한 유클리드 기하학에만 집착하고 비유클리드 기하학의 세계는 인정하지 않는다. 도스토옙스키에게 전자는 곧 유럽적 세계관이고 "비유클리드 기하학을 포함한 넓은 세계는 러시아적 세계"다(이현우 228). 도스토옙스키와 비유클리드 기하학에 대해서는 조주관(2017, 274-281)을 참고하시오.

전혀 다른 차원에서 접근해 작가가 믿는 신의 핵심인 '실천적 사랑'을 행동으로 삶 속에서 구현한 조시마 장로의 전기로 이반의 논리를 무너뜨린다.

하나 더 짚고 넘어갈 점은 네흘류도프의 '부활'이 일회성이 아니라는 사실이다. 시베리아에서 경험하는 정신적 고양이 가장 확실한 '부활'의 표상이기는 하지만 주인공의 영적 부활은 단 한 번에 국한되지 않는다. 사실 『부활』은 소설 전체가 부활의 여정이라고 해도 과언이 아니다.[29] 예기치 않게 법정에서 옛 애인을 보게 된 후 내적 갈등을 거치며 네흘류도프는 반성하고 그에 따라 행동한다. 불륜 관계를 청산하고, 마음에 없는 혼담을 접고, 자신이 파멸시킨 여자를 구하기 위해 백방으로 노력한다. 이 모두가 그의 정신적 부활과 다름없다. 그리고 톨스토이의 전작에서 피에르와 레빈이 그렇듯, 선의에도 불구하고 좌절과 실패를 겪고, 또 그러면서도 다시 의지를 다지며 앞으로 나아간다. 그에 반해 『죄와 벌』의 에필로그에 그려진 부활은 일회성이다. 그 전까지 부활의 가능성은 여러모로 암시되었으나 주인공은 끈질기게 초인론에 집착하며 자신의 죄를 부정한다. 그러나 시베리아에서 체험한 영적 부활은 찰나의 순간에 그를 완전히, 불가역적으로 바꾸어 놓는다.

마지막으로, 두 소설의 주인공이 시베리아에서 부활을 경험하기는 하지만 느낌은 사뭇 다르다. 도스토옙스키의 『죄와 벌』은 봄, 그것도 부활절을 즈음해서 주인공의 '부활'이 일어난다. 부활절의 상징성은 부연 설명이 필요하지 않을 터이다. 주인공의 정신적 부활을 시간 배경도 상징적으로 뒷받침한다. 도스토옙스키 소설에서는 그리스도의 부활과 라스콜리니코프

29 더불어 네흘류도프만이 아니라 여주인공의 부활도 함께 일어난다. 최인선은 『부활』에서 진정한 부활에 성공한 인물은 카튜샤라는 주장을 편다(185-210).

의 부활이 정렬한다. 한편 톨스토이의 마지막 작품 『부활』은 주인공이 성서를 통해 얻은 진리의 깨달음을 강조하지만, 그 각성의 시간 배경이 겨울이라는 점에서 상징을 중시하는 문학적 측면에서는 묘한 불협화음이 감지된다. 더구나 러시아에서도 혹한으로 유명한 시베리아가 아닌가. 소설에서도 9월에 이미 시베리아에는 함박눈이 펑펑 내린다.

사실 『부활』에서 부활절은 일찌감치 소설 앞부분에 등장한다. 소설 초반 주인공의 회상 장면에서 부활절은 아름답게 기술된다. 그러나 부활절 예배를 통해 고양된 순수한 젊은 영혼은 곧이어 육신의 타락으로 급전직하한다. 남자 주인공이 카튜샤를 유혹해 잠자리를 가지고 죄책감을 느끼는 장면이 부활절을 뒤따르는 것이다. 톨스토이 소설에서는 러시아 정교의 최대 축일인 부활절이 정신의 고양과 육체의 타락 사이의 대비를 한층 더 날카롭게 부각시키는 데 일조한다. 부활절이 인간의 영혼을 정화하지만, 인간에게는 정신만이 아니라 동물적 육체성도 엄연히 공존하는 것이다. 인간에 대한 이해는 당연히 두 작가가 주인공을 창조하는 데도 핵심적인 역할을 한다. 이제 마지막 장편소설에서 두 작가의 주인공이 어떤 형태로 변화되어 나타났는지 살펴볼 차례다.

제5장

§

뒤바뀐 주인공 체제

도스토옙스키의 마지막 장편과 톨스토이의 첫 대작, 그리고 형제애

앞서 논한 바와 같이 첫 대작에서 도스토옙스키와 톨스토이는 그들 특유의 주인공 특성을 명확하게 드러냈다. 간략히 반복하자면, 도스토옙스키는 단독 주인공을 내세우고 주변에 분신들을 포진시킨다. 가령, 『죄와 벌』의 주인공 라스콜리니코프가 소설의 핵심이고 그의 분신이랄 수 있는 스비드리가일로프, 레베쟈트니코프 등이 주변에 있는 식이다. 『악령』도 크게 다르지 않다. 사탄과도 같은 위용과 무게감을 지닌 스타브로긴을 중심으로 그를 우러러보는 하수인 격인 표트르 베르호벤스키가 그의 조악한 분신 역할을 한다. 『백치』의 경우도 작가가 제목에 제시한 미시킨 공작을 단독 주인공으로 내세웠다는 데 큰 이견이 없다.

그에 반해 톨스토이는 첫 대작 『전쟁과 평화』에서 집단 주인공 체제를 선명히 부각시켰다. 몇백 명에 달하는 등장인물 숫자에 걸맞게 주인공도 여럿이다. 먼저 안드레이 볼콘스키와 피에르 베주호프가 중요도 면에서 우열을 가리기 힘든 남자 주인공들이고, 두 남자가 모두 사랑에 빠지는 나타샤

로스토바도 그들 못지않은 존재감을 과시한다. 나타샤의 꾸밈없이 자연스러운 생기는 순수한 생명력 그 자체다.[30] 또한 나타샤와 피에르, 안드레이로 이루어진 주된 주인공 그룹 외에 부차적인 주인공 그룹이 있다. 이번에는 한 남자와 그를 두고 연적 관계가 되는 두 여자가 이 그룹에 속한다. 니콜라이 로스토프와 소냐, 마리아가 두 번째 주인공 그룹을 형성한다. 그러나 이들 사이에 분신 관계는 전혀 찾아볼 수 없다. 각자가 제각기 뚜렷한 개성을 지닌 독립체들이다.[31]

『안나 카레니나』에서도 비슷한 구도가 발견된다. 안나가 일차적인 주인공으로 두 남자(공교롭게도 남편 카레닌과 애인 브론스키의 이름이 알렉세이로 같다)와 일종의 삼각관계를 이룬다. 그리고 레빈이 잠깐이나마 키티를 두고 브론스키와 연적 관계로 얽힌다. 또 『전쟁과 평화』의 부차적 주인공 그룹에 비견될 만한 스티바 오블론스키와 돌리 부부가 있다. 그러나 『안나 카레니나』에서는 주인공 그룹보다 주인공 두 사람이 훨씬 더 중요하다. 안나와 레빈에게 큰 하중이 실린다. 두 주인공은 소설이 끝나갈 무렵에 딱 한 번 서로 얼굴을 대할 뿐이지만 소설 전체가 그들 두 사람의 어깨에 얹혀 있다고 해도 과언이 아닐 정도로 소설을 떠받치는 두 기둥이다. 『안나 카레니나』는 안나만의 이야기가 아니다. 그러므로 『안나 카레니나』의 제목이 잘못됐다

30 파이지스(Figes)가 쓴 유명한 러시아 문화사 책의 제목이 '나타샤 댄스'(Natasha's Dance)다. 바로 『전쟁과 평화』에 나오는 나타샤의 춤이다. 나타샤가 곧 러시아 문화의 얼굴로 대표될 만큼 인상적이라는 말인데, 그녀의 매력은 다름 아닌 자연스럽게 약동하는 생명력에서 비롯된다.

31 톨스토이의 경우는 분신 관계가 등장인물 간이 아니라 작가와 주인공 사이에서 발견된다. 레빈은 말할 것도 없고 『부활』의 주인공 드미트리 네흘류도프도 톨스토이가 초기작부터 지속적으로 내세운 분신 중 한 명이다. 작가의 분신으로서 네흘류도프가 소설들에서 어떻게 진화했는지는 윤새라(2015b)와 김문황, 그리고 오원(1986)을 참조하시오. 한 비평가는 아예 톨스토이의 주요 작품들에 나오는 주인공들(이르테네프, 피에르 베주호프, 레빈, 네흘류도프)이 모두 작가 자신이라고 단정한다(Troyat 547-548).

는 지적도 일리가 있다. 작가의 속임수라고도 할 수 있다. 제목에 안나만 집어넣음으로써 독자들은 당연히 그녀가 단독 주인공이라고 여긴다. 그러나 그건 잘못된 인식이다. 안나의 드라마틱한 이야기에 독자의 시선이 고정되는 이면으로 건실한 레빈의 이야기가 같은 비중으로 펼쳐진다. 실제로 『안나 카레니나』는 이미 앞에서 설명한 것처럼 교차 구성을 기본으로 플롯이 전개된다.

톨스토이의 주요 장편소설 세 편을 나란히 놓고 일별하면 작품 규모가 축소되는 일련의 흐름이 눈에 띄고, 이에 상응하듯 주인공 체제에도 뚜렷한 변화가 감지된다. 『전쟁과 평화』의 집단 주인공 체제는 『안나 카레니나』에서 2인 체제로 줄어들더니 바야흐로 마지막 장편 『부활』에서는 단독 주인공이 된다. 『부활』의 주인공이 네흘류도프 한 사람이라는 사실에는 반론의 여지가 없다. 네흘류도프를 제외한 누구도 그와 같은 소설 장악력을 보여주지 않는다. 여주인공인 카튜샤가 2부에는 거의 등장하지 않는다는 사실만으로도 그 점은 명백하다. 카튜샤가 주인공의 변화에 촉매 역할을 하는 것은 맞지만 공동 주연이라고 하기에는 부족하다. 이런 이유로 톨스토이의 마지막 장편소설은 도스토옙스키의 첫 대작과 겹친다. 『부활』은 『죄와 벌』처럼 남자 주인공을 단독으로 내세워 이야기를 끌고 가는 것이다.

톨스토이의 장편소설이 집단 주인공에서 2인 체제를 거쳐 단독 주인공으로 옮겨가는 과정을 밟을 때 도스토옙스키는 반대 방향으로 움직인다. 상술했다시피 『죄와 벌』을 비롯해 남자 주인공 한 사람에게 집중했던 도스토옙스키는 마지막 장편 『카라마조프 형제들』에서 그로서는 처음인 집단 주인공 체제를 시도한다(Peace 220). 결과는 대성공이다.

『카라마조프 형제들』은 제목이 가리키듯 카라마조프 집안의 삼 형제

(드미트리, 이반, 알료샤)를 주인공으로 한다. 소설의 본이야기가 시작되기에 앞서 작가가 서문 격으로 앞에 붙인 "작가로부터"에서 알료샤가 주인공임을 명시하지만, 사실 알료샤가 명실상부한 주인공으로서의 면모를 갖추는 것은 속편으로 예정되어 있다. 안타깝게도 도스토옙스키가 『카라마조프 형제들』을 탈고한 후 몇 달 지나지 않아 타계한 탓에 속편이 쓰이지 않았을 뿐이다. 물론 『카라마조프 형제들』에서도 알료샤의 역할은 막중하지만 삼 형제는 각각 인간의 세 속성을 대표한다고 간주된다. 구체적으로, 드미트리가 육체와 감정을, 이반이 이성을 대변하고, 막내 알료샤가 영성을 체현한다(Peace 229). 동시에 베틀롭스카야(Vetlovskaia)는 카라마조프 삼 형제에서 러시아 민속 우화에 자주 등장하는 삼 형제의 전통을 읽어내기도 한다(232-233).

그런데 삼 형제만이 아니다. 『카라마조프 형제들』이란 제목에는 보기와 달리 반전이 숨어 있다. 소설을 다 읽은 독자라면 카라마조프 형제가 몇이냐는 질문에 잠시나마 주저하게 된다. 공식적으로는 삼 형제지만 비공식적으로 형제가 한 명 더 있기 때문이다. 성은 다르지만 카라마조프 삼 형제와 피를 나눈 스메르댜코프가 있다. 사실 삼 형제가 다 같은 부모의 소생이 아니라는 사실을 상기할 필요가 있다. 이반과 알료샤는 아버지는 물론 어머니도 같지만 드미트리와는 이복형제다. 어머니가 다르다. 스메르댜코프도 그렇다. 아버지는 같고 어머니가 다르다. 그런데도 단지 혼외자라는 불우한 태생 탓에 모두에게 철저히 무시당한다. 결국 부친은 물론 형제들도 그에 대한 대가를 치르게 된다. 아버지는 그의 손에 죽고, 드미트리는 누명을 쓰고 유죄 판결을 받으며, 남은 두 형제도 죄책감을 느끼며 괴로워하게 된다.

도스토옙스키가 살인까지 초래한 카라마조프 가정의 불행으로부터 말하고자 하는 바는, 자식을 방기한 아버지에게 일차적인 책임이 있지만 장성한 자식도 책임에서 자유롭지 않다는 것이다(Fusso 189). 다시 말해, 아무리 비정한 아버지라고 해도 비난만 하지 말고 자식 입장에서도 아버지와 화해하려고 노력해야 한다. 이는 곧 조시마 장로가 일관되게 강조하는 "모두가 모두에게 죄인"이며 부단하게 적극적으로 사랑을 실천해야 한다는 메시지와도 상통한다. 이렇게 보면 도스토옙스키가 마지막 장편에서 왜 '형제'라는 개념에 기대어 집단 주인공 체제를 시도했는지 이해가 된다. 작가의 의도는 가족이 사회의 축소판인 것처럼 형제와 인류의 관계도 다르지 않다는 데서 찾을 수 있다. 도스토옙스키는 형제의 이야기를 통해 인류의 근원적 관계를 짚어낸다.

카라마조프 형제들은 아버지가 내팽개친 가정에서 형제애를 바탕으로 뭉친다. 버만이 훌륭하게 논증한 바와 같이, 수직적인 부자 관계가 실패한 곳에서 작가는 수평적인 형제애에 희망을 건다. 스메르댜코프와 아버지 표도르는 결국 구원받지 못했으나[32] 남은 삼 형제는 그들의 죽음을 딛고 비로소 하나가 된다. 드미트리를 증오했던 이반은 자신의 책임을 통감하고 형을 구하기 위해 행동한다. 누명을 뒤집어쓴 채 시베리아 유형을 선고받은 드미트리를 탈출시키자고 형제가 의기투합하는 모습은 처음으로 삼 형제의 마음이 하나로 모였음을 의미한다. 그리고 더 중요하게는 형제애가 삼 형제에 머물지 않고 범위를 넓혀 '아이들'로까지 확장된다. '아이들'은 작품 전체를 관통하는 또 다른 중요한 테마다.[33] 아이들이 아버지 세대와 카라

32 스메르댜코프의 구원에 대해서는 다른 의견도 존재한다. 대표적으로 존슨(Lee Johnson)은 스메르댜코프에게도 부활의 가능성이 있다고 본다.

33 실바조리스(Silbajoris)와 백준현을 참고하시오.

마조프 형제의 세대를 이어 다음 세대로서 러시아의 미래 희망이라는 상식적인 차원[34] 외에도, 세대를 대표하는 인물들 사이에 수직적 관계만이 아니라 형제 관계도 발견된다는 점은 매우 중요하다. 조시마 장로는 알료샤에게서 형을 떠올리고, 알료샤는 자신보다 나이가 어린 아이들을 동등하게 대한다(Berman 268-269). 일류샤가 죽고 그의 돌 옆에서 알료샤가 열두 명의 아이들에게 하는 연설은 소설의 철학적 의미를 완성하는 정점의 피날레다. 알료샤는 아이들의 친구이자 형이며 멘토로서, 조시마 장로와 같은 면모를 갖추게 되는 것이다. 아이들은 어린 시절의 소중한 기억을 공유하는 형제가 된 것이며 그로써 앞으로 모진 시련이 닥칠 때 자신의 선한 본성을 기억하며 견디게 될 것이다. 일류샤는 그들의 마음에 뿌려진 한 알의 밀알처럼 죽어서 부활한다.[35] 도스토옙스키는 알료샤가 아이들과 맺는 관계를 통해 기독교적인 형제애를 예술로 형상화해낸다. 아이들과의 연대를 통해 알료샤는 피를 나눈 카라마조프 형제들에서 더 나아가 피가 섞이지 않은 타인과도 진정한 기독교의 형제애를 실천하는 것이고, 이로써 형제애는 인류애가 된다.[36] 에필로그에 묘사된 알료샤와 아이들의 장면에서 쉴러와 베토벤의 환희의 송가가 울려 퍼지는 듯한 느낌이 드는 것도 무리가 아니다.

34 사실 도스토옙스키는 아이들을 미래의 희망으로 단순화하지 않는다. 이반은 무고한 아이들의 눈물을 이유로 신에게 반역을 꾀하지만 소설 속에 등장하는 아이들은 결코 순수하지 않다. 일류샤가 그 좋은 예다. 일류샤는 친구들과 돌팔매질을 불사하며 싸우고, 드미트리에 대한 증오로 아무 죄도 없는 알료샤의 손가락을 다짜고짜 깨물어 피를 흘리게 한다. 개를 학대하기도 한다. 아이들의 '죄'에 대해서는 흐루스카(Hruska)를 참고하시오.

35 여기서 소설의 제사, "내가 진실로 진실로 너희에게 이르노니 밀알 하나가 땅에 떨어져 죽지 아니하면 한 알 그대로 남고 죽으면 많은 열매를 맺으리라"(「요한복음」 12장 24절)가 환기된다.

36 영어에서 형제애와 인류애는 같은 단어 brotherhood다.

흥미롭게도 톨스토이도 형제애(인류애)에서 인간 구원의 희망을 보았다.[37] 『부활』에서도 타인과의 사이에서 형성된 형제 관계가 발견된다. 혁명가-정치범들 사이에서, 또 그들과 주인공들과의 관계에서다. 카튜샤가 정치범들과 함께 시베리아로 이송되면서 네흘류도프도 자연스럽게 혁명가들과 만나게 된다. 이전에는 테러도 불사하는 혁명가들을 혐오하고 경멸했으나, 직접 교류하면서 그들에 대한 생각이 완전히 바뀐다. 혁명가-정치범들도 보통 사람들처럼 여러 종류의 인간 유형이 있지만,

> 그들이 보통 사람들과 다른 점은 그들 세계에서 요구되는 도덕성이 보통 사람들에게 요구되는 것보다 훨씬 높다는 것이었다. 그들 세계에서는 절제와 엄격한 생활, 정직성, 청렴성이 필수적이며 공동의 위업을 위해서는 자신의 생명을 비롯하여 모든 것을 희생할 각오를 해야 한다. 그래서 그들 중 중간 이상, 혹은 그보다 훨씬 더 높은 수준의 사람들은 희귀할 정도로 높은 도덕성을 가진 자들이었다. (3부 5장, 2: 284)

네흘류도프가 처음의 선입견을 버리고 혁명가들에게 호감을 느끼는 이유 중 하나가 높은 도덕성이다.[38] 카튜샤도 "음탕하고 사치스럽게" 지낸 도회지

37 현실에서 톨스토이의 추종자들은 톨스토이즘(Tolstoyism/Tolstovstvo)의 기치 아래 모여 공동생활을 하며 비폭력, 박애, 소박한 삶 등을 강조한 작가의 가르침을 실천했다.

38 혁명가들을 대하는 입장에서도 도스토옙스키와 톨스토이는 극명하게 엇갈린다. 잘 알려져 있다시피 도스토옙스키는 팸플릿 소설인 『악령』에서 혁명가들을 신랄하게 비판한다. 소설의 제사로 택한 성경 구절에 언급된 악귀 들린 돼지 떼가 곧 '혁명가들'이라는 사실은 자명하다. 도스토옙스키의 소설에 그려진 소위 혁명가들은 함께 활동했던 구성원이 조직을 떠나자 혹시라도 자기들을 밀고할까 우려해 아무 죄도 없는 사람을 암살하는 악당들이다. 그러나 톨스토이는 위 인용문에서 보듯 혁명가들이 대체로 평균 이상의 도덕성을 유지한다고 높이 평가한다. 사회주의 혁명 후 소련에서 도스토옙스키가 평가 절하되고 레닌이 톨스토이를 좋아한 이유다. 네흘류도프의 생각이 사회주의 혹은 공

생활에 이어 감옥에서 형사범들과 생활한 후 접하게 된 정치범들에게 깊은 감명을 받는다. 혁명가들의 이념도 쉽게 이해된다. 그녀 역시 민중의 일원이기 때문이다. 그들이 "귀족 출신임에도 불구하고 민중을 위해 자신들의 특권과 자유로운 삶을 포기했기 때문"(3부 3장, 2: 273)에 그들을 존경하게 된다. 젊은 혁명가-정치범들은 좁은 공간에서 함께 시간을 보내며 형제애를 넘어 자연스럽게 연애 감정도 갖게 된다. 카튜샤가 네흘류도프 대신 선택하는 시몬손도 정치범이다.

그에 더해 톨스토이의 작품에서 긍정적으로 그려진 혁명가들의 동지의식, 즉 형제애가 남자들 사이에서만이 아니라 카튜샤와 마리아 파블로브나의 예에서 볼 수 있듯이 여자들 간에도 존재한다는 사실은 특기할 만하다. 네흘류도프가 혁명가들 중 크릴초프를 각별히 사랑해서 챙기는 것처럼 카튜샤는 마리아에게 감격할 뿐만 아니라 "존경심과 열광적인 애정을 느끼며 뜨겁게"(3부 3장, 2: 273) 그녀를 사랑하게 된다. 톨스토이의 작품에서는 여성들 사이에도 고결한 사랑이 발견된다는 점은 한편으로 도스토옙스키 소설의 남녀 차별성을 두드러지게 한다. 『카라마조프 형제들』은 도스토옙스키의 최대 걸작이지만 남자들에게 편중된 세계라는 점을 부인하기 어렵다.[39] 도스토옙스키의 마지막 장편소설이 그리는 형제애(혹은 우애나 인류애)에는 여자들이 속하지 않는다. 여자를 두고 드미트리를 증오한 이반이 형제애를 실천하는 길로 접어들고, 약혼한 상태에서 서로에게 씻을 수 없는 상처를 준 드미트리와 카테리나도 결국 화해하지만, 카테리나와 그루셴카

산주의 이데올로기와 닮은 점에 대해서는 메첼(Metzele)을 참고하시오.

39 주요 인물들의 어머니는 모두 일찍 죽거나, 생존해 있어도 일류샤의 어머니처럼 병자거나, 호흘라코바 부인처럼 희화화된다. 그뿐 아니라 주인공들의 연인들은 가학적이며 자학적인 성정을 유감없이 드러낸다.

는 끝까지 서로에 대한 적대감을 떨치지 못한다.[40]

그러나 『카라마조프 형제들』의 형제애가 여자에게 배타적이라는 결함에도 불구하고 도스토옙스키가 그린 알료샤의 형제애가 더 낙관적이라는 사실은 흥미롭다. 이미 앞에서도 언급했다시피 알료샤는 두 형은 물론 영적인 아버지 조시마 장로를 비롯해 아이들과도 형제처럼 지내며 사람들 사이의 정신적 구심점 역할을 한다. 두 형은 모두 그에게 마음을 털어놓는다. 드미트리가 그에게 "열렬한 마음의 고백"을 하고, 이반도 알료샤와 단둘이 마주 앉아 마음속 고뇌를 털어놓는다. 형들의 고백을 듣는 알료샤의 모습에는 신자들의 고백을 듣는 조시마 장로의 모습이 겹친다. 에필로그에서도 가장 마지막에 배치된 알료샤의 감동적인 연설이 끝난 후 소년들이 환희에 휩싸여 "영원히 이렇게, 평생 이렇게, 손에 손을 잡고, 카라마조프 만세!"(에필로그 3장, 3: 555)를 외치는 장면은 상징적이다. 부친 살해라는 패륜 사건이 카라마조프 가족과 러시아 사회의 도덕적 붕괴를 가리키지만, 결국 도스토옙스키는 형제애로 재건되는 가족과 그를 넘어서 확장되는 더 큰 가족의 합창을 그린다.

톨스토이의 마지막 소설도 '부활'과 정신적 고양을 그리지만 분위기는 자못 다르다. 네흘류도프는 혁명가-죄수들과 교류하며 그들을 돕지만 관찰자이자 조력자에 가깝다. 귀족으로서의 기득권인 영지를 포기하고 농부들에게 돌려주지만 농민과 융화되지는 못한다. 그가 농민이든 혁명가든 그 일원이 되는 모습은 상상하기 어렵다. 그렇다고 같은 계급인 귀족들과 잘 어울리느냐 하면, 그렇지도 않다. 교양 있는 귀족 사회에서 편안함을 느끼

40 전작 『백치』에서도 미시킨을 놓고 대결한 나스타샤와 아글라야가 화해는커녕 파국의 도화선에 불을 댕긴다.

기는 해도 비양심적인 귀족들의 속물성에는 비판의 시선을 거두지 않는다. 하나밖에 없는 누나와도 어려서는 좋았던 사이가 벌어져서 좁아질 기미가 보이지 않는다.[41] 매부와의 사이는 더 좋지 않다. 소설이 끝나갈 무렵에는 카튜샤와도 헤어지고, 사랑하던 크릴초프는 죽는다. 네흘류도프는 혼자 남는다. 그는 외톨이다. 성서를 읽으며 깨우친 삶의 진리를 실천하겠다는 의지를 다지면서 소설이 마무리되지만 스산한 시베리아의 겨울밤을 배경으로 성경을 읽고 사색하는 그의 모습은 왠지 외로워 보인다.[42] 그러한 네흘류도프의 모습에는 말년에 대가족 안에서도 아내와의 오랜 불화를 해결하지 못하고 결국 가출을 감행해야 했던 고고하면서도 외로운 작가의 모습이 언뜻 어른거린다.

41 이러한 네흘류도프의 모습은 레빈과도 다르지 않다. 레빈이 아무리 시골 영지를 경영하며 농부들과 같이 일한다고 해도 결코 농민이 되지는 못한다. 더 나아가 레빈도 두 형과 그다지 사이가 좋지 않다. 서로 이해하지도 못한다. 그럼에도 불구하고 레빈이 네흘류도프와 다른 결정적 지점은 역시 가정의 행복이다. 그러나 그조차도 『안나 카레니나』의 마무리가 암시하듯 아내와의 사이에 거리가 생긴다. 레빈도 장차 홀로 외로이 구도의 길을 걷게 될 운명이다.

42 흥미롭게도 『카라마조프 형제들』의 끝도 겨울을 배경으로 한다. 그러나 추운 겨울에 주인공 알료샤가 각별히 사랑한 일류샤가 죽었다고 해도, 즉 네흘류도프와 비슷한 상황에 있다고 해도 도스토옙스키의 마지막 장편은 환희를 기조로 마무리된다.

Ф Ё Д О Р

М И Х А Й Л О В И Ч

Д О С Т О Е В С К И Й

И

Л Е В

Н И К О Л А Е В И Ч

Т О Л С Т О Й

마치며

이상에서 살펴본 바와 같이 필자는 같은 시대를 살면서 단 한 차례도 만나지 않은 도스토옙스키와 톨스토이가 주요 장편들에서는 어떤 양상을 보이는지 살펴보고자 했다. 이를 위해서는 여러 접근법이 있겠지만 이 책에서는 두 대가의 대작들을 발표 순서대로 한 쌍씩 묶어 총 세 쌍을 테마와 시공간, 그리고 주인공을 중심으로 고찰했다. 과연 그들은 현실 세계가 아닌 소설 작품을 통해서는 만났을까? 결론은, 간단히 말해, 두 대가의 주요 장편소설 세계는 반대되는 궤적을 그리며 진화하는 와중에 만나고, 또 헤어진다.

요약하자면, 두 문호의 공동 구역이 장편소설 쌍마다 발견된다. 공통적으로 다룬 주제가 쌍마다 발견되는 것이다. 먼저, 각자에게 첫 대작인 『전쟁과 평화』와 『죄와 벌』에서 두 작가 모두 관심을 보인 테마는 나폴레옹으로 대표되는 영웅주의다. 그리고 두 번째 장편소설인 『백치』와 『안나 카레니나』에서는 공통적으로 '타락한 여자'의 사랑과 죽음이 그려진다. 이어서 마지막 장편소설의 쌍(『카라마조프 형제들』과 『부활』)에서는 법과 정의의 문제가 공통분모로 떠오른다. 그러나 공통된 관심사 아래로 작가의 주제 의식과 세계관, 가치관 등에 따라 무시할 수 없는 차이가 발견된다.

차례대로 간략히 짚어보면, 첫 장편소설들에서 영웅주의를 대하는 두 대가의 입장은 확연히 다르다. 도스토옙스키는 초인론으로 수렴되는 위험한 영웅주의가 당대 러시아 지식인 청년들을 오염시키는 현상을 심히 우려했다. 그러나 나폴레옹이 영웅이라는 점 자체에는 특별한 문제를 제기하지 않는다. 그런데 톨스토이의 공격 포인트는 바로 그 지점이다. 근본적으로 나폴레옹이 영웅이라는 전제 자체가 잘못됐다는 인식하에 톨스토이는 나폴레옹이 실은 보통 사람보다도 못한 저열한 인간이라고 총공세를 퍼붓는다.

두 작가의 인식 차이는 두 번째 쌍으로도 이어진다. 『백치』의 나스타샤와 『안나 카레니나』의 안나는 '타락한 여자'로 사회의 멸시를 받는다. 두 여자 다 죽는 결말을 맞는 것도 우연이라기보다 필연이다. 그러나 당시 여성 인권이 조금씩 신장되면서 러시아 사회를 뜨겁게 달궜던 이슈 중 하나인 여성 문제에 접근하는 두 대가의 시선은 역시 일치하지 않는다. 도스토옙스키가 '타락한 여자'의 수치심에 주목했다면, 톨스토이의 안나는 수치심과는 거리가 멀다. 나스타샤는 남의 시선보다도 자신의 시선, 즉 내면의 수치심, 그 상처를 극복하지 못하고 본인과 주위 사람들을 괴롭히다가 자살과도 같은 타살을 초래한다. 그에 반해 안나는 자신의 선택으로 '타락한 여자'가 되었음에도 본인이 위선적이고 가식적인 사회의 피해자인 양 행동한다. 그 과정에서 안나 역시 자신을 기만하는 위선의 덫에 빠져들고 (안나가 거짓말을 할 때 무의식적으로 나오는 버릇인 눈을 찡그리는 현상이 브론스키와 살림을 차린 후 자주 나타난다) 육체의 욕망에만 몰두한 끝에 결국 자살이라는 막다른 골목에 이른다. 그러나 본질적으로는 두 여인 모두, 본인 자신의 결함을 교정하지 못하고 죽음에 이른다. 여성 문제를 사회 문제로 인식하기보다는 개인 문제로 접근한 셈이다. 이 점에서 도스토옙스키와 톨스토이의 두 번째 장편소설 쌍은 서로에게 가깝다.

마지막 장편소설 쌍도 테마 면에서 흥미로운 만남과 헤어짐을 보여준다. 『카라마조프 형제들』과 『부활』 둘 다 진실을 밝히지 못하고, 무고한 피고에게 시베리아 유형을 선고하는 재판의 오류를 그리면서 법과 정의의 문제를 다룬다. 두 작가 모두 인간의 양심을 법 위에 둔다. 하지만 두 소설은 같은 테마를 다루면서도 구성과 서술 기법 등에서 뚜렷한 차이를 드러낸다. 더 나아가 인간 사회의 불완전한 법을 극복하는 해결책으로 도스토옙스키는 법을 뛰어넘는 방법을 제시한 데 반해 톨스토이는 체제 내에서 오심을 바로잡는 현실적인 방안을 추구한다. 이는 독실한 그리스도교인으로서 영혼의 구원을 희구하는 도스토옙스키와 내세가 아닌 이승에서도 유토피아를 건설하고자 했던 톨스토이의 기본적인 차이와도 겹친다.

이와 같이 테마로 볼 때 두 대가는 첫 번째, 두 번째, 그리고 마지막 장편소설별로 같은 관심사를 가졌음을 알 수 있다. 그런 측면에서 두 문호가 소설을 통해 만난다고 하겠다. 그러나 그에 못지않게 중요한 점은 같은 테마를 다루는 다른 시각, 다른 가치관, 다른 방식이다. 나폴레옹으로 상징되는 영웅주의에 비판적이면서도 그를 표현하는 방식이 다르고, 사법 개혁으로 달라진 재판의 맹점을 드러내면서도 서술 기법이나 해결책이 다른 식이다. 그렇게 도스토옙스키와 톨스토이는 만나고 엇갈린다.

더 나아가 시공간 매트릭스를 매개로 살펴본 장편소설의 진화 과정은 두 작가의 만남과 엇갈림을 한층 더 뚜렷하게 드러낸다. 간략히 말해서 톨스토이는 넓게 시작해 좁아져 가고, 도스토옙스키는 반대로 좁게 시작해 점차 넓어져 간다. 『전쟁과 평화』는 광대하기 이를 데 없다. 공간 폭은 물론이고 시간 길이도 여타 작품에 비교가 안 될 정도로 원대하다. 그 안에서 나타샤는 십 대의 철부지 말괄량이에서 아이를 여럿 출산한 후덕한 안주인으로 변모한다. 그러나 시간 배경을 과거에서 당대로 이동시킨 두 번째 장편소설 『안나 카레니나』에서는 작가의 변화가 감지된다. 시간 폭은 4년으로 줄어들고, 급기야 마지막 장편 『부활』에서 1년도 채 안 되는 시간대로 수축한다. 공간도 마찬가지다. 『전쟁과 평화』에서 전쟁을 그리면서 작가의 시선은 러시아와 유럽을 자유롭게 넘나들며 종횡무진 누빈다. 러시아는 러시아의 고유한 성질을 잃지 않으면서도 유럽과 한데 어우러진다. 등장인물들도 러시아인이면서 유럽인이다. 그들은 러시아를 포함해 유럽의 정세를 집안일 얘기하듯 거론한다. 『전쟁과 평화』에 나오는 귀족들은 그들 시대의 글로벌한 인간들이다.

톨스토이는 『전쟁과 평화』에서 '국가'를 다룬 후 두 번째 장편 『안나 카레니나』에서 '가정'의 행복과 불행을 다룬다. 작가는 그 점을 유명한 첫 문장, "행복한 가정은 서로 닮았지만, 불행한 가정은 저마다의 이유로 불행하다"에서 이론의 여지 없이 명쾌하게 못박고 시작한다. 『안나 카레니나』에도 『전쟁과 평화』처럼 유럽이 공간 배경으로 등장하지만 질감이 사뭇 다른 이유다. 『전쟁과 평화』에 그려지는 유럽은 주로 전장, 즉 국가의 흥망이 걸린 무대였다면 『안나 카레니나』에 등장하는 유럽에서는 개인 차원의 이야기가 펼쳐지는 것이다.

이 맥락을 이어가자면 『부활』은 '개인'을 다룬 소설이다.[1] 초기작 중 한 소설의 제목을 '가정의 행복'으로 내걸 정도로 가정에 집착했던 톨스토

1 그뿐 아니라, 마지막 장편 『부활』에는 유럽이 전혀 등장하지 않는다는 사실도 이채롭다. 『부활』의 무대는 모스크바를 비롯해 페테르부르크, 그리고 네흘류도프의 시골 영지를 거쳐 시베리아로 이동한다. 『부활』의 동선에 유럽은 없다. 톨스토이의 이전 장편들과 달리 오로지 러시아에만 집중하는 것이다.

이다. 『전쟁과 평화』도 러시아 역사를 기둥으로 하면서 가정의 행복이 어우러진다. 『안나 카레니나』와 가정의 함수 관계는 설명할 필요도 없다. 그런 톨스토이의 소설에서 주인공이 가정을 이루지 못한다는 사실은 의미심장하다.[2] 마지막 장편소설의 제목이 제시하는 부활은 남녀 주인공 모두에게 일어나지만 그들은 결국 헤어진다. 함께 가정의 행복을 일구지 못하는 것이다. 네흘류도프와 카튜샤는 따로 부활한다. 톨스토이의 장편소설이 다다른 곳은 시작과 너무나 다르다. 끝은 협소하고 외롭다.

도스토옙스키의 주요 장편소설은 반대 방향으로 길을 낸다. 고뇌하는 젊은 청년에 초집중한 『죄와 벌』로부터 시작해서 점차 확장되는 방향성을 노정해 『백치』를 거쳐 가족의 '역사'를 담은 『카라마조프 형제들』로 작품 여정이 끝난다. 조금 더 구체적으로 부연하자면, 『죄와 벌』은 (에필로그를 제외하고) 모든 것이 일관되게 집중을 지향한다. 주인공의 범죄와 그에 따른 라스콜리니코프의 관념 및 심리를 밀도 있게 그려내기 위해 공간 배경은 페테르부르크 단 한 도시에, 또 시간 배경도 한 달이 채 되지 않는 식으로 선택과 집중을 한다. 그뿐 아니라 플롯도 집중 현상이 뚜렷하다. 빗대어 말하자면, 소설에 난 모든 길은 주인공 라스콜리니코프로 통한다. 부차적인 인물들도 모두 라스콜리니코프와 접점을 갖기에 존재 이유를 갖는다.

그에 비해 두 번째 장편소설 『백치』는 제목만 보면 또 주인공으로 모든

2 전작에서 에로스, 즉 육체의 사랑을 그리는 데 뛰어난 재능을 보였던 톨스토이가 마지막 장편에서 그린 "'진정한 사랑'은 금욕"(Cruise 204)이 된다. 한편, 도스토옙스키는 이 방면에서도 반대의 길을 걷는다. 첫 장편은 물론 『백치』에서도 '타락한 여인'들의 육체적 면모는 전혀 묘사되지 않는다. 라스콜리니코프와 미시킨의 사랑도 육체적 사랑과 거리가 멀다. 그러나 도스토옙스키는 마지막 장편에서 에로스의 영역을 개척한다. 드미트리와 그루셴카가 사랑을 확인하는 장면은 도스토옙스키답지 않게 농염하다. 톨스토이가 육체적 사랑에서 금욕으로 나아갈 때 도스토옙스키는 마지막 소설에서야 육체적 사랑을 제대로 다루기 시작한 것이다.

것이 집중될 것 같지만 실상은 그렇지 않다. 주인공 미시킨 공작과 로고진이 함께 나오는 장면으로 소설이 시작한다는 사실은 그 자체로 의미하는 바가 크다. 둘은 나중에 의형제를 맺기까지 한다. 또 여자 주인공도 『죄와 벌』에서는 소냐 한 명이었지만 『백치』에서는 나스타샤와 아글라야가 함께 부상해서 총 네 명(미시킨과 로고진, 나스타샤와 아글라야)이 얽히고설키며 두 쌍의 연적 관계가 형성된다. 주인공 진용이 전작에 비해 한결 확장된 것이다. 시공간을 보아도 『백치』는 『죄와 벌』에 비해 확연히 넓어진 면모를 보인다. 소설은 겨울에서 여름까지 넓어진 시간대를 품고 공간 활용도 페테르부르크를 넘어선다. 페테르부르크의 근교 도시이면서도 전혀 다른 이미지를 가진 파블롭스크, 더 나아가 스위스까지 소설의 테두리는 넓어진다.

그리고 이 확장성은 마지막 대작에서 정점을 찍는다. 『카라마조프 형제들』은 도스토옙스키의 장편소설을 통틀어 가장 원대한 작품이다. 시간은 소설이 발표된 때로부터 13년 전 과거로 이동한다. 늘 '현재'에 집착하던 도스토옙스키에게 주목할 만한 변화가 아닐 수 없다. 더구나 13년 전 과거에서 멈추지 않고 표도르 카라마조프의 과거를 다루며 30여 년 전으로까지 거슬러 올라간다. 공간 면에서도 특이한 점이 눈에 띈다. 자타가 공인하는 '페테르부르크의 작가' 도스토옙스키가 페테르부르크를 벗어난다.[3] 『카라마조프 형제들』에는 아예 페테르부르크가 등장하지 않는다. 외국도 나오지 않는다. 무대는 스코토프리고넵스크라는 이름을 가진 허구 도시와 그 근방으로 국한된다.

이런 점을 고려하면 도스토옙스키의 마지막 소설이 공간상으로는 다

3 이 현상은 도스토옙스키의 4대 장편 중 『카라마조프 형제들』의 전작인 『악령』에서 먼저 시도된다.

시 축소되지 않았느냐고 할 수도 있겠으나 스코토프리고넵스크는 『죄와 벌』의 페테르부르크와는 느낌이 완연히 다르다. 단적으로 말해 이곳은 가상의 시골 도시다.[4] 실재하는 도시가 아니라서 페테르부르크처럼 구체성을 띠지 않는다. 대신 보편성을 띤다. 러시아의 어느 지방 도시라고 해도 무방한 것이다. 게다가 이름마저도 '스코토프리고넵스크'다. 우리말로 풀어보면 '동물 우리', 그러니까 러시아판 '동물 농장'이다. 도스토옙스키는 가상의 도시에 일반성을 부여해 러시아에 만연한 도덕적 붕괴를 그리고자 했다는 해석이 가능하다. 즉 스코토프리고넵스크는 러시아의 어느 지방 도시로도 치환이 가능하다. 남부의 벨고로드일 수도, 연해주의 우수리스크일 수도 있는 것이다. 따라서 『카라마조프 형제들』의 공간은 페테르부르크나 파블롭스크와 같은 특정 장소보다도 더 큰 보편성을 담지하고 있다고 하겠다.

또한 주제 면에서도 『카라마조프 형제들』은 작가의 최종판이라고 하기에 부족함이 없는 성취를 이룬다. 『죄와 벌』의 고독한 지식인으로부터 출발해 『백치』의 "전적으로 아름다운" 주인공 역시 선의에도 불구하고 타인과의 연대에 실패하지만, 마지막 장편의 주인공 알료샤는 피를 나눈 형제들과의 유대는 물론 '아이들'로 대변되는 타인과의 소통에도 희망적인 관계를 쌓아간다. 과거의 죄를 씻는 회개의 길을 걸어 부활함에도 불구하고 결국 각각의 부활에 머무는 톨스토이의 마지막 장편에 비해 도스토옙스키의 장편소설 세계는 훨씬 더 낙관적인 전망을 제시하는 셈이다. 두 문호의 장편소설 세계는 이처럼 반대 방향의 궤적을 그리며 어긋난 길 위에서 만나고, 헤어진다.

4 스코토프리고넵스크는 작가가 말년에 가족과 함께 여름을 보내던 스타라야 루사가 모델이다. 스타라야 루사는 페테르부르크로부터 남쪽으로 약 300킬로미터 떨어진 곳에 있는 소도시다.

참고문헌

고일. 「Л. Н. Толстой의 『전쟁과 평화』: 계획안과 초반부 변이형에 관하여」. 『노어노문학』 1.1(1988): 177-211.

권철근, 김희숙, 이덕형. 『러시아 형식주의』. 서울: 한국외국어대학교출판부, 2001.

김동인. 「자기의 창조한 세계-톨스토이와 도스토예프스키를 비교하여」. 『창조』 7(1920): 49-52.

김문황. 「톨스토이 작품의 네흘류도프 연구」. 『인문학지』 42(2011): 207-229.

김성일. 「L. 톨스토이 문학에 나타난 전쟁: 『전쟁과 평화』를 중심으로」. 『비교문화연구』 34(2014): 115-146.

김수환. 「역사와 문화의 복합 텍스트, 상트페테르부르크」. 『도시연구』 4(2010): 187-210.

김연경. 「문화적 선행코드의 탈코드화와 재코드화: 도스토예프스키의 『백치』와 고딕 코드」. 『러시아연구』 17.1(2007): 1-30.

김용환. 「알렉산드르 2세 시기 러시아 독자(讀者)에 대한 소고(小考)」. 『중소연구』 39.4(2016): 369-402.

김진영. 『시베리아의 향수: 근대 한국과 러시아 문학, 1896-1946』. 서울: 이숲, 2017.

도스토옙스키, 표도르 미하일로비치. 『죄와 벌』. 전 2권. 홍대화 옮김. 파주: 열린책들, 2000.

_____. 『카라마조프 가의 형제들』. 전 3권. 김연경 옮김. 서울: 민음사, 2007.

모출스키, 콘스탄틴. 『도스토예프스키 2: 영혼의 심연을 파헤친 잔인한 천재』. 김현택 옮김. 서울: 책세상, 2000.

무라카미 하루키. 『직업으로서의 소설가: 무라카미 하루키 자전적 에세이』. 양윤옥 옮김. 서울: 현대문학, 2016.

바흐찐, M. 『도스또예프스키 시학: 도스또예프스키 창작의 제문제』. 김근식 옮김. 서울: 정음사, 1988.

백준현. 「『까라마조프가의 형제들』에 나타난 "아이들" 테마와 구원의 관계」. 『노어노문학』 10.2(1998): 467-495.

브룩스, 클리언스, 등. 『신비평과 형식주의』. 이경수 등 옮김. 서울: 고려원, 1996.

사다요시 이게타. 『러시아의 문학과 혁명: 푸시킨, 도스토옙스키, 톨스토이, 체호프, 고리키』. 송현아, 이목, 오유리 옮김. 서울: 웅진지식하우스, 2010.

석영중. 「도스또예프스끼의 『죄와 벌』: 성서와 신문에 관한 고찰」. 『노어노문학』 16.2(2004): 155-177.

_____. 『도스토예프스키, 돈을 위해 펜을 들다』. 서울: 예담, 2008.

_____. 『자유: 도스토예프스키에게 배운다』. 고양: 위즈덤하우스, 2015.

쉬클롭스키, 빅토르. 『레프 톨스토이』. 전 2권. 이강은 옮김. 파주: 나남, 2009.

스타이너, 조지. 『톨스토이냐 도스토예프스키냐』. 윤지관 옮김. 서울: 종로서적, 1983.

슬로님, 마르끄. 『도스또예프스끼와 여성』. 이종진 옮김. 파주: 열린책들, 2011.

윤새라. 「간텍스트성과 소통: 『백치』의 두 여주인공의 독서」. 『세계문학비교연구』 53(2015a): 275-301.

______.「고전의 힘: 시공을 넘어, 사랑을 넘어」. 작품해설.『안나 카레니나 3』. 톨스토이 지음. 서울: 펭귄클래식, 2011a. 471-493.

______.「네흘류도프의 궤적: 톨스토이의 분신과 공간 배경」.『슬라브연구』 31.2(2015b): 25-49.

______.「도스토옙스키의『백치』와『악령』에 나타난 스위스」.『외국학연구』 41(2017a): 271-290.

______.「법과 정의:『카라마조프 형제들』과『부활』 비교 연구」.『중소연구』 41.2(2017b): 371-406.

______.「존재의 의미:『안나 카레니나』 8부 재조명」.『러시아어문학연구논집』 38(2011b): 7-39.

______.「지주 네흘류도프의 여정」.『노어노문학』 26.3(2014): 133-152.

이경완.「고골의 수수께끼성과 근대 러시아 비판에 대한 성서적 고찰」.『노어노문학』 28.1(2016): 89-119.

이병훈.『백야의 뻬쩨르부르그에서: 러시아 예술기행 2』. 파주: 한길사, 2009.

이상룡.「두 극단이 엮어내는 '명료한 혼돈':『안나 까레니나』의 대립명제의 사슬」.『노어노문학』 18.3(2006): 165-184.

이장욱.「구원의 흐로노또프:『죄와 벌』의 에필로그에 관한 소론」.『도스또예프스끼 소설 연구』. 서울: 열린책들, 1998. 59-77.

이현우.『로쟈의 러시아 문학 강의 19세기: 푸슈킨에서 체호프까지』. 서울: 현암사, 2017.

조유선.「톨스토이와 도스토예프스키: 인간 고통의 두 양상」.『러시아어문학연구논집』 36(2011): 149-174.

조주관.『도스토옙스키의 메타지식: 지하로부터의 수기』. 서울: 우물이있는집, 2017.

______.『죄와 벌의 현대적 해석』. 서울: 연세대학교출판부, 2007.

조혜경.「도스토옙스키 소설『죄와 벌』에 나타난 헤테로토피아 연구」.『노어노문학』 28.1(2016): 121-143.
최인선. 「심미적 합리성과 합리적 심미성」. 『노어노문학』 26.3(2014): 185-210.
톨스토이, 레프 니콜라예비치. 『안나 카레니나』. 전 3권. 윤새라 옮김. 서울: 펭귄클래식, 2011.
_____. 『부활』. 전 2권. 백승무 옮김. 파주: 문학동네, 2014.
파이지스, 올랜도. 『나타샤 댄스』. 채계병 옮김. 서울: 이카루스미디어, 2005.
한정숙. 『시베리아 유형의 역사: 격리 형벌, 계몽, 자유』. 서울: 민음사, 2017.
허선화. 「『백치』에 나타난 수치심의 메커니즘」. 『노어노문학』 21.4(2009): 615-641.
Alexandrov, Vladimir E. *Limits to Interpretation: The Meanings of* Anna Karenina. Madison: U of Wisconsin P, 2004.
Bakhtin, Mikhail Mikhailovich. "Forms of Time and of the Chronotope in the Novel." *The Dialogic Imagination: Four Essays*. Trans. Caryl Emerson and Michael Holquist. Ed. Michael Holquist. Austin: U of Texas P, 1981. 84-254.
_____. *Sobranie sochinenii. tom 6*. Moskva: Russkie slovari, 2002.
Beebe, Maurice. "The Three Motives of Raskolnikov: A Reinterpretation of *Crime and Punishment*." *College English* 17.3 (1955): 151-158.
Berlin, Isaiah. "The Hedgehog and the Fox." *Russian Thinkers*. Eds. Henry Hardy and Aileen Kelly. London: Penguin, 2008. 24-92.
Berman, Anna A. "Siblings in *The Brothers Karamazov*." *The Russian Review* 68.2 (2009): 263-282.
Blank, Ksana. *Dostoevsky's Dialectics and the Problem of Sin*. Evanston, IL: Northwestern UP, 2010.
Burry, Alexander. *Multi-Mediated Dostoevsky: Transposing Novels into Opera, Film, and Drama*. Evanston, IL: Northwestern UP, 2011.
Christian, Reginald Frank. "The Passage of Time in *Anna Karenina*." *Sla-*

vonic and East European Review 45.104 (1967): 207-210.

______. *Tolstoy's* War and Peace. Oxford, Eng.: Clarendon, 1962.

Clay, George R. *Tolstoy's Phoenix: From Method to Meaning in* War and Peace. Evanston, IL: Northwestern UP, 1998.

Cooke, Brett. "Tolstoy's Father in *War and Peace*: The Novel as Confessional and Family Shrine." *Rusistika* 38 (2011): 129-154.

Cruise, Edwina. "Women, Sexuality, and the Family in Tolstoy." *The Cambridge Companion to Tolstoy*. Ed. Donna Tussing Orwin. Cambridge, Eng.: Cambridge UP, 2002. 191-205.

Dolinina, Natal'ia. *Po stranitsam* Voiny i mira. Sankt-Peterburg: Detgiz-litsei, 2004.

Dostoevskaia, A. G. *Vospominaniia*. Moskva: Pravda, 1987.

Dostoevskii, F. M. *Polnoe sobranie sochinenii v 30-i tomakh*. Leningrad: Nauka, 1972-1990.

Eikhenbaum, B. M. *Lev Tolstoi*. Sankt-Peterburg: Fakul'tet filologii i iskusstv Sankt-Peterburgskogo gosudarstvennogo universiteta, 2009.

Emerson, Caryl. "Tolstoy and Dostoevsky: Seductions of the Old Criticism." *Leo Tolstoy*. Ed. Harold Bloom. Philadelphia: Chelsea, 2003. 101-123.

Engel, Barbara. "The 'Woman Question,' Women's Work, Women's Options." *Dostoevsky in Context*. Eds. Deborah A. Martinsen and Olga Maiorova. Cambridge, Eng.: Cambridge UP, 2015. 58-65.

Evdokimova, Svetlana. "The Wedding Bell, the Death Knell, and Philosophy's Spell: Tolstoy's Sense of an Ending." *Approaches to Teaching Tolstoy's* Anna Karenina. Eds. Liza Knapp and Amy Mandelker. New York: MLA, 2003. 137-143.

Fanger, Donald. *Dostoevsky and Romantic Realism: A Study of Dostoevsky in Relation to Balzac, Dickens, and Gogol*. Evanston, IL: Northwestern UP, 1998.

Feuer, Kathryn B. *Tolstoy and the Genesis of* War and Peace. Eds. Robin Feuer Miller and Donna Tussing Orwin. Ithaca: Cornell UP, 1996.

Finke, Michael C. *Metapoesis: The Russian Tradition from Pushkin to Chekhov*. Durham: Duke UP, 1995.

Frank, Joseph. *Dostoevsky: Miraculous Years: 1865-1871*. Princeton, NJ: Princeton UP, 1995.

Fusso, Susanne. "Dostoevskii and the Family." *The Cambridge Companion to Dostoevskii*. Ed. William J. Leatherbarrow. Cambridge, Eng.: Cambridge UP, 2002. 175-190.

Grenier, Svetlana Slavskaya. *Representing the Marginal Woman in Nineteenth-Centry Russian Litearature: Personalism, Feminism, and Polyphony*. Westport, CT: Greenwood Press, 2001.

Grossman, Leonid. *Dostoevsky: A Biography*. Trans. Mary Mackler. Indianapolis: Bobbs-Merrill Co., 1975.

Gustafson, Richard F. *Leo Tolstoy: Resident and Stranger: A Study in Fiction and Theology*. Princeton, NJ: Princeton UP, 1986.

Hamburger, Katë. "Tolstoy's Art." *Tolstoy: A Collection of Critical Essays*. Ed. Ralph E. Matlaw. Englewood Cliffs, NJ: Prentice-Hall, 1967. 65-77.

Hruska, Anne. "The Sins of Children in *The Brothers Karamazov*: Serfdom, Hierarchy, and Transcendence." *Christianity and Literature* 54.4 (2005): 471-496.

Ivanov, Vyacheslav. *Freedom and the Tragic Life: A Study in Dostoevsky*. Trans. Norman Cameron. New York: Noonday, 1959.

Jackson, Robert Louis. "Alyosha's Speech at the Stone: 'The Whole Picture.'"

A New Word on The Brothers Karamazov. Ed. Robert Louis Jackson. Evanston, IL: Northwestern UP, 2004. 234-253.

Johnson, Lee D. "Struggle for Theosis: Smerdyakov as Would-Be Saint." *A New Word on* The Brothers Karamazov. Ed. Robert Louis Jackson. Evanston, IL: Northwestern UP, 2004. 74-89.

Johnson, Leslie A. *The Experience of Time in* Crime and Punishment. Columbus, OH: Slavica Publishers, 1984.

Kaladiouk, Anna Schur. "On 'Sticking to the Fact' and 'Understanding Nothing': Dostoevsky and the Scientific Method." *The Russian Review* 65.3 (2006): 417-438.

Kantor, Vladimir. "Lev Tolstoi: iskushenie neistoriei." *Voprosy literatury* 4 (2000): 120-181. Web. 26 Nov. 2018. ⟨http://magazines.russ.ru/voplit/2000/4/kantor.html⟩.

Kliger, Ilya. "Shapes of History and the Enigmatic Hero in Dostoevsky: The Case of *Crime and Punishment*." *Comparative Literature* 62.3 (2010): 228-245.

Klioutchkine, Konstantin. "Modern Print Culture." *Dostoevsky in Context*. Eds. Deborah A. Martinsen and Olga Mairova. Cambridge, Eng.: Cambridge UP, 2015.

_____. "The Rise of *Crime and Punishment* from the Air of the Media." *Slavic Review* 61.1 (2002): 88-108.

Knapp, Liza. *The Annihilation of Inertia: Dostoevsky and Metaphysics*. Evanston, IL: Northwestern UP, 1996.

Kohlberg, Lawrence. *The Psychology of Moral Development: The Nature and Validity of Moral Stages*. San Francisco: Harper, 1984.

Krieger, Murray. "Dostoevsky's 'Idiot': The Curse of Saintliness." *Dostoevsky:*

A Collection of Critical Essays. Ed. René Wellek. Englewood Cliffs, NJ: Prentice Hall, 1962. 39-52.

Lantz, Kenneth A. *The Dostoevsky Encyclopedia*. Westport, CT: Greenwood Press, 2004.

Leatherbarrow, William. "Apocalyptic Imagery in *The Idiot* and *The Devils*." *Dostoevsky Studies* 3 (1982): 43-51.

Marullo, Thomas Gaiton. *Fyodor Dostoevsky: In the Beginning (1821-1845): A Life in Letters, Memoirs, and Criticism*. Dekalb: Northern Illinois UP, 2017.

Massie, Suzanne. *Pavlovsk: The Life of a Russian Palace*. Boston: Little, 1990.

Maude, Aylmer. *The Life of Tolstoy*. Oxford, Eng.: Oxford UP, 1987.

McLean, Hugh. *In Quest of Tolstoy*. Boston: Academic Studies Press, 2008.

Mednis, N. E. "Shveitsariia v khudozhestvennoi sisteme romanov Dostoevskogo." *Toronto Slavic Quarterly* 11 (2005). Web. 24 Oct. 2018. ⟨http://sites.utoronto.ca/tsq/11/mednis11.shtml⟩.

Merezhkovskii, D. S. *L. Tolstoi i Dostoevskii*. Moskva: Nauka, 2000.

Metzele, Josef. "The Concept of 'Brotherly Love' in Tolstoy's Late Prose." *Lev Tolstoy and the Concept of Brotherhood: Proceedings of a Conference Held at the University of Ottawa, 22-24 February 1996*. Eds. Andrew Donskov and John Woodsworth. New York: Legas, 1996. 152-167.

Miller, Robin Feuer. The Brothers Karamazov: *Worlds of the Novel*. New York: Twayne Publishers, 1992.

_____. *Dostoevsky and* The Idiot*: Author, Narrator and Reader*. Cambridge, MA: Harvard UP, 1981.

Monas, Sidney. "Across the Threshold: *The Idiot* as a Petersburg Tale." *New Essays on Dostoyevsky*. Eds. Malcolm V. Jones and Garth M. Terry. Cambridge, Eng.: Cambridge UP, 1983. 67-93.

Morson, Gary Saul. Anna Karenina *in Our Time: Seeing More Wisely*. New Haven, CT: Yale UP, 2007.

_____. *Hidden in Plain View: Narrative and Creative Potentials in* War and Peace. Stanford: Stanford UP, 1987.

_____. "*War and Peace*." *The Cambridge Companion to Tolstoy*. Ed. Donna Tussing Orwin. Cambridge, Eng.: Cambridge UP, 2002. 63-79.

Morson, Gary Saul, and Caryl Emerson. *Mikhail Bakhtin: Creation of a Prosaics*. Stanford: Stanford UP, 1990.

Murav, Harriet. *Russia's Legal Fictions*. Ann Arbor: U of Michigan P, 1998.

Nabokov, Vladimir. *Lectures on Russian Literature*. Ed. Fredson Bowers. New York: Harourt, 1981.

Opul'skaia, L. D. *Roman-epopeia* Voina i mir *L. N. Tolostogo*. Moskva: Prosveshchenie, 1987.

Orwin, Donna Tussing. "Leo Tolstoy (1828-1910): Art and Truth." *The Cambridge Companion to European Novelists*. Ed. Michael Bell. Cambridge, Eng.: Cambridge UP, 2012. 277-293.

_____. "The Riddle of Prince Nexljudov." *The Slavic and East European Journal* 30.4 (1986): 473-486.

_____. *Tolstoy's Art and Thought, 1847-1880*. Princeton, NJ: Princeton UP, 1993.

Peace, Richard. *Dostoevsky: An Examination of the Major Novels*. Cambridge, Eng.: Cambridge UP, 1971.

Perlina, Nina. *Varieties of Poetic Utterance: Quotation in* The Brothers Karamazov. Lanham, MD: University Press of America, 1985.

Pomerants, Grigorii. "Real'nost' fiktsii." *Znamia* 7 (1996): 234-236.

Pushkareva, Natalia. *Women in Russian History: From the Tenth to the Twentieth Century.* Ed. and trans. Eve Levin. Armonk, NY: M. E. Sharpe, 1997.

Roosevelt, Priscilla. *Life on the Russian Country Estate: A Social and Cultural History.* New Haven, CT: Yale UP, 1995.

Rosenshield, Gary. *Western Law, Russian Justice: Dostoevsky, the Jury Trial, and the Law.* Madison: U of Wisconsin P, 2005.

Schultze, Sydney. *The Structure of* Anna Karenina. Ann Arbor: Ardis, 1982.

Schur, Anna. *Wages of Evil: Dostoevsky and Punishment.* Evanston, IL: Northwestern UP, 2012.

Seeley, F. F. "Tolstoy's Philosophy of History." *New Essays on Tolstoy.* Ed. Malcolm Jones. Cambridge, Eng.: Cambridge UP, 1978. 175-193.

Shneyder, Vadim. "Merchants, Capitalists, and the Economic Imaginary in *The Idiot.*" *The Russian Review* 77 (2018): 241-258.

Silbajoris, Rimvydas. "The Children in *The Brothers Karamazov.*" *The Slavic and East European Journal* 7.1 (1963): 26-38.

Slattery, Dennis Patrick. The Idiot: *Dostoevsky's Fantastic Prince: A Phenomenological Approach.* New York: Peter Lang, 1983.

Sloane, David A. "Anna Reading and Women Reading in Russian Literature." *Approaches to Teaching Tolstoy's* Anna Karenina. Eds. Liza Knapp and Amy Mandelker. New York: MLA, 2003. 124-130.

Sokolskaya, Eugenia. "*War and Peace*: 7 Fun Facts." *Russian Life.* July 2015. Web. 10 July 2017. 〈https://russianlife.com/stories/online/war-and-peace-7-fun-facts/〉.

Steiner, George. *Tolstoy or Dostoevsky: An Essay in the Old Criticism.* New York: Knopf, 1959.

Stepanian, K. A. "Dostoevskii i Shveitsariia." *Problemy istorii, filologii, kultu-*

ry 18 (2007): 113-122.

Stites, Richard. *The Women's Liberation Movement in Russia: Feminism, Nihilism, and Bolshevism, 1860-1930*. Princeton, NJ: Princeton UP, 1978.

Thompson, Diane Oenning. The Brothers Karamazov *and the Poetics of Memory*. Cambridge, Eng.: Cambridge UP, 1991.

Todd III, William Mills. "Anna on the Installment Plan: Teaching *Anna Karenina* through the History of Its Serial Publication." *Approaches to Teaching Tolstoy's* Anna Karenina. Eds. Liza Knapp and Amy Mandelker. New York: MLA, 2003. 53-59.

Tolstoi, L. N. *Polnoe sobranie sochinenii v 90-i tomakh*. Moskva-Leningrad: Khudozhestvennaia literatura, 1928-1958.

Troyat, Henri. *Tolstoy*. Trans. Nancy Amphoux. New York: Doubleday, 1967.

Vetlovskaia, V. E. *Roman F. M. Dostoevskgogo* Brat'ia Karamazovy. Sankt-Peterburg: Pushkinskii dom, 2007.

Volkov, Solomon. *The Magical Chorus: A History of Russian Culture from Tolstoy to Solzhenitsyn*. Trans. Antonina W. Bouis. New York: Knof, 2008.

Wachtel, Andrew. *An Obsession with History: Russian Writers Confront the Past*. Stanford: Stanford UP, 1994.

Wasiolek, Edward. "Raskolnikov's Motives: Love and Murder." *American Imago* 31.3 (1974): 252-269.

_____. *Tolstoy's Major Fiction*. Rev. ed. Chicago: U of Chicago P, 1997.

Whitcomb, Curt. "Treacherous 'Charm' in *Anna Karenina*." *The Slavic and East European Journal* 39.2 (1995): 214-226.

Wilson, Andrew Norman. *Tolstoy: A Biogarphy*. New York: Norton, 1988.

Yoon, Saera. "Revitalization or Deception: *Anna Karenina*'s Central Characters in Europe." *Russian Literature* 85 (2016): 89-108.

Young, Sarah. *Dostoevsky's* The Idiot *and the Ethical Foundations of Narrative: Reading, Narrating, Scripting*. London: Anthem Press, 2004.

Ziolkowski, Margaret. "Dostoevsky and the Kenotic Tradition." *Dostoevsky and Christian Tradition*. Eds. George Pattison and Diane Oenning Thompson. Cambridge, Eng.: Cambridge UP, 2001. 31-40.

연보

도스토옙스키(1821–1881)	톨스토이(1828–1910)
1821년 11월 11일. 표도르 미하일로비치 도스토옙스키, 모스크바에서 출생. 8남매 중 차남.	
	1828년 8월 28일. 레프 니콜라예비치 톨스토이, 야스나야 폴랴나에서 출생. 5남매 중 넷째 아들.
	1830년. 어머니 사망.
1837년. 어머니 사망. 페테르부르크로 유학 감.	1837년. 아버지 사망.
1838년. 공병학교 입학.	
1839년. 아버지 사망.	
	1841년. 후견인이 된 고모가 사는 카잔으로 이사.
1842년. 졸업 후 소위로 임관해 공병 부대에서 근무.	
1844년. 퇴역하고 전업 작가가 됨.	1844년. 카잔대학 입학.
1845년. 데뷔작「가난한 사람들」로 비평가들의 찬사 받음.	
	1847년. 대학 중퇴. 야스나야 폴랴나로 돌아가 영지 경영.
1849년. 지하 서클 활동으로 체포되어 사형 선고 받음.	1849년. 수도에서 지내며 대학 사법 시험 침.
1850–54년. 감형되어 시베리아에서 감옥 생활.	1850년. 모스크바 체류.
	1851년. 캅카스로 떠남.
	1852년. 군 입대. 「유년 시절」 발표.
1854년. 출소해 시베리아 세미팔라틴스크에서 일병으로 복무.	

	1855년. 크림 전쟁 중 세바스토폴에서 복무.
1857년. 첫 결혼.	1857년 2-8월. 첫 유럽 여행.
	1858년. 페테르부르크 방문. 농노의 아내 악시냐와 관계 시작.
1859년. 시베리아를 떠나 페테르부르크로 귀환.	
	1860-61년. 두 번째 유럽 여행. 맏형 니콜라이 사망.
1862년. 첫 유럽 여행.	1862년 9월. 소피아 베르스와 결혼. 이후 48년에 걸친 혼인 기간 중 9남 4녀 낳음.
1863년. 두 번째 유럽 여행.	1863년. 『전쟁과 평화』 집필 시작.
1864년. 아내 사망. 형 사망.	
1865년. 『죄와 벌』 집필 시작. 세 번째 유럽 여행.	1865년. 『전쟁과 평화』 연재 시작.
1866년. 『죄와 벌』 연재.	
1867년. 재혼. 이후 안나 부인과 사이에 2남 2녀 출생.	
1868-69년. 『백치』 연재.	1869년. 『전쟁과 평화』 탈고.
1868-71년. 유럽 체류.	
	1875-77년. 『안나 카레니나』 연재.
1879-80년. 『카라마조프 형제들』 연재.	
1880년. 모스크바의 푸쉬킨 동상 제막식에서 연설.	
1881년 2월 9일. 페테르부르크에서 타계.	1882년. 모스크바에 집 구입. 이후 1901년까지 모스크바에 거주 (여름은 야스나야 폴랴나에서 보냄).
	1899년. 『부활』 발표.
	1901년. 러시아 정교회로부터 파문됨.
	1910년. 아내와 갈등 끝에 10월 28일 가출. 11월 7일 아스타포보 기차 역사에서 타계.

찾아보기

ㅂ

ㅅ

ㅇ

윤새라 울산과학기술원(UNIST) 기초과정부 교수. 고려대학교 노어노문학과를 졸업하고 미국 인디애나주립대학에서 박사 학위를 받았다. 도스토옙스키와 톨스토이를 비롯해 19세기 러시아 문학을 주로 연구하고 있다. 옮긴 책으로는 톨스토이의 『안나 카레니나』와 『사람은 무엇으로 사는가』가 있고, 관련 논문으로 「존재의 의미: 『안나 카레니나』 8부 재조명」, 「법과 정의: 『카라마조프 형제들』과 『부활』 비교 연구」, "Smerdiakov's Fathers in *The Brothers Karamazov*" 등이 있다.

도스토옙스키와 톨스토이 : 장편소설 속 만남과 헤어짐

펴낸날 2019년 2월 25일 초판 1쇄 ● 2020년 10월 15일 초판 2쇄

지은이 윤새라 ● **펴낸이** 김우승

펴낸곳 한양대학교출판부 ● **출판등록** 제4-7호(1972.2.29)

주소 서울 성동구 왕십리로 222 ● **전화** 02.2220.1432-4 ● **팩스** 02.2220.1435

홈페이지 press.hanyang.ac.kr ● **이메일** presshy@hanyang.ac.kr

본문디자인·편집 오은애 ● **표지** 안광일 ● **인쇄** 미르P&P

정가는 뒤표지에 있습니다. 잘못된 책은 구입하신 곳에서 교환해드립니다.

ISBN 978.89.7218.612.0 (93890)